El revolucionario efecto
de confiar *en ti*

El revolucionario efecto de confiar en ti

DRA. SHADÉ ZAHRAI

con Fayçal Sekkouah

Traducción de Mónica Campos

Urano

Argentina – Chile – Colombia – España
Estados Unidos – México – Perú – Uruguay

Título original: *Big Trust*
Editor original: HarperCollins Publishers
Traducción: Mónica Campos

1.ª edición: mayo 2026

ISBN: 979-13-87662-39-4
E-ISBN: 979-13-88011-08-5
Depósito legal: M-6.170-2026

Fotocomposición: Urano World Spain, S.A.U.

Impreso por: Liberdúplex, S.L. Ctra. BV 2249 Km 7,4 – Polígono Industrial Torrentfondo 08791 Sant Llorenç d'Hortons (Barcelona)

Impreso en España – *Printed in Spain*

Para nuestros padres...
Gracias por vuestro amor infinito, fe, oraciones y sacrificio.
Todo lo que somos tiene su origen en vosotros.

Y a nuestros queridos seguidores...
Sin vosotros, este libro nunca habría visto la luz.
Esperamos que os sea de utilidad.

«Sé tranquilo,
sé fuerte,
sé agradecido
y conviértete en una lámpara llena de luz...»

'ABDU'L-BAHÁ [1]

ÍNDICE

INTRODUCCIÓN

Todos somos más que nuestras inseguridades

Son las diez de la noche. Estoy tumbada en la cama, mirando al techo, con la cabeza acelerada, como me pasa siempre que debería estar relajándome para dormir. Sé que no debería mirar el móvil, pero lo haré de todos modos. Lo busco a tientas en la oscuridad. Desactivo el modo avión. Bajo el brillo.

Esa misma tarde había estado trabajando en un programa para potenciar el desarrollo profesional. Los temas parecían estupendos sobre el papel, pero había algo que no me convencía…

Durante años, había enseñado marcos y estrategias de trabajo, y había motivado a muchas personas para que tomaran las riendas de sus carreras. Sin embargo, a mitad del trabajo que estaba realizando con este grupo de profesionales, tenía la inquietante sensación de que mi enfoque no daba en el blanco, que estaba pasando por alto sus auténticas frustraciones y preocupaciones.

Sabía que no solo se sentían estancados en sus profesiones, sino también consigo mismos. Y, sinceramente, yo también había pasado por eso. Trabajo duro sin ningún tipo de desarrollo personal. Esfuerzo sin resultados. Esa horrible sensación de dedicarte en cuerpo y alma a algo y, aun así, no ser suficiente.

Este desánimo me recordaba uno de mis primeros encuentros con la inseguridad. Tenía diecinueve años y estaba sentada en una clase de jurisprudencia en la Universidad Macquarie de Sídney,

Australia, y todo me parecía mal. Había elegido Derecho porque tenía buenas notas y porque todo el mundo me decía: «No las desperdicies». Mis padres, mis profesores, mis abuelos inmigrantes, que habían huido de Irán para forjarse una vida en Occidente [1], todos ellos me imaginaban como abogada o médica en el futuro. Para conseguir un equilibrio, combiné el Derecho con una licenciatura en Psicología; algo que sí tenía sentido para mí. El comportamiento humano siempre me había fascinado.

Pero aquel primer día de universidad, mientras estaba sentada en clase, el Derecho me resultó algo ajeno, como si hubiera cometido un error. No; yo me sentía un error. Mis compañeros daban respuestas al profesor mientras yo me esforzaba por seguir el ritmo, sin entender apenas la jerga que utilizaban, y mucho menos los conceptos. Sentí que se me subían los colores a la cara. Las inseguridades que no había notado que se escondían en mi interior salieron a la luz:

«No pertenezco a este lugar».
«No soy lo bastante inteligente».
«Nunca podré seguir el ritmo».

En cuanto terminó la clase, prácticamente corrí a la oficina de la asesora del departamento. Las palabras salieron de mi boca antes de que pudiera detenerlas: «No entiendo nada; tengo que dejar Derecho».

Esperaba ánimos. Tranquilidad. Que alguien me recordara que solo era el primer día de clase, que pronto encontraría mi lugar. Quizás incluso que era más inteligente de lo que creía. Aunque no lo reconociera, quería que la asesora disipara mis dudas, que «arreglara» las cosas por mí. En cambio, lo que obtuve fue su silencio. Luego me entregó un formulario para que me diera de baja del curso.

Fue como un puñetazo en el estómago. Como si ella estuviera frente a alguien en quien no valía la pena creer.

Sin embargo, no dejé la carrera de Derecho. Salí de su despacho sintiéndome humillada, pero también extrañamente desafiante. No quería que ella (ni nadie) me viera como alguien que no podía salir adelante. Así que me esforcé. Trabajé más duro. Me quedé despierta hasta más tarde. Superé los momentos de duda, convencida de que todo lo que iba a conseguir acabaría con mis inseguridades.

Pero no fue así. (Como he aprendido, muchas otras personas intentan hacer lo mismo y fracasan).

Las dudas que tenía sobre mí misma me siguieron desde la Facultad de Derecho hasta el derecho corporativo, donde todo me pareció muy difícil. Y me siguieron a lo largo de mi carrera bancaria, donde pensé que un cambio de rumbo podría dejar atrás mis inseguridades.

No fue así.

Me perseguían en las reuniones, evitando que compartiera mis ideas con los demás. Era la ansiedad que sentía en el estómago, darle tantas vueltas a las cosas que no podía dormir, el hecho de cuestionármelo siempre todo.

Incluso cuando se me presentaba una buena oportunidad, la rechazaba después de analizarla de forma racional. «No estoy preparada». «No es el momento adecuado». Me decía a mí misma que estaba siendo cautelosa. Pero en realidad era miedo. Miedo envuelto en interminables cavilaciones. Miedo disfrazado de prudencia. Y, aun así, trataba de silenciar las dudas, que se negaban a desaparecer.

Muchos años después, mientras estaba acostada en la cama con la mirada fija en el tenue resplandor de la pantalla de mi teléfono, esos recuerdos salieron a la superficie.

Entonces, me di cuenta de algo. ¿Y si todo ese tiempo me había estado haciendo la pregunta equivocada?

Quizás no se trate de ir más rápido o esforzarse más. Quizás la verdadera pregunta sea esta: ¿por qué me siento bloqueada?

Si pudiera descubrir qué me estaba bloqueando, qué se estaba interponiendo en mi camino, podría ayudar a otras personas a avanzar mientras libran sus propias batallas. En lugar de sentirme aterrorizada por que faltara algo en mi trabajo, sentí otra cosa. Alivio. Veía el panorama general con más claridad. Nuevas posibilidades. Si había otra manera de comportarse, yo estaba lista para encontrarla.

A lo largo de los años, aprendí a superar mis propias inseguridades. Paso a paso, reconstruí mi carrera profesional, aumenté mi confianza y alcancé metas que antes creía inalcanzables. Volví a la universidad, me saqué mis titulaciones y me convertí en una especialista en alto rendimiento y estrategia conductual, así como en *coach* para directivos e investigadora, forjándome una carrera que estaba dedicada a ayudar a otras personas a desarrollar todo su potencial.

Pero se me ocurrió que tal vez mi perspectiva era demasiado limitada. Durante años, mi trabajo (y mi propio camino) se había centrado en los indicadores más visibles del éxito: conseguir un ascenso, alcanzar el siguiente hito profesional, lograr un objetivo importante en la vida. Estos eran los resultados que buscaba la gente, las cosas que parecían ser la solución a sus incertidumbres. Y yo les ayudaba a conseguirlo. Sin embargo, incluso cuando los clientes alcanzaban sus objetivos, les faltaba algo. Las dudas que tenían sobre sí mismos no desaparecían (y las mías tampoco). En todo caso, evolucionaban, transformándose en nuevos miedos, nuevas inseguridades, nuevos umbrales de «no ser suficiente».

Así que, en la quietud de la noche, escribí una pregunta en mi teléfono. Una idea sencilla pero provocadora que envié a un listado de varios cientos de psicólogos, *coaches* de rendimiento y profesores: «Si quisieras sabotear el éxito y la felicidad de alguien, ¿cuál sería la forma más eficaz de hacerlo?».

Por la mañana, había recibido 48 respuestas. Eran directas, no tenían filtros y, curiosamente, se parecían mucho entre sí. Decían cosas como estas:

«Hacer que pensara tanto que se quedara paralizado por la indecisión».

«Sembrar la semilla de la duda para que se cuestionara cada paso que diera».

«Hacer que se comparara con los demás y creyera que no está a la altura».

«Recordarle todo el tiempo sus puntos débiles, para que perdiera la fe en sí mismo».

«Convencerlo de que es insignificante, para que se alejara de su potencial».

Diferentes palabras, misma conclusión: para sabotear el potencial de alguien, instala la duda en su cabeza. No hace falta un plan complicado. Basta con plantar una pequeña semilla de duda y esta echará raíces. Luego, la mente de la persona se encargará del resto.

Déjame contarte una historia que demuestra cómo se instala la duda en tu cabeza. A finales de 2021, mi marido, Fayçal, y yo rescatamos a una perra callejera. La llamamos Bonbon, que en francés significa «caramelo», porque es muy dulce. Además, como el francés es la lengua materna de Fayçal, el nombre nos pareció perfecto. Bonbon se convirtió rápidamente en parte de nuestro mundo. Y también lo hizo un inesperado ritual diario.

Cada vez que paseábamos por los campos cercanos a nuestra casa, nos llenábamos de espinas. Esas pequeñas vainas con semillas eran una auténtica molestia. Se enredaban en el pelaje de Bonbon, en mis calcetines e incluso en mi pelo. Todos los días, sin falta, nos sentábamos y las quitábamos una a una.

Pero resulta que este no era solo nuestro problema.

En 1941, un ingeniero suizo llamado George de Mestral salió a pasear con su perro y también volvió a casa lleno de espinas. Pero, en lugar de limitarse a enfadarse, sintió curiosidad. Bajo el microscopio, descubrió que estas molestas cositas tenían unos diminutos ganchos con púas que se enganchaban a todo lo que tocaban. Su momento eureka dio lugar a lo que hoy conocemos como «velcro».

Lo que pasa con las espinas es que no solo se pegan. Se aferran. Sin descanso. Obstinadamente. Y lo mismo ocurre con la inseguridad.

Empieza siendo algo pequeño. Un pensamiento fugaz, algo que podrías pasar por alto sin ningún problema. Luego se te engancha. Se entrelaza en tus decisiones, tu confianza, incluso la forma como te ves a ti mismo. Si no se controla, la duda se introduce en el sistema operativo de tu mente. Funciona en segundo plano, influyendo en tus elecciones sin que te des cuenta. Ahí es donde la duda se vuelve tóxica. En lugar de mantenerte alerta, hace que te lo cuestiones todo.

Como hicieron mis clientes.

Como hice yo.

Como supongo que tú también haces.

El error no es tener inseguridades. El error es pensar que hay que vencerlas.

Las dudas que se tienen sobre uno mismo no se superan por medio del silencio, aunque eso es lo que muchos creemos (y lo que enseñan muchos «expertos»). Se les quita poder prestándoles atención, comprendiéndolas y cambiando la relación que se ha establecido con ellas. Uno se libera de la inseguridad cuando la ve tal como es: un intento equivocado de protegerse. Esa es la ironía. La inseguridad no intenta sabotearte, sino protegerte.

Cuando se canaliza de la manera correcta, la duda puede resultar útil. Es como un amigo en el asiento del copiloto. El tipo «bueno» se inclina y dice: «Oye, se acaba de encender la luz del combustible; es mejor que busques una gasolinera pronto». El «malo» es como un copiloto molesto que no se calla e insiste en que tomes la siguiente salida, aunque tu GPS indique claramente que vas bien. Cuanto más escuchas esa voz que hay en el asiento trasero, más convincente se vuelve. «Puede que sí esté perdido». «Quizás no debería estar conduciendo».

La verdad es que el mundo en el que vivimos hoy en día está diseñado para aumentar la inseguridad. Estamos más expuestos que nunca: desplazándonos por vidas seleccionadas, haciendo malabarismos entre nuestro yo público y el privado, bombardeados con mensajes relativos al «éxito» y la mejora continua. No es de extrañar que la autoaceptación parezca casi imposible.

Pero tener más éxito no acaba con la duda. Tener más conocimiento no la silencia. Y, a pesar de todas las herramientas a las que ahora tenemos acceso, conocimientos de psicología e infinitos «consejos para la vida», la duda no es más fácil de manejar, sino cada vez más fuerte. Y hay una razón para ello. La inseguridad no es algo que se pueda detener o pasar por alto. Es algo que hay que reconocer. Lo que he aprendido gracias a mi propia vida, las investigaciones y las miles de personas con las que he trabajado es que, si se entiende correctamente y se utiliza con sabiduría, la inseguridad puede ser una de tus mejores herramientas para crecer como persona.

De las inseguridades a la confianza profunda

El verdadero éxito y el máximo rendimiento (lo que yo denomino «operar desde tu "estado óptimo"») comienzan con la confianza en uno mismo. Es la capacidad de dar lo mejor de ti, mantener los pies en la tierra bajo presión y apoyarte a ti mismo cuando es necesario.

Sin embargo, la inseguridad es la kriptonita de esa confianza. Aniquila la fe en ti mismo más rápido que cualquier otra cosa.

A algunas personas, como a Sadia, les impide incluso llegar a intentarlo. Cuando la conocí, llevaba años desempeñando el trabajo de una directiva (dirigiendo proyectos, tomando decisiones y asesorando a sus compañeros), pero sin el puesto oficial. Cuando su mentor la animó a pedir un ascenso, debería haberse sentido preparada. En cambio, dudó. ¿Y si lo pido y no lo consigo? O peor aún, ¿y si lo consigo y fracaso?

Le pregunté: «Si otra persona con tu misma experiencia estuviera en tu lugar, ¿qué le dirías?».

Sin pensárselo dos veces, respondió: «Que debería intentarlo sin ninguna duda».

Así es como funciona la inseguridad. Distorsiona la realidad. Parece cierta, pero la verdad y la percepción no son siempre lo mismo.

Luego está esa versión de la inseguridad que no te detiene, sino que te mantiene en movimiento. Ese era Ray. Sobre el papel, era la misma imagen del éxito: había sido el mejor de su clase y había ascendido rápidamente. Sin embargo, era una persona infeliz. Todo le resultaba más difícil de lo necesario y nada le satisfacía de verdad. Cuando le pregunté cuál creía que era la razón, dijo: «Sigo pensando que la próxima victoria será la que me haga sentir que por fin lo he conseguido». Durante años, creyó que una vez que alcanzara un determinado salario, consiguiera un determinado puesto o demostrara su valía a las personas adecuadas, dejaría de cuestionarse a sí mismo y encontraría la paz. Pero eso nunca llegaba. Simplemente se aferraba a la siguiente meta.

«No lo entiendo», admitió. «He hecho todo lo que se suponía que debía hacer. ¿Por qué me siento así?».

Tanto Sadia como Ray habían forjado sus carreras basándose en respuestas diferentes a la inseguridad: Sadia reprimiéndose y Ray esforzándose más, pero, en el fondo, la realidad era la misma: ninguno de los dos confiaba en sí mismo.

Veo esto todo el tiempo con mis clientes de *coaching*. Son inteligentes y muy capaces. Pero la tensión mental que les provocan sus dudas acaba reflejándose en todo. Dan vueltas en la cama por la noche, se despiertan agotados y comienzan el día siguiente con cafeína y en un estado de nervios. Y, con el tiempo, aquello de lo que dudaban (su valor, su capacidad para contribuir) se convierte en una profecía autocumplida. No porque no sean capaces o carezcan de talento, sino porque las dudas les han quitado la confianza y la energía necesarias para que puedan rendir al máximo.

Sin embargo, cuando abordas la inseguridad de otra manera, te preparas para lidiar con ella e incluso la utilizas como una herramienta para la reflexión y el desarrollo personal, las cosas empiezan a cambiar. Dejas de dudar. Te preocupas menos. Controlas tu ansiedad. Duermes mejor. Te despiertas más despejado, más tranquilo y más concentrado. Y, de repente, eres una persona más saludable, más feliz y mucho más productiva.

La confianza en ti mismo aumenta y se convierte en tu arma secreta. Con el tiempo, esa confianza se consolida en algo aún más sólido: la confianza profunda. Es decir, la capacidad de avanzar por la vida con libertad, sin dejarte llevar por las inseguridades. Te apoyas a ti mismo siempre que es necesario.

Una vez que Sadia comprendió que su miedo no se debía a su incompetencia, sino a la incapacidad de confiar en sus propias habilidades, comenzó a dar pequeños pasos. Se apoyó en los puntos fuertes en los que sí confiaba, como su capacidad para guiar a otras personas, su habilidad para resolver problemas y los grandes conocimientos que tenía del trabajo que había estado haciendo durante años. Pidió el ascenso y lo consiguió. Meses más tarde, me dijo: «Sigo sin saberlo todo. Pero me estoy dando cuenta de que nadie lo sabe todo».

Ray, por otro lado, sabía que era una persona competente, pero se estaba dando cuenta de que su autoestima dependía por completo de lo que conseguía. Si no estaba entre los primeros puestos de la clasificación de ventas, no superaba sus objetivos trimestrales o no recibía comentarios positivos por parte del equipo directivo, se sentía un inútil. Para él, desarrollar la confianza en sí mismo significaba que debía separar su identidad de sus logros. Algunos días, eso implicaba detenerse a reconocer sus progresos antes de cambiar los objetivos. Otros días, simplemente se recordaba a sí mismo que el éxito no es solo cuestión de números. Es también el impacto que provoca en los demás. Una buena idea, ayudar a un colega, ganarse la confianza. Ray comenzó a llevar un registro de esos logros, no solo de los resultados finales.

Mi obsesión con la inseguridad: desarrollar un nuevo sistema

Desde que tengo memoria, todo el mundo ha acudido a mí con sus dudas, miedos e inseguridades. Esto comenzó muy pronto. En el instituto, me convertí en la guardiana oficiosa de los «secretos», para luego ser la encargada de dar consejos (aunque no estoy muy segura de por qué, ya que tenía tan poca experiencia en la vida como ellos). Siendo hija única de unos inmigrantes persas, yo era la persona en quien mi madre confió antes de separarse de mi padre, cuando yo tenía seis años.

En la universidad, y más tarde en el trabajo, me encontré desempeñando el familiar papel de oyente y ayudante. Compañeros de clase, colegas y personas que apenas conocía me buscaban para pedirme consejo. Era como si tuviera tatuado en la frente: «estoy aquí para ayudar». Y, sinceramente, me encantaba.

Años más tarde, convertí ese papel en una carrera profesional. Conseguí un Máster en Administración de Empresas, me formé como *coach* para directivos y estudié un doctorado sobre la personalidad y el comportamiento en las organizaciones (donde se fraguó gran parte del modelo de este libro). Mi obsesión era descubrir qué lleva a las personas a actuar, así como qué es lo que las paraliza.

En 2017 Fayçal y yo lanzamos una empresa internacional de desarrollo de liderazgo que estaba centrada en ayudar a las personas a superar sus obstáculos internos. Esa misión se convirtió en un experimento continuo: analizar cómo limita la inseguridad el potencial humano y, lo que es más importante, descubrir cómo podía romperse ese ciclo.

He dedicado muchos años a convertir la ciencia, la psicología y los datos recogidos en las investigaciones en herramientas prácticas y eficaces, y lo he hecho organizando conversaciones empresariales de alto nivel, asesorando a equipos directivos y preparando a miles de líderes de multinacionales que aparecen en Fortune

500, como Microsoft, J.P. Morgan, Deloitte y LVMH. Ayudamos a nuestros clientes a potenciar su creatividad, entusiasmo y rendimiento laboral.

Por supuesto, no lo he hecho sola. Fayçal aporta su propia sabiduría, que se ha ganado con esfuerzo. Con su gran capacidad para llegar al fondo de cualquier problema y su habilidad para infundir optimismo a cada situación, ha sido el complemento perfecto para mi obsesión por el comportamiento humano. Como emprendedor e inversor, Fayçal ha lanzado varios productos electrónicos de consumo en todo el mundo y ha sido mentor en el Centro de Emprendimiento Branson, así como asesor del G20. Sabe lo que significa asumir riesgos, enfrentarse al miedo y hacer que las cosas sucedan.

Juntos comenzamos nuestro negocio a pequeña escala. Y entonces todo cambió.

Cuando llegó la COVID-19, todo el mundo se sumió de repente en una crisis colectiva de inseguridad. Las carreras profesionales, las relaciones y el futuro en general se tambalearon. En todas partes, la gente cuestionaba sus decisiones, dudaba de sí misma y se sentía estancada como nunca antes lo había estado. Nosotros nos adaptamos rápidamente, pasando a la formación en línea y compartiendo vídeos educativos en las redes sociales. Sorprendentemente se hicieron virales. Miles de personas de todo el mundo se pusieron en contacto con nosotros. Todos sus mensajes tenían un denominador común: la gente se sentía angustiada por la inseguridad, la cual aumentaba por el caos que les rodeaba. No sabían cómo podían acabar con ella. Fue entonces cuando supe que era el momento de analizar las inseguridades de otra manera, de considerarlas no solo como un bucle mental frustrante, sino como un patrón que podíamos desmantelar o transformar de forma activa. Cuanto más estudiaba las inseguridades y, lo que es más importante, cuanto más practicaba esas nuevas técnicas con mis propios miedos e incertidumbres, más cuenta me daba de lo poderoso que es este trabajo.

Este proyecto me llevó directamente a hacer una investigación de doctorado, con la que descubrí unas verdades fascinantes sobre la relación que mantenemos con nuestras inseguridades. Al analizar los datos y cotejarlos con notas de mis clientes que había recogido durante años, descubrí que quienes más se enfrentan a sus inseguridades acaban obsesionándose con ellas. Ellos mismos se convierten en la inseguridad. No solo cuestionan sus habilidades o su valía, sino que dudan de su misma esencia. Esto influye en su propia identidad y pueden sufrir una crisis existencial. Cuanto más se esfuerzan las personas por «arreglarse», más grandes hacen sus inseguridades.

Gracias a mis investigaciones, también descubrí que la inseguridad no es solo una gran «masa» desordenada de preocupaciones, miedos, dudas y estrés. Es la combinación de cuatro atributos distintos (y que pueden entrenarse) lo que da forma a la confianza que tienes en ti mismo y en tu identidad. Juntos, dan lugar a tu «perfil de inseguridad».

Pero lo más emocionante es que estos atributos no son rasgos fijos. Cada uno es un patrón de pensamiento y comportamiento que se repite con el paso del tiempo, a veces sin que te des cuenta de ello. De esa manera, reflejan tus hábitos. Y, como cualquier hábito, se pueden cambiar. Si refuerzas aquellos hábitos que encajan con cada uno de los cuatro atributos, no solo reducirás las dudas que albergas sobre ti mismo; cambiarás lo que eres. Así es como se va creando la confianza profunda: no de una sola vez, sino con un pequeño hábito tras otro.

A continuación tienes los cuatro atributos de tu perfil de inseguridad:

1. **Aceptación.** ¿Crees que eres suficiente tal y como eres?
2. **Actuación.** ¿Confías en tus habilidades y capacidades?
3. **Autonomía.** ¿Sientes que puedes forjar tu propio camino?
4. **Adaptabilidad.** ¿Puedes mantenerte estable emocionalmente cuando surgen las dudas?

Imagina que eres George de Mestral y estás examinando con curiosidad esas espinas y sus diminutos ganchos bajo el microscopio. Al descomponer la inseguridad en sus «ganchos» (los cuatro atributos de la «aceptación», la «actuación», la «autonomía» y la «adaptabilidad»), puedes identificar dónde se están agarrando y empezar a librarte de ellos; un patrón y hábito a la vez. Así es cómo se desarrolla un sentido más fuerte del yo y puede utilizarse la confianza, el coraje y la energía para las cosas que realmente importan.

Qué hacer para que este libro te sirva de ayuda

Este libro es una guía para la vida real que está basado en las investigaciones científicas y ha sido diseñado para obtener resultados. No es un simple libro para pensar, sino para ponerse en marcha. Esto es lo que encontrarás:

- Ideas, inspiración y motivación para ayudarte a eliminar, cuestionar y reinventar tus creencias. Las creencias que tienes sobre ti mismo están influidas por patrones de pensamiento repetitivos. Pero esos pensamientos no son hechos, y pueden cambiar. A medida que cambias tus pensamientos y comportamientos, comienzas a formar nuevos hábitos, que refuerzan la confianza en ti mismo en lugar de la inseguridad. A partir de las anécdotas de mis clientes (cuyos nombres y otra información personal hemos ocultado para preservar su privacidad), situaciones de la vida real, opiniones de personajes famosos y anécdotas de mi propia vida, verás cómo funciona la inseguridad y cómo la han superado muchas personas. Cuando hayas visto todo eso, tú también podrás hacerlo.

- **Orientación práctica y específica para trabajar con los atributos de la inseguridad: acallar las voces que te bloquean y reforzar las cualidades que las neutralizan.** Con la aceptación, te afianzarás en tu valor. Con la actuación, reconstruirás la fe en tus habilidades y en lo que eres capaz de hacer. Con la autonomía, te sentirás empoderado y con más poder de decisión. Y con la adaptabilidad, manejarás los desafíos y las emociones sin flaquear. Cuando los practiques de forma regular, obtendrás más confianza, coraje y energía para los momentos decisivos.

- **Herramientas para la confianza en uno mismo.** Adquirirás un conjunto de herramientas que te ayudarán a desarrollar, paso a paso, la confianza en ti mismo:

  Las prácticas. Son una mezcla de reflexiones que permiten evaluar dónde te encuentras en un determinado momento. Se trata de unas técnicas sencillas que tienen el objetivo de desafiar las inseguridades cuando se presentan y ejercicios que te ayudarán a deshacerte de ellas a un nivel más profundo. Cada práctica ayuda a reforzar aquellas formas de pensar y hábitos que están relacionados con el atributo que estás desarrollando. El atributo «adaptabilidad emocional» te ayudará a comprender que las emociones aumentan las inseguridades y te brindará una nueva forma de mantener los pies en la Tierra, incluso cuando estás sobrepasado por la incertidumbre.

🪷 **Los dones.** Para cada uno de los cuatro atributos, el capítulo final ofrece un ejercicio de reflexión para que obtengas una mayor perspectiva de tu vida. Son sencillos, no tienen «pasos» y están disponibles en cualquier momento y lugar. Ayudan a romper el hechizo de la inseguridad y pueden reconectarte con un sentido más fuerte de tu identidad.

Una advertencia: la inseguridad no se presenta igual en todo el mundo. Sea cual sea la forma que adopte, se trata de algo muy personal, pues está influenciado por tu pasado, tu personalidad y los retos a los que te estás enfrentando en este momento. Así que toma aquello que más encaje contigo, descarta lo que no te sirva y deja que tu enfoque crezca a medida que tú lo haces. Porque la vida siempre cambiará. Surgirán nuevas dudas. Y, cuando lo hagan, estas herramientas estarán aquí, listas para ser utilizadas.

Lo que vas a encontrar

En primer lugar, comenzarás con una autoevaluación de doce preguntas para descubrir tu perfil de inseguridad: cuáles son tus puntos fuertes y cuáles los débiles, y cómo encajan entre sí.

Luego analizaremos las raíces más profundas de la inseguridad: cómo está programado tu cerebro para protegerte y cómo terminan bloqueándote las creencias y las historias que te cuentas.

A continuación, profundizaremos en cada uno de los cuatro atributos y en cómo puedes desarrollar poco a poco la confianza profunda. Verás muchos casos de personas corrientes y de otras conocidas, y también algunas de mis propias experiencias. He visto que este modelo es capaz de transformar carreras profesionales, relaciones y formas de pensar, ¡y estoy deseando que lo experimentes tú mismo! Así que, si alguna vez te has sentido estancado, has dudado de tu potencial o te has preguntado cómo puedes acallar esa voz interior que te dice «no puedes hacerlo», estás en el lugar adecuado.

Empieza donde estás ahora mismo. No donde crees que deberías estar. Sé tú mismo. No seas quien otros dicen que debes ser.

Aquí mismo.

Empecemos.

AUTOEVALUACIÓN:
TU PERFIL DE INSEGURIDAD

Reflexionar sobre tus inseguridades es siempre un tema delicado. Los sentimientos que tienes respecto a tus propias dudas (y cómo los juzgas) pueden ser dolorosos, preocupantes, agotadores y hasta angustiosos. Puede que estés familiarizado con las inseguridades que más te pesan, aquellas que dinamitan tu confianza y desencadenan respuestas emocionales exageradas, pero lo que quizás no veas tan claro son tus puntos fuertes y cómo controlas algunas inseguridades.

Por eso comenzamos este viaje hacia la confianza profunda de la misma manera que lo hacemos con nuestros clientes y estudiantes: dando un diagnóstico sencillo y que está respaldado por las investigaciones científicas. Se trata de solo doce preguntas, pero no te dejes engañar por su simplicidad. Va directo al meollo del asunto: allá donde tus inseguridades te están poniendo más dificultades y donde tus fortalezas innatas (aceptación, actuación, autonomía y adaptabilidad) ya están trabajando a tu favor.

El objetivo de estas preguntas no es solo averiguar en qué aspectos te va bien y en cuáles tienes problemas, sino también aportarte claridad. La meta es ofrecerte una nueva perspectiva sobre esa «masa» estresante y angustiosa que son tus inseguridades, y convertirla en algo con lo que puedas lidiar. Una vez que veas tus patrones mentales, podrás empezar a cambiarlos. Y, con cada cambio, estarás colocando los cimientos de algo más poderoso: la confianza profunda.

Cuando puntúes tu evaluación, es posible que descubras un atributo que consideras tu talón de Aquiles; ese punto débil por el que se cuelan las dudas y la autocrítica golpea con más fuerza. Pero, al igual que en el caso de Aquiles, las personas descubren sorprendentes áreas de resistencia; ámbitos en los que se mantienen firmes y resilientes, incluso cuando las cosas no les salen según lo previsto. Comprender esto es importante.

Así que coge lápiz y papel, abre tu aplicación de notas o, simplemente, prepara tu mente, porque es hora de ponerse serio. Tómate todo el tiempo que necesites. Sé sincero contigo mismo. Y, si no estás seguro, confía en tu instinto.

Paso 1: Evalúate

Califica cada pregunta en una escala del 1 al 5:

1 = Totalmente de acuerdo (¡esto es exactamente como yo soy!)
2 = De acuerdo (bastante como yo soy)
3 = Neutral (a veces como yo soy)
4 = En desacuerdo (no se parece mucho a mí)
5 = Totalmente en desacuerdo (no se parece en nada a mí)

Preguntas

1. Suelo sentirme inferior cuando me comparo con los demás; como si ellos fueran mejores que yo por alguna razón.

Totalmente de acuerdo	De acuerdo	Neutral	En desacuerdo	Totalmente en desacuerdo
1	2	3	4	5

2. Suelo sentirme muy estresado, irritable o ansioso.

Totalmente de acuerdo	De acuerdo	Neutral	En desacuerdo	Totalmente en desacuerdo
1	2	3	4	5

3. En el fondo, me preocupa que la gente sobreestime mis capacidades.

Totalmente de acuerdo	De acuerdo	Neutral	En desacuerdo	Totalmente en desacuerdo
1	2	3	4	5

4. Busco la aprobación de los demás para afirmar mi valía y mis decisiones.

Totalmente de acuerdo	De acuerdo	Neutral	En desacuerdo	Totalmente en desacuerdo
1	2	3	4	5

5. Suelo creer que los demás saben lo que hacen y yo solo intento seguirles el ritmo.

Totalmente de acuerdo	De acuerdo	Neutral	En desacuerdo	Totalmente en desacuerdo
1	2	3	4	5

6. Suelo creer que no tengo ningún control sobre mi vida.

Totalmente de acuerdo	De acuerdo	Neutral	En desacuerdo	Totalmente en desacuerdo
1	2	3	4	5

7. Me pongo metas muy ambiciosas y, cuando no las alcanzo, me lo tomo como algo personal y me critico mucho a mí mismo.

Totalmente de acuerdo	De acuerdo	Neutral	En desacuerdo	Totalmente en desacuerdo
1	2	3	4	5

8. Suelo dudar de mis habilidades y no estar seguro de mi capacidad.

Totalmente de acuerdo	De acuerdo	Neutral	En desacuerdo	Totalmente en desacuerdo
1	2	3	4	5

9. Que tenga éxito o no depende, sobre todo, de mis contactos y no de lo que hago.

Totalmente de acuerdo	De acuerdo	Neutral	En desacuerdo	Totalmente en desacuerdo
1	2	3	4	5

10. Suelo considerar que no controlo mi carrera profesional, lo que me hace sentir estancado o que no puedo hacer nada.

Totalmente de acuerdo	De acuerdo	Neutral	En desacuerdo	Totalmente en desacuerdo
1	2	3	4	5

11. Me cuesta lidiar con los problemas personales o laborales; me estresan mucho.

Totalmente de acuerdo	De acuerdo	Neutral	En desacuerdo	Totalmente en desacuerdo
1	2	3	4	5

12. Cuando intento relajarme, mi cerebro no puede desconectarse; siempre está dándole vueltas a las cosas o preocupándose por lo que podría salir mal.

Totalmente de acuerdo	De acuerdo	Neutral	En desacuerdo	Totalmente en desacuerdo
1	2	3	4	5

Paso 2: Suma tu puntuación

1. Suma tus respuestas a las **preguntas 1, 4 y 7.**
2. Suma tus respuestas a las **preguntas 3, 5 y 8.**
3. Suma tus respuestas a las **preguntas 6, 9 y 10.**
4. Suma tus respuestas a las **preguntas 2, 11 y 12.**

Tu puntuación:

Puntuación de aceptación:	P1 + P4 + P7 = _____
Puntuación de actuación:	P3 + P5 + P8 = _____
Puntuación de autonomía:	P6 + P9 + P10 = _____
Puntuación de adaptabilidad:	P2 + P11 + P12 = _____

Paso 3: Qué significa tu puntuación

La puntuación de cada atributo se encuentra dentro de un rango que te indica cómo se manifiesta tu inseguridad: si es algo que domina tu vida, un contratiempo puntual con el que debes lidiar o un punto fuerte en el que puedes apoyarte y que debes seguir reforzando. A continuación tienes un análisis:

Puntuación de 15. Zona de superpoder (empoderamiento). Aquí es donde brillas. Cualquier atributo que haya dentro de este rango es tu ingrediente secreto. Cuando surge cualquier contratiempo, estas son las partes de ti que dan un paso al frente y dicen: «Yo me encargo». Celébralas. Utilízalas no solo para progresar tú mismo, sino también para estimular a las personas que te rodean.

Puntuación de 14 a 12. Zona de fuerza oculta (beneficiosa). Estas son tus victorias silenciosas. En estas áreas, por lo general, te sientes seguro y confiado, y aunque la inseguridad puede aparecer de vez en cuando, no dura tanto que provoque un daño real. Son una base sólida para abordar otras áreas de desarrollo personal.

Puntuación de 11 a 9. Zona regular (moderada). Este es el territorio de «no me está arruinando la vida, pero tampoco me está ayudando». Con un poco de concentración, podrías convertir fácilmente estos atributos en puntos fuertes que te beneficien, en lugar de perjudicarte.

Puntuación de 8 a 7. Zona de obstáculo (perjudicial). Una puntuación en este rango significa que el atributo está minando tu confianza y poniéndote obstáculos, sin que te des cuenta de ello. Es una llamada de atención para que busques ayuda con la que revertir estos patrones perjudiciales antes de que te provoquen más daño.

Puntuación de 6 o menos. Zona de alerta roja (destructiva). Aquí es donde la inseguridad ocupa tanto espacio en tu vida que tu sentido del yo, tu capacidad para tomar decisiones y elegir, tus relaciones y tu estado emocional están afectados. Si alguna puntuación de un atributo se sitúa en este rango, es una alarma que te está diciendo: «¡Presta atención!». Esta es tu área prioritaria, el lugar donde un esfuerzo intencionado puede ayudarte a romper los patrones negativos.

Una breve introducción a los cuatro atributos

La inseguridad sigue unos patrones que están directamente relacionados con la forma como te ves a ti mismo. En otras palabras, acciona cuatro palancas que determinan tu sentido de la confianza en ti mismo. Estos cuatro atributos dan forma a cómo te muestras a los demás, tanto en los momentos cotidianos como en los cruciales.

Influyen en si te mueves por la vida con confianza e intención, o si la inseguridad hace que te retraigas y te comportes de una forma pusilánime. A lo largo de los próximos capítulos llegarás a comprender estos atributos. Por ahora, tan solo necesitas unas ideas básicas para asimilar tu propio perfil de inseguridad.

La ACEPTACIÓN responde a la pregunta: «¿Soy suficiente?». Como fortaleza, este atributo representa el sentimiento de valía y la aceptación de tus fortalezas, tus peculiaridades y tus defectos, y el hecho de saber que vales como persona, más allá de lo que piensen los demás.

Cuando la aceptación está en su nivel más bajo, lo que ocupa su lugar es el rechazo hacia uno mismo, donde cada imperfección se siente como una prueba innegable de falta de dignidad. Cuestionas tu valor todo el tiempo, te criticas hasta la saciedad, te esfuerzas por conseguir la aprobación de los demás, persigues una perfección imposible y te paralizas ante la mera idea del fracaso.

Si te enfrentas a la aceptación, en el fondo puedes creer que:

«Nunca seré suficiente a menos que sea perfecto».

«No puedo aceptar esta parte de mí mismo a menos que los demás lo hagan».

«Tengo que cambiar quién soy para sentirme valorado».

La ACTUACIÓN responde a la pregunta: «¿Puedo manejar esto?». Esto refleja la confianza que tienes en tu propia preparación y en tu capacidad para actuar, superar los contratiempos y seguir adelante. La actuación es lo que estimula tu iniciativa, ayudándote a afrontar los problemas con confianza y perseverancia.

Cuando la actuación está en su nivel más bajo, te sientes impotente y que cada obstáculo es una prueba de tu incapacidad para alcanzar el éxito, pues simplemente no tienes lo que se necesita para triunfar. Dudas de tus habilidades, crees que eres un fracasado, te comparas con quienes parecen tenerlo todo bajo control y terminas atrapado en un ciclo de indecisión que te impide avanzar.

Si tienes dificultades con la actuación, puedes llegar a creer que:

«Los demás parecen tenerlo todo claro; están mucho más avanzados que yo».

«Ver que otros triunfan, mientras que yo me esfuerzo tanto, solo demuestra que no tengo lo que se espera de mí».

«Si admito que no sé algo, todo el mundo me verá como un fracasado».

La AUTONOMÍA responde a la pregunta: «¿Mis decisiones sirven de algo?». Este atributo se refiere a asumir la responsabilidad, es decir, a ser dueño de tus actos, tus decisiones y sus consecuencias. Es la creencia de que tus decisiones determinan tu futuro y que tienes la capacidad de influir en el rumbo de tu vida. Cuando la autonomía está en su nivel más bajo, acabas resignándote y sintiendo que la vida es una serie de cosas que, simplemente, te suceden. Acabas atrapado en un ciclo de impotencia. Vas sobre seguro, te encierras en tu zona de confort, evitas los riesgos y te convences a ti mismo de que el mundo está en tu contra.

Si luchas contra el sentido de autonomía, puedes llegar a creer que:

«La verdad es que no tengo mucho que decir sobre si me va bien o mal».

«La vida es una lotería, y parece que yo siempre pierdo».

«La vida no es justa. No puedo cambiar nada, así que ¿para qué intentarlo?».

La ADAPTABILIDAD responde a la pregunta: «¿Puedo controlar mis emociones?». Este atributo es tu ancla emocional. Refleja tu capacidad para mantener los pies en la Tierra cuando la vida se complica, manteniendo a raya tus emociones en lugar de dejarte dominar por ellas.

Cuando la adaptabilidad está en su nivel más bajo, te sientes angustiado y el más mínimo contratiempo te desvía de tu rumbo. El estrés se acumula, la ansiedad se apodera de ti y cada pequeño revés te parece el fin del mundo. Pierdes la perspectiva y no puedes pensar con claridad. En lugar de superar tus emociones, te quedas atrapado en ellas.

Si te cuesta adaptarte, puedes acabar creyendo lo siguiente:

«Mis emociones me controlan más de lo que yo las controlo a ellas».

«Sentirse molesto es una trampa sin salida; una vez que te embargan las emociones, la sensatez desaparece».

«Simplemente no estoy hecho para lidiar con la presión».

Tu perfil de inseguridad es un espejo que refleja aquellas áreas en las que se asientan las dudas y cómo puedes reconstruir la confianza en ti mismo. Te muestra en qué debes centrarte, qué atributo se ve más afectado y qué hábito debes desarrollar para fortalecerlo. Porque, aunque los atributos revelan cómo se manifiesta la inseguridad en tu vida, son los hábitos que practicas los que determinan si esta permanece o desaparece.

¿Qué significan mis puntuaciones?

Tu puntuación no es buena o mala, de aprobado o desaprobado. Es una nueva forma de ver tus puntos fuertes y débiles. Aquí tienes las respuestas a algunas de las preguntas más habituales que nos hacen sobre el significado de estas puntuaciones:

	LOS CUATRO ATRIBUTOS DE LA CONFIANZA PROFUNDA	
INSEGURIDAD ←	**ATRIBUTO** →	**CONFIANZA EN UNO MISMO**
AUTODESPRECIO «Nunca seré suficiente».	**ACEPTACIÓN** «¿Soy suficiente?»	**VALOR** «Mi valor no depende de la aprobación de los demás».
INUTILIDAD «No puedo hacerlo».	**ACTUACIÓN** «¿Puedo manejar esto?»	**PREPARACIÓN** «Tengo lo que se necesita para alcanzar mis metas».
RESIGNACIÓN «Me siento impotente... Lo que yo hago no tiene ningún valor».	**AUTONOMÍA** «¿Mis decisiones sirven de algo?»	**PROPIEDAD** «Yo elijo mis acciones y forjo mi camino».
AGOBIO «Esto es demasiado».	**ADAPTABILIDAD** «¿Puedo controlar mis emociones?»	**SENSATEZ** «Confío en mi capacidad para controlar mis emociones».

He obtenido una puntuación baja en los cuatro atributos. ¿Qué significa eso? En primer lugar, respira hondo. No estás solo. De hecho, nuestras investigaciones demuestran que el 20 % de las personas se encuentran en las zonas de alerta roja u obstáculo (puntuaciones de 8 o menos) en los cuatro atributos. Si ese es tu caso, es probable que tus dudas estén influyendo en tu forma de pensar, decidir, liderar y vivir. Pero eso no significa que tengas ningún problema. Tienes el poder de romper ese control creyendo que puedes hacerlo y desarrollando hábitos más saludables.

Entonces... ¿Cómo me comparo con los demás? Analicémoslo: [1]

- Si solo un atributo se encuentra en las zonas de alerta roja u obstáculo (puntuación de 8 o menos), eres similar al 17 % de las personas que tienen más dificultades con un área concreta.
- Si tienes puntuaciones bajas en dos atributos, estás en la misma situación que el 21 % de los encuestados.
- Si has obtenido una puntuación baja en tres atributos, eres como el 18 % de las personas, en las que la inseguridad está un poco más arraigada.
- Y, de nuevo, si obtuviste puntuaciones bajas en los cuatro atributos, eso supone el 20 % de las personas. No eres un caso atípico en absoluto.

He obtenido puntuación en la zona regular en todos mis atributos. ¿Qué significa eso? Esto sugiere que todavía no estás anclado del todo en ninguna área de autoconfianza, lo que puede hacer que tu inseguridad sea muy fluctuante. Esta puede aparecer dependiendo de con quién estés, dónde estés o incluso cómo te sientas ese día. Estás en el límite. Con unos cuantos cambios intencionados, puedes empezar a fortalecer la confianza en ti mismo para que sea más estable, cualquiera que sea la situación.

He obtenido puntuación en las zonas de fuerza oculta o superpoder en todos mis atributos. ¿Qué significa eso? Pues que estás en una posición excelente. Con atributos fuertes, es probable que tengas una base sólida de confianza en ti mismo, lo que llamamos «confianza profunda». Esto no significa que jamás dudes de ti mismo (eres humano, no un robot), pero sí significa que has desarrollado unos hábitos que te ayudan a comprender y utilizar tus dudas para ayudarte, y cuando se interponen en tu camino, eres capaz de superarlas con relativa rapidez. Sigue reforzando esos hábitos, pues son tu ventaja. Y si desempeñas un papel de liderazgo, paternidad o mentoría, piensa en cómo puedes ayudar a otros a fortalecer también estos atributos en sí mismos. La confianza en uno mismo es contagiosa cuando se sabe manejar.

¿Qué pasa si he obtenido una puntuación alta en algunos de atributos, pero baja en otros? La verdad es que esto es muy habitual y puedes utilizarlo en tu beneficio. Puedes apoyarte en los hábitos que son más fuertes para reforzar aquellos otros en los que has obtenido una puntuación más baja. Supongamos que tienes una gran capacidad de acción (actúas incluso cuando resulta difícil), pero una baja aceptación (te cuesta valorarte a ti mismo). Puedes utilizar tus hábitos de acción para demostrar tu valía. Cada atributo refuerza a los demás, por lo que cuando fortaleces uno, también lo haces con el resto.

Los siguientes gráficos de barras muestran qué puntuaciones obtienen las personas en cada uno de los cuatro atributos. Cada barra se divide en tres zonas: alerta roja u obstáculo (izquierda), regular (centro) y fuerza oculta o superpoder (derecha).

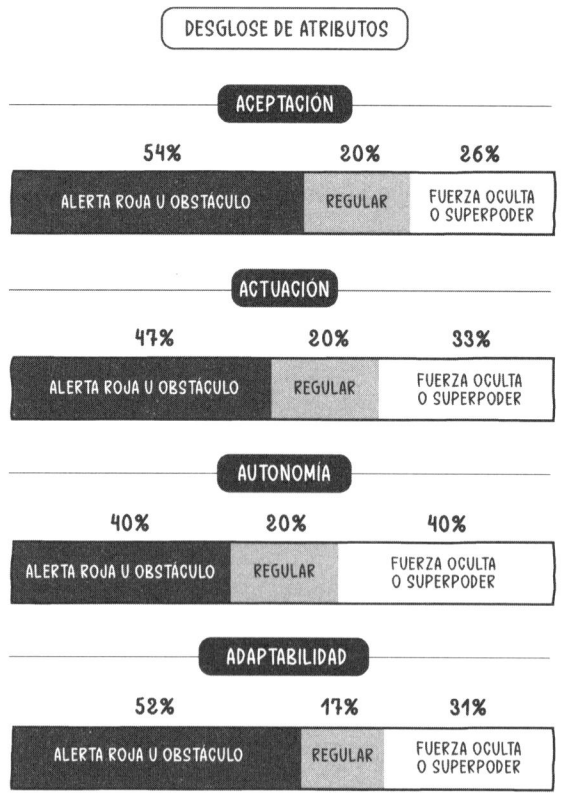

Estos atributos sientan las bases de la confianza que tienes en ti mismo. Influyen silenciosamente en tu forma de comportarte, tanto en la vida diaria como en los momentos decisivos. Influyen en si muestras confianza, actúas con tu mejor disposición y vives con intención, o si, por el contrario, la inseguridad te empuja hacia la modestia.

No tienes por qué dejar que la inseguridad te defina y controle tu vida. Puedes utilizarla como una señal para aprender, crecer y pedir ayuda. Puedes acabar con el círculo vicioso al que te arroja la inseguridad, pero primero debemos sentar unas bases.

En los capítulos 1 a 3, te explicaré cómo funciona el cableado de la inseguridad que tienes en tu cerebro, porque una vez que comprendas por qué se apodera de ti la inseguridad, estarás mucho más preparado para superarla. Estoy deseando que empieces a trabajar en la solución, pero con estos antecedentes los siguientes pasos te calarán más hondo, tendrán más repercusión en ti y se mantendrán durante más tiempo.

A partir del capítulo 4, analizaremos con más detenimiento cada uno de los cuatro atributos: qué son, cómo los carcome la inseguridad y cómo puedes fortalecerlos, para que así identifiques qué áreas precisan más atención. Porque, cuanto más fortalezcas estos atributos, más cerca estarás de alcanzar la confianza profunda.

LA MENTE INSEGURA

1

¿Quién lleva las riendas?

Programados para la inseguridad

La inseguridad está tan arraigada en la experiencia humana como los impuestos o que tu teléfono se quede sin batería justo cuando más lo necesitas. El problema no es que exista la inseguridad. El verdadero problema es lo que haces con ella.

Una de las muchas verdades que he aprendido a la hora de estudiar las inseguridades es la siguiente: las inseguridades no son hechos inamovibles. Son el producto del funcionamiento de tu cerebro, tus experiencias vitales y lo que te has dicho a ti mismo sobre tu identidad. En otras palabras, tú no eres tus inseguridades, y tus inseguridades no te definen.

Es posible que tengas que leerlo de nuevo. Despacio.

Tú no eres tus inseguridades. Ni de lejos.

La inseguridad no tiene nada que ver con lo que puedes o no puedes hacer. Tiene que ver con lo que crees que no puedes hacer. La inseguridad influye en tu realidad, pero es tu forma de pensar la que influye en tu inseguridad. Tu forma de pensar da poder a la duda y te desgasta. Para cambiar aquello en lo que dudas, cambia tus pensamientos.

Ahora bien, sé que es más fácil decirlo que hacerlo. En realidad, la culpa es de tu cerebro. Gracias a mi trabajo, he descubierto que no podemos escapar de la inseguridad por tres razones principales que están arraigadas en todos nuestros cerebros. Cuando comprendes que tu cerebro está diseñado para dudar, así como la neurociencia y la psicología que hay detrás, puedes empezar a establecer una nueva relación con él. Al hacerlo, aumentarás la confianza en ti mismo y le quitarás control a la inseguridad.

Tu cerebro necesita gestionarse a sí mismo

Marco era ingeniero de *software* en una gran empresa tecnológica que estaba valorada en miles de millones de dólares, pero tenía el sueño de lanzar su propia *start-up*. Lo tenía todo preparado: la investigación, un buen plan de negocio e incluso a los inversores. Pero había un problema: no se atrevía a dar el salto. La presión de hacerlo todo por su cuenta lo tenía paralizado. En lugar de pasar a la acción, se sumergió en un ciclo interminable de darle vueltas a cada decisión y ponerse a investigar más. Su incapacidad para avanzar reforzó una idea que tenía arraigada desde el principio: tal vez no sea capaz de hacerlo.

En medio de la angustia, Marco vino a verme y fuimos a su sala de juntas.

He aquí una metáfora muy útil que suelo utilizar con mis clientes. Se basa en el trabajo del profesor Julius Kuhl, toda una autoridad de la motivación humana, que ha dedicado su carrera profesional a estudiar qué lleva a las personas a la acción y qué las paraliza. [1] Así pues, imagina tu cerebro como si fuera el consejo de administración de una empresa.

Como en cualquier consejo de administración, cada miembro desempeña un papel.

- El director ejecutivo (ubicado en la corteza prefrontal ventromedial) piensa en el futuro y en los objetivos, y pregunta: «¿Qué es lo más importante ahora mismo? ¿Cuál es el objetivo?».

- El jefe de estrategia (dirigido por la corteza prefrontal) ayuda a elaborar el plan que permita alcanzar esos objetivos y pregunta: «¿Cómo lo conseguimos? ¿Qué viene después?».
- El responsable de automatizaciones (dirigido por los ganglios basales y el cerebelo) ayuda a que todo funcione de manera más eficiente y pregunta: «¿Qué rutinas podemos establecer para facilitarlo?».
- El analista de riesgos (en la corteza inferotemporal y el sistema límbico) está ahí para protegerte y pregunta: «¿Qué podría salir mal? ¿Cómo podríamos solucionarlo?».

Cuando los cuatro miembros están sincronizados, tu cerebro funciona como un equipo de ensueño. Los objetivos son claros, los planes son viables, las tareas están automatizadas y los riesgos están controlados. Al igual que un atleta en estado de flujo, te sientes en plena forma y tu cerebro funciona mejor cuando sus funciones están coordinadas.

El problema es que tu cerebro tiene sistemas muy complejos que compiten por tener toda tu atención. Cuando la inseguridad se apodera de cualquier sistema, ese flujo se detiene. Los departamentos dejan de comunicarse, se confunden las prioridades y se acaba con el buen funcionamiento. Tu cerebro sufre un colapso generalizado.

Y eso era exactamente lo que le pasaba a Marco. El claro enfoque que había tenido su director ejecutivo se había vuelto confuso. Ninguna dirección le parecía la correcta. Y, sin una dirección clara, su jefe de estrategia se había metido en un círculo vicioso de cavilaciones y acabado en un análisis por parálisis. Sin planes que llevar a cabo, su responsable de automatizaciones se limitaba a esperar, sin hacer nada. Y, testigo del caos que reinaba en la sala de juntas, su analista de riesgos pensó: «¿qué diablos estamos haciendo aquí?».

Marco y yo trabajamos juntos para resolver el caos que reinaba entre los miembros de su junta directiva, comprobando dónde había afectado más la inseguridad.

Empezamos por arriba, con su director ejecutivo, que solo tenía una vaga idea de que había que «lanzar el proyecto pronto», y el hecho de dar vueltas al asunto estaba creando temor e incluso más dudas. Lo dejamos muy claro y fijamos un nuevo objetivo: conseguir el primer proyecto piloto pagado en seis meses. Con un objetivo claro, su jefe de estrategia pudo centrarse en los siguientes pasos, relevantes y factibles: identificar a los socios logísticos clave y preparar una presentación para ellos. Con los planes en marcha, su responsable de automatizaciones restableció una estructura para su trabajo en el futuro, que incluía revisiones semanales de los progresos. Al sentirse más seguro en cuanto a los objetivos, la estrategia y los planes, su analista de riesgos dejó de reaccionar de forma exagerada. En lugar de empezar a darle vueltas a todo, Marco hizo una pausa y se preguntó: «¿Es esto un problema real? ¿O es el miedo el que me está hablando?».

Una vez que su mente se volvió más coordinada, Marco sintió que había recuperado el control. Comenzó a progresar sin dar vueltas en círculos ni dudar de cada paso. Podía confiar en sí mismo y creer en su ambiciosa idea. Además, una vez que lanzara formalmente el proyecto, estaría en una posición mucho mejor de cara al futuro. Al final, dejó de hacerse la zancadilla a sí mismo.

Dejó claro al consejo de administración de su cerebro quién estaba al mando.

⚙ PRÁCTICA. Sincroniza tu consejo de administración

¿Tu consejo de administración es un auténtico caos? ¿Está paralizado por culpa del agotamiento? ¿Está desorganizado en general? Cuando reconozcas que el consejo de administración de tu cerebro está desincronizado, podrás dar un paso atrás y recalibrarlo. Esto es lo que debes tener en cuenta, junto con pequeñas acciones que te ayudarán a reiniciarlo y volver a la normalidad:

- **Para el director ejecutivo.** ¿Te sientes disperso, como si estuvieras haciendo malabarismos con demasiadas prioridades y como si no tuvieras clara ninguna de ellas?
  - Una acción: anota tu máxima prioridad para la próxima semana. Tan solo una. A continuación, asegúrate de que todas las tareas encajan con ella. Si no es así, no es una prioridad.
- **Para el jefe de estrategia.** ¿Estás atrapado en un análisis paralizante, planificando y sopesando varias opciones sin pasar a la acción?
  - Una acción: divide tu proyecto en tres pasos sencillos. Tan solo tres. Ahora comprométete a completar el primero hoy (o esta semana, si necesitas tomártelo con calma).
- **Para el responsable de automatizaciones.** ¿Te sientes siempre agotado porque las tareas que deberían ser automáticas requieren esfuerzo y la toma de decisiones?
  - Una acción: identifica una tarea rutinaria que hagas con regularidad, como revisar el correo electrónico o preparar reuniones, y crea una lista de verificación sencilla

para optimizarla, como organizar tus correos electrónicos en categorías (seguimiento, leer más tarde, pendiente) o establecer un tiempo concreto para preparar las reuniones.

- **Para el analista de riesgos.** ¿Imaginas todo el tiempo los peores escenarios posibles o crees que un pequeño error llevará al desastre? (Profundizaremos en esto más adelante en el capítulo).
  - Una acción: enumera el peor escenario posible y luego escribe lo que harías si ocurriera. Esto te ayudará a reducir el miedo a su tamaño real.

Tu cerebro anhela la certidumbre

Muchos de nosotros vivimos en un estado de alerta constante, con independencia de lo que realmente esté sucediendo. Puede parecer que nuestro consejo de administración es un auténtico caos, lo que nos dificulta rendir al máximo. Pero ¿por qué entramos en ese estado? A menudo, la razón es que nuestro cerebro desea tener certidumbre. Pero esta tendencia innata choca con la realidad de la vida moderna.

Así es como me gusta verlo. Cuando la planta del tomate es atacada, por ejemplo, por una oruga que se come sus hojas, no se limita a aceptar la derrota. La planta activa su modo de supervivencia poniendo en marcha un sistema de defensa muy eficaz. Envía señales de socorro, endurece sus hojas, produce proteínas para que sea más difícil de masticar y fortalece sus paredes celulares. Es la versión botánica de «cargar y disparar». Pero, una vez que la oruga ha desaparecido, la planta del tomate no permanece en estado de alerta máxima. Se relaja. Vuelve a dedicar su energía al crecimiento y la reparación. Por eso la planta se desarrolla. Sabe cuándo debe protegerse y, lo que es igual de importante, cuándo debe relajarse.

Tú también tienes un sistema de defensa incorporado. Se llama «inseguridad», «ansiedad» o «pensar demasiado». Básicamente, el analista de riesgos de tu cerebro da la alarma cuando cree que algo no va bien. ¿El problema? Pues que, a diferencia de la planta del tomate, tu analista de riesgos es pésimo a la hora de distinguir las amenazas reales de las imaginarias. Ya sea o no peligroso, es una máquina de detección de amenazas en esteroides. Y es aún peor a la hora de avisarte cuando una amenaza potencial ya ha pasado. Acabas en estado de alerta máxima por una publicación en las redes sociales que no ha recibido ningún «me gusta», un error tipográfico en un correo electrónico, una mirada de reojo o, peor aún, algo que ni siquiera ha sucedido.

Hay una razón evolutiva para ello. Esta función de detección de amenazas fue un salvavidas para nuestros antepasados. Detectar un depredador entre los arbustos o una tormenta en el horizonte significaba la diferencia entre ver otro amanecer o convertirse en parte de la cadena alimentaria. El miedo tenía un claro propósito. Detectar la amenaza. Actuar con rapidez. Sobrevivir. Con el tiempo, nuestros cerebros se volvieron expertos en detectar patrones y predecir lo que sucedería a continuación. De hecho, se volvieron tan buenos que casi desarrollaron una «adicción» a la certidumbre. Saber qué esperar no solo les parecía reconfortante, sino que también suponía una gran ventaja en términos de supervivencia. La certidumbre nos mantenía a salvo en un mundo en el que no saber podía costarte la vida.

Hoy en día, el mundo es infinitamente más complicado, pero nuestros cerebros siguen funcionando con el mismo *software* de supervivencia de siempre. Solo que ahora se obsesionan con si a tu jefe le gustó tu presentación o si ese comentario incómodo durante la reunión con el cliente hizo que perdieras su inversión. Las amenazas ya no son de vida o muerte, pero a tu cerebro eso le tiene sin cuidado. Sigue tratando la incertidumbre como si fuera un peligro porque así es como está programado para hacerlo.

Los científicos evolucionistas denominan a nuestro mundo moderno una «inversión a largo plazo».[2] En el pasado cazabas, recolectabas o corrías, y la recompensa (o la consecuencia) era inmediata. ¿Pero ahora? Trabajas duro para conseguir un ascenso que quizás llegue el año que viene. Envías un correo electrónico y esperas una respuesta que quizás no llegue nunca. Tus esfuerzos están relacionados con recompensas que verás a futuro: desarrollar una carrera profesional a lo largo de los años, mantener relaciones personales, ahorrar para la jubilación de tu yo del futuro. El ciclo de retroalimentación ha desaparecido y ha sido sustituido por un enorme agujero de incertidumbre.

Y tu cerebro lo odia.

De hecho, tu cerebro odia tanto la incertidumbre que se inventa la verdad para sentirse mejor. Rellena los huecos para que tu vida te resulte más predecible. Con independencia de si sus respuestas son precisas o no, tu cerebro autocompleta la historia. Los psicólogos llaman a esto «confabulación», de la palabra latina *fabula*, que significa «historia». Pero llamémoslo por su nombre: el autocompletado defectuoso de tu cerebro.

Tu cerebro inventa automáticamente explicaciones que parecen sensatas. Por ejemplo, puedes decirte a ti mismo: «No soy una persona sociable», por lo que evitas los eventos de *networking*. Pero lo único que sucede es que te pone nervioso parecer torpe y tu cerebro intenta protegerte de que te sientas juzgado. O puedes decir: «Estoy bien donde estoy en cuanto a mi carrera profesional». Pero la realidad es que no quieres competir con un compañero por un puesto de trabajo porque te aterroriza que, si lo consigues, dañes una buena relación laboral.

Las historias que te has inventado sobre ti mismo parecen tener todo el sentido y resultan reconfortantes porque aportan algo de certidumbre. Pero, si las analizas en profundidad, descubrirás que están inducidas por el miedo, no por la verdad. Como dijo el profesor de Derecho Ian Weinstein: «No creas todo lo que piensas»[3]. Dado que tu cerebro está programado para detectar amenazas, esas historias mentales tienden a ser negativas. Por eso tu cerebro suele pensar en los peores escenarios posibles:

«No me han respondido porque les caigo mal».

«La reunión ha ido fatal. Seguro que me despiden».

«Nadie ha leído mi publicación. No importo nada».

Ninguna de estas cosas es cierta. Tan solo son intentos de tu cerebro por recuperar el control en una situación incierta, aunque ese «control» venga envuelto en ansiedad y muchas tonterías.

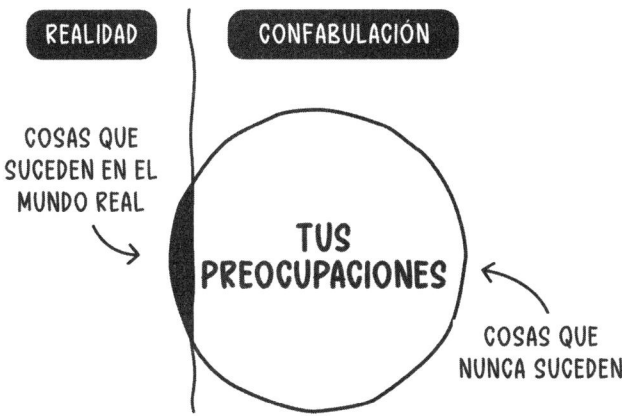

En lugar de evaluar las situaciones con calma, tu cerebro entra directamente en modo catástrofe para crear la ilusión de control. Este hábito mental no solo desperdicia energía, sino que también se convierte en hipervigilancia crónica.[4] La preocupación se convierte en una forma de vida. Tu cerebro se convence a sí mismo de que, si te preocupas lo suficiente, podrás evitar que sucedan cosas malas. Pero la preocupación no resuelve los problemas; tan solo vuelve catastróficos problemas que ni siquiera existen.

Y esas historias que te has inventado sobre ti mismo tienen un precio. Los investigadores de Harvard Matthew Killingsworth y Daniel Gilbert llevaron a cabo un experimento que reveló algo sorprendente: tus pensamientos influyen más en tu felicidad que tus circunstancias.[5]

Reflexionemos al respecto. Podrías estar relajándote en una playa paradisíaca, pero si tu mente no deja de darle vueltas a tus preocupaciones, te perderás por completo el sol, la brisa y el sonido de las olas. Tus pensamientos no solo dan color a tu experiencia, sino que la definen. Esto significa que las historias que te cuentas (ya estén basadas en la realidad o sean pura imaginación) determinan cómo te sientes, cómo te comportas y, en última instancia, cómo experimentas la vida.

Así que cambiemos esa historia.

⚙ PRÁCTICA. Programa un «tiempo para preocuparte».

Aunque las preocupaciones pueden parecer más grandes que la vida misma cuando se están teniendo, las investigaciones demuestran que escribirlas a medida que surgen y fijar un momento concreto para revisarlas más tarde puede ayudar a gestionar su impacto.[6] Tómatelo como si dejaras un punto del orden del día para que la junta directiva de tu cerebro lo trate más tarde.

Paso 1: Crea una zona de «tiempo para preocuparte»

Elige cada día una hora y un lugar concretos para centrarte en tus preocupaciones. Puede ser a las 17.30 h en tu balcón o a las 19 h en tu sofá con una taza de té.

Paso 2: Deja a un lado tus preocupaciones

Cuando un pensamiento ansioso comience a carcomerte, no te dejes llevar por esa espiral. Anótalo. Escríbelo en un cuaderno o añádelo a una lista de preocupaciones que tengas en tu teléfono. A continuación, dite a ti mismo: «Ahora no. Me ocuparé de esto en el tiempo para preocuparme».

Paso 3: Sumérgete en el tiempo para preocuparte

Cuando llegue la hora de preocuparse, saca tu lista. Date hasta treinta minutos para profundizar en tus preocupaciones. Déjate sentir lo que sea que surja, sin juzgarlo. Añade cualquier nueva preocupación si es necesario. Cuando se acabe el tiempo, ya está. Cierra el cuaderno o la aplicación y aléjate. No te preocupes más hasta tu próxima hora para preocuparte.

Paso 4: Decide qué harás a continuación

Ahora que has despejado tu mente, pregúntate:

- ¿Son reales estas preocupaciones o estoy pensando de forma catastrófica?
- ¿Puedo tomar alguna medida ahora mismo para solucionarlo?

Si la respuesta es sí, haz un plan. Comprométete a realizar una pequeña acción. Esto le dará a tu cerebro una recompensa inmediata por el esfuerzo. Si la respuesta es no, centra tu atención en algo más productivo.

Paso 5: Revisa periódicamente tu lista de preocupaciones

Al final de la semana, revisa tu lista de preocupaciones. ¿Percibes algún patrón? ¿Cuántas preocupaciones se convirtieron en problemas reales? Esta práctica te ayuda a detectar las exageraciones que hay en tus pensamientos y evita que te dominen las preocupaciones. Le estás diciendo al analista de riesgos de tu cerebro: «Está bien, puedes tener tu tiempo, pero el resto del día me pertenece a mí».

Tu cerebro filtra la realidad

Cuando empecé a trabajar en el sector bancario, durante un tiempo fui la asistente de un director general que tenía a su cargo un equipo de ventas de más de dos mil personas. Parte de mi trabajo consistía en proteger su concentración. Era su guardián. Filtraba su correo electrónico, separaba lo urgente de lo importante y me aseguraba de que tan solo los asuntos más críticos llegaran a su escritorio. No era una tarea fácil. Lo que más me llamó la atención fue lo esencial que era este papel de guardián. Sin él, sus prioridades se habrían visto sepultadas bajo una montaña de distracciones.

El consejo de administración de tu cerebro también tiene un guardián, el cual es el controlador definitivo de tu atención. Además de los cuatro sistemas que componen el sistema de gestión de tu cerebro, una red neuronal actúa como tu filtro definitivo.[7] Esta red determina qué capta tu atención y qué pasa a un segundo plano. Transmite esa información a tu director ejecutivo, asegurándose de que priorices lo que parece más importante.

Los investigadores estiman que tu cerebro recibe cada día el equivalente a 34 gigabytes de datos (¡que es mucho!).[8] Sin tu guardián, te ahogarías en el caos circundante, angustiado por cada claxon de coche, cualquier pensamiento que apareciera o cada notificación del teléfono. Pero, a pesar de todas las cosas buenas que hace tu guardián, tiene un gran defecto: no es objetivo. No establece prioridades basándose únicamente en la sensatez. No, se basa en tus indicaciones, concretamente en aquello en lo que tienes puesta tu atención.

Seguro que ya sabes adónde quiero ir a parar.

Si estás atrapado en la inseguridad, el miedo o la preocupación, ¿adivina qué? Tu guardián sintoniza esa frecuencia. Empieza a filtrar la realidad a través del prisma de tus inseguridades, amplificando cada pequeño detalle que refuerza esas dudas. Pone el foco en las «pruebas» de tus defectos. De repente, un mensaje sin respuesta lo sientes como un rechazo, cada error tipográfico lo sientes como un fracaso y cada desafío lo sientes como algo insuperable. Tu cerebro se convierte en un amplificador de la inseguridad. Con el tiempo, este filtro distorsionado no solo altera tus pensamientos, sino que también remodela la forma en que te ves a ti mismo y cómo te presentas ante el mundo. Este es el poder y el peligro de tu enfoque.

Taylor es un buen ejemplo. Era una alta directiva en una empresa de telecomunicaciones, pero cada día se enfrentaba a lo que ella consideraba que eran sus defectos. Era una persona estable, tranquila y muy competente, fiable, meticulosa; el tipo de persona en la que todos sabían que podían confiar. Tras unos años en el puesto, un mentor le dio lo que se suponía que era un consejo útil: «Tienes que ser más asertiva si quieres ascender».

Pero Taylor no escuchó «Tienes potencial», sino «No tienes madera de líder». Ella no lo vio como un consejo para ayudarla a crecer profesionalmente, sino como una crítica sobre quién era. Así, sin más, el guardián de su cerebro se aferró a esa creencia. A partir de entonces, lo filtró todo a través de ese prisma:

¿No la habían invitado a una reunión informal? «No les gusto».

¿Un gerente sugería que sus presentaciones podrían ser más concisas? «No soy una buena comunicadora».

¿Un colega la interrumpía en una reunión? «Mis ideas no son valiosas».

Tampoco se limitaba al trabajo. Cuando un amigo le respondía con un mensaje corto y apresurado, el cerebro de Taylor no pensaba: «¡Oh! Lo más probable es que esté ocupado». No. Le susurraba: «No eres su prioridad. ¿Ves? Eres prescindible». Su guardián seguía recopilando «pruebas» que respaldaran esa narrativa mental. Y, cuantas más encontraba, más se lo creía Taylor. La historia de Taylor no es única. Es simplemente cómo funciona nuestro cerebro. Hacemos esto con muchas cosas: tendencias de salud, cultura pop, política, lo que sea. Es una distorsión cognitiva conocida como «sesgo de confirmación». El guardián de tu cerebro es un maestro en enfocar la información que respalda lo que ya crees y filtrar silenciosamente todo lo que no lo hace.

Aquí está el problema de fondo: cuando esas creencias parten de la inseguridad, tu guardián convierte momentos fugaces en pruebas duraderas, transforma opiniones en hechos y exagera el miedo hasta que parece verdad. Entonces, si tu guardián te sigue mintiendo, ¿cómo puedes descubrir la verdad?

Tu guardián tiene una sola función: filtrar toda la información antes de que llegue a tu sala de juntas. La buena noticia es que tu guardián puede reeducarse. La clave está en enseñarle qué debe tener en cuenta.

Cuando Taylor y yo empezamos a trabajar juntas, ella creía que tenía que demostrar su valía constantemente y que, si el reconocimiento no llegaba, significaba que no se la valoraba. En su sala de juntas, se ahogaba en la negatividad porque su guardián le recordaba todo el tiempo sus inseguridades y le presentaba los peores escenarios posibles.

Un día le dije: «Tenemos que invitar a dos profesionales más a tu sala de juntas: el verificador de datos y el asesor de confianza. Considera que son unos asesores externos que ayudarán a tu guardián a hacer mejor su trabajo».

Así es como se veía en el caso de Taylor:

Denunciar la confabulación. Ella anotó todas sus preocupaciones e inseguridades. Luego, desafiamos cada una de ellas invitando a su verificador de datos a la sala de juntas. Se trata de una voz de la razón que no teme verificar la verdad de tu situación. Cuando Taylor se decía a sí misma: «Nadie me quiere aquí», le respondíamos como un abogado defensor: «¿Dónde están tus pruebas? ¿Dónde están las evidencias? ¿Y qué evidencias hay que digan lo contrario?». Este sencillo ejercicio de verificación de datos le abrió los ojos y llegó a la importante conclusión de que la mayoría de sus inseguridades no se basaban en la realidad. Eran confabulaciones, historias que su cerebro se había inventado a partir de suposiciones, experiencias, preocupaciones y miedos.

Cambiar el enfoque. Entonces Taylor cambió activamente el enfoque de su guardián invitando a su asesor de confianza a su sala de juntas. Para cumplir con esta función, le pedí a Taylor que imaginara a un mentor, amigo o colega de confianza que siempre viera su potencial y sus puntos fuertes. En los momentos de duda, podía imaginar a este amigo sentado frente a ella, dándole consejos sinceros pero alentadores, diciéndole lo que pensaba sobre su capacidad para manejar la situación.

Taylor puso esto en práctica. Cuando en las reuniones el silencio le parecía un rechazo, oía a su asesor de confianza inclinarse hacia ella y decirle: «El silencio no es un rechazo. Es reflexión. Dales espacio para procesarlo». En lugar de caer en el círculo vicioso de «Mi propuesta les parece horrible», escuchó esa voz firme que la incitaba a preguntar: «¿Quieren que les haga alguna aclaración?». Incluso recibir comentarios negativos, que antes sentía como un ataque personal, lo vivió de forma diferente. Imaginó la voz firme de un mentor diciéndole: «Esto no tiene nada que ver con tu valía. Míralo como una oportunidad para crecer». Dejó de ver los comentarios como un veredicto sobre su propio valor y comenzó a considerarlos una herramienta para mejorar.

Este cambio también afectó a la vida personal de Taylor. Por fin empezó a ser más indulgente consigo misma. Si un amigo se distraía en medio de una conversación, no pensaba al instante «Soy una aburrida. No le importo». En cambio, su verificador de datos se ponía en marcha: «¿Qué pruebas hay de eso?». Y le recordaba: «La gente tiene sus propios asuntos. Lo más probable es que esté ocupado. No eres el centro del mundo».

Cuando Taylor reorientó a su guardián con la perspectiva de su verificador de datos y su asesor de confianza, notó un cambio en su interior. Se comportaba con más confianza y dudaba menos de sí misma. Me dijo: «Por primera vez en mi vida, siento que estoy de mi parte».

PRÁCTICA. Invita a tus aliados internos

Cuando te invada la duda, invita a tu verificador de datos y a tu asesor de confianza a tu consejo de administración para que equilibren la situación. Son tus aliados mentales.

Paso 1. Identifica tu confabulación central con el verificador de datos

A. Anota tu suposición (por ejemplo: «Si cometo un error, todos pensarán que soy un incompetente» o «Siempre soy la última persona en ser elegida para los equipos, lo que significa que nadie me quiere aquí»).

B. Analiza tu suposición con estas tres preguntas:

- ¿Qué pruebas tengo de que esto es cierto?
- ¿Qué pruebas tengo de que esto no es cierto?
- ¿Cuál es la forma más equilibrada de ver esto?

Paso 2. Cambia tu enfoque con tu asesor de confianza

A. Imagina a un mentor, amigo o colega de confianza sentado frente a ti; alguien que siempre ve tu potencial y tus puntos fuertes y que, con cariño, te ayuda a superar los obstáculos de la vida. Pregúntate: «¿Qué dirían ellos sobre mi capacidad para manejar esto?». A continuación, escucha su voz recordándote tu competencia y resiliencia.

Todos estamos programados para dudar de nosotros mismos, pero lo que está programado se puede reprogramar. Cuando vuelves a sincronizar tu consejo de administración, ves las cosas más claras y entras en un estado de flujo. Cuando programas un «tiempo para preocuparte», liberas ancho de banda mental para pensamientos más significativos y evitas que te consuman las confabulaciones. Y, cuando invitas a unos «asesores» para que mantengan a tu guardián en el mejor camino a seguir, te centras menos en tus debilidades y más en tus fortalezas, tus logros y tu potencial.

Cuando te das cuenta de cómo funciona tu cerebro y cómo te predispone a la inseguridad, dejas de enfrentarte a ti mismo y empiezas a estar ahí para ti. Y por fin sientes que te has puesto de tu parte.

2

¿Debo creer todo lo que pienso?

Enganchado a tu propia imagen

A finales de la década de 1970, Robert Kleck, profesor de psicología de Dartmouth, se propuso poner a prueba una idea sencilla pero poderosa: «¿Nuestras expectativas determinan la forma en que experimentamos la vida?». Llevó a cabo un fascinante experimento que reveló hasta qué punto nuestras propias creencias pueden distorsionar la realidad, lo cual resulta muy revelador en lo que respecta a la inseguridad. [1]

Tomó a un grupo de participantes y les colocó una gran cicatriz en la mejilla derecha que se extendía desde la oreja hasta la boca. A cada persona le dieron un espejo de mano, para mostrarle que tenía una deformación visible. Luego, se les envió a conversar con unos desconocidos. Mientras tanto, a un grupo de control no se le aplicó ninguna cicatriz y también interactuaron con personas que no conocían.

Después de las conversaciones, el investigador pidió a ambos grupos que explicaran cómo creían que los habían tratado. Los que tenían la cicatriz dijeron que los desconocidos habían actuado de manera diferente. Estaban más tensos, menos amistosos, incluso algo distantes. Las personas con la cicatriz estaban convencidas de que los demás los habían tratado diferente por este motivo.

Pero no era así.

Porque la cicatriz nunca existió.

Justo antes de que los participantes con cicatrices se marcharan, el investigador fingió que les aplicaba una crema hidratante para «fijar» la cicatriz. Sin embargo, lo que hizo fue quitársela sin que lo supieran. Estos participantes hablaron con desconocidos creyendo que tenían una cicatriz visible cuando, en realidad, sus rostros estaban intactos. Los observadores que vieron las conversaciones en vídeo de ambos grupos no apreciaron ninguna diferencia en el comportamiento de los desconocidos. El cambio no estaba en cómo actuaban los demás, sino en cómo lo percibían los participantes.

Esto es lo que los psicólogos llaman «sesgo de expectativa» [2]. Los participantes en el estudio creían que tenían un aspecto diferente, y su cerebro proyectó esa inseguridad en la realidad. Vieron rechazo, juicio o incomodidad no porque estuviera ahí, sino porque esperaban que estuviera.

Tus creencias dan forma a tu realidad. Literalmente. [3] Tus pensamientos tienen ese poder.

En su libro *Psycho-Cybernetics*, el Dr. Maxwell Maltz, un antiguo cirujano, explica: «Nos demos cuenta o no, cada uno de nosotros lleva consigo un modelo mental o una imagen de sí mismo... Nuestra propia concepción del "tipo de persona que soy"» [4]. Y este modelo influye en cómo afrontamos la vida. Maltz lo había visto de primera mano en su consulta de cirugía plástica. Los pacientes acudían a él para corregir un «defecto» en su apariencia que les provocaba una gran inseguridad. Su razonamiento era bastante sencillo: si corrijo este defecto, me sentiré más seguro. Si tengo mejor aspecto, tendré más éxito. Pero no era así como funcionaba.

Después de la cirugía, incluso con el cambio físico, muchos pacientes actuaban, sentían y pensaban como si el defecto siguiera ahí. ¿Por qué? Porque sus cerebros nunca actualizaron su esquema mental. Sus creencias sobre sí mismos no habían cambiado, por lo que sus dudas persistían.

Y aquí es donde nos toca de cerca. Podrías tener una larga lista de éxitos a tus espaldas, haber conseguido ascensos, ganado premios, asegurado la financiación para tu nueva empresa, formado una familia, pero si en el fondo crees que eres un incompetente o que no vales nada, ninguno de esos éxitos te parecerá auténtico. Te obsesionarás con lo que te falta. Evitarás oportunidades, te echarás atrás cuando tengas un contratiempo, darás mil vueltas a las cosas y convertirás tus puntos fuertes en débiles. Al igual que sucedía con los participantes en la investigación de Kleck y los pacientes de Maltz, no son tus defectos aquello que te bloquea, sino el hecho de que creas en ellos.

Todas las investigaciones lo confirman: la persona que crees que eres configura toda tu vida.

Historias pegajosas

Cuando conocí a Rashida, se presentó haciéndome una advertencia: «Soy un poco intensa». Lo dijo con una mueca, como si esa etiqueta le dejara un mal sabor de boca.

Le respondí: «Es bueno saberlo. ¿Qué más debería saber sobre ti?».

Me dijo que era madre, que se había aficionado al *pickleball* hacía poco y que era directora de riesgos y cumplimiento normativo en una empresa de la lista Fortune 500. Pensé que ese puesto exigiría mucha intensidad, pero aun así le pregunté:

«¿De dónde viene esa etiqueta de "intensa"?».

No tuvo que pensar mucho. «Cuando dejé mi última empresa, mi jefe me hizo un comentario: "Puedes ser un poco intensa, Rashida, pero te echaremos de menos"».

Ese comentario me impactó muchísimo. Pero no era la primera vez que Rashida lo escuchaba: «Mis padres son egipcios y yo soy la más pequeña de ocho hermanos. Mis hermanos y hermanas siempre decían que yo era "demasiado" o una "exagerada"». Esas palabras habían permanecido en su mente durante años, influyendo en cómo se veía a sí misma. Incluso siendo una directiva exitosa, sentía que esa etiqueta de «intensa» se cernía sobre ella. El comentario de su jefe lo había traído todo de vuelta.

Seis meses después, Rashida asumió un puesto de alta responsabilidad en el área de cumplimiento normativo, lo que supuso un gran avance en su carrera. Se sintió obligada a presentarse de una manera que evitara cualquier prejuicio. Dijo: «A veces puedo ser muy intensa», como si tuviera que disculparse por ser ella misma.

Como si su cicatriz invisible la definiera.

Una vez que una etiqueta se adhiere, se siente como si fuera real. Tomemos como ejemplo «soy malo hablando en público». No es porque seas biológicamente incapaz de formar frases coherentes delante de la gente, sino porque quizás en una ocasión te trabaste al hablar, sentiste vergüenza y esa experiencia se convirtió en tu identidad. Seguiste repitiendo la historia hasta que se convirtió en el titular de tu narrativa mental.

¿Por qué nos hacemos esto a nosotros mismos?

Porque a tu cerebro le encantan los atajos. Son eficientes. Etiquetas las cosas para entenderlas más rápido: caliente/frío, seguro/peligroso, éxito/fracaso. Pero no solo etiquetas el mundo que te rodea. También te pones etiquetas a ti mismo. La mayoría de tus etiquetas son atajos que tu perezoso cerebro tomó cuando no sabías hacerlo mejor. Otras son las que has ido adquiriendo a lo largo del camino y que te has pegado a ti mismo sin pensarlo dos veces. «Soy malo en esto», «soy un procrastinador», «soy un comunicador terrible».

Cada vez que dices «soy...», te estás poniendo una etiqueta; una que tu cerebro interpreta como algo permanente e inmutable. Pero ese es el lenguaje de una mentalidad fija; [5] una que te convence de que tus habilidades son inamovibles, que lo que eres hoy es todo lo que serás jamás.

Pero eso no es cierto.

Despegando tus etiquetas autolimitantes

Como las espinas que se te clavan durante una excursión, una vez que las etiquetas se te pegan, es muy difícil deshacerse de ellas. Pero no son permanentes. No están tatuadas en tu alma, por mucho que lo parezca. Etiquetas como «incompetente», «defectuoso» o «fracasado» se pueden quitar, examinar, cuestionar y reescribir.

Piensa en las etiquetas que te pusieron cuando eras un niño. Quizás alguien te llamó «terco». Pero, ¿era realmente terquedad o era determinación, que tiene una energía completamente diferente? Quizás un profesor te etiquetó como «tímido», pero ¿y si en realidad eras observador y reflexivo? O cuando tu expareja te llamó «indeciso», ¿era en realidad que te gustaba analizar las cosas?

Sean cuales sean las etiquetas que hayas estado llevando, puedes quitártelas. Desafíalas. Reescríbelas. Reemplaza «no tengo confianza» por «estoy aprendiendo a tener más confianza». Cambia «no soy un líder» por «estoy descubriendo qué significa para mí el liderazgo». Puede parecer un juego de palabras, pero no lo es. Estos cambios son pequeñas rebeliones. Le dicen a tu cerebro (y a cualquiera que te escuche) que no estás estancado. Estás evolucionando.

Ahora bien, no estoy diciendo que puedas cambiar cómo te ves a ti mismo con solo cambiar una etiqueta. Despegar etiquetas que están tan arraigadas requiere tiempo y esfuerzo, y a veces terapia. Lo que sí sé es que cada vez que aflojas la adherencia de una etiqueta, creas espacio; espacio para recuperar quién eres realmente y quién quieres ser.

Por ejemplo, le pedí a Rashida que se replanteara la forma como se presentaba a sí misma. En lugar de «intensa», le sugerí la palabra «apasionada». Su rostro se iluminó. «¿Sabes? Durante mucho tiempo me aferré a esa etiqueta de "intensa", y siempre me pareció negativa. Me hacía dudar de mí misma, y estuve a punto de no aceptar este trabajo por eso. Pero tienes razón. No es intensidad, ¡es pura pasión! Estoy muy comprometida con mi trabajo y me esfuerzo por hacer lo correcto».

Ese cambio de palabra iba mucho más allá de la propia palabra. Fue el comienzo de un cambio en cómo se veía a sí misma. De repente, ella ya no era «demasiado». Era una persona motivada. Comprometida. Exactamente el tipo de persona que querrías tener al frente para que se cumplan las normas; alguien que no pasa por alto ningún detalle porque realmente le importa el resultado.

También me encanta la historia de Meg. Meg fue una niña con ansiedad. En aquel entonces, su abuelo bromeaba diciendo que tenía el pelo rizado porque se preocupaba demasiado. Su padre la llamaba «Meg, la voluble», como si su ansiedad fuera el rasgo que la definía. Durante años, llevó esa etiqueta como si fuera su nombre: «Hola, soy Ansiosa».

Pero a medida que Meg crecía y se dedicaba a la escritura, tuvo una poderosa revelación. La misma imaginación que estimulaba su ansiedad también estimulaba su creatividad. No se deshizo de la etiqueta, sino que la reivindicó. Dijo: «He dejado de condenar mi ansiedad y desear que desapareciera… Es una parte importante de por qué soy quien soy y de lo que he podido conseguir y aportar al mundo».[6]

¿Y qué ha aportado ella al mundo? Pues historias que han ayudado a millones de personas a comprender sus propias emociones. Meg es Meg LeFauve, una de las guionistas de *Del revés* y *Del revés* 2, de Pixar, unas maravillosas películas de dibujos animados sobre la identidad y sobre aprender a aceptar todas las partes de nosotros mismos. Meg convirtió a «Meg, la voluble», en una creativa pionera en enseñar a niños y adultos el mundo de las emociones.

Meg y Rashida no se «arreglaron» a sí mismas. No necesitaban hacerlo. Recuperaron sus etiquetas. Se dieron cuenta de que el problema no eran las palabras, sino el significado que les habían dado.

PRÁCTICA. Recupera tus etiquetas

En primer lugar, tómate un minuto para pensar en las etiquetas que has estado llevando contigo.

- ¿Qué etiquetas has interiorizado?
- ¿De dónde provienen? ¿Quién las puso ahí?
- ¿Te están ayudando o bloqueando?
- ¿Cómo influyen estas etiquetas en tus pensamientos, acciones, decisiones, relaciones e incluso en tus objetivos?

La mayoría de nosotros no nos damos cuenta de que llevamos estas etiquetas hasta que nos detenemos a pensar. Y, una vez que las detectamos, podemos decir: ¿realmente quiero conservarlas?

En segundo lugar, en el momento en que te sorprendas a ti mismo «insultándote», cambia de forma consciente hacia una afirmación que reafirme una fortaleza o tu capacidad para desarrollarte. Con el tiempo, descubrirás que estas nuevas formas de describirte pueden remodelar tu autoimagen y provocar cambios enormes en cómo te ves a ti mismo.

Así es como puedes empezar: elige una etiqueta negativa del tipo «yo soy» que esté influyendo en cómo te ves a ti mismo. Luego, conviértela en una cualidad positiva y que esté orientada al desarrollo personal. Por ejemplo:

«Intenso»	→ «Soy apasionado y estoy motivado».
«No soy suficiente»	→ «Soy una persona capaz y mejoro cada día».
«Incompetente»	→ «Estoy aprendiendo y mejorando continuamente mis habilidades».
«Aburrido»	→ «Soy estable y transmito tranquilidad».

Las etiquetas que nos ponemos («demasiado callado», «no apto para ser un líder», «perfeccionista sin remedio») son el resultado de unas vías neuronales que están muy transitadas y que se hacen más profundas cada vez que volvemos a ellas. El cerebro es eficiente; refuerza las conexiones que más utilizamos. Así que cada vez que reforzamos una etiqueta, ya sea a través del diálogo interno, un recuerdo o las expectativas de los demás, se vuelve más automática, más arraigada, hasta que parece la verdad y no solo una historia que nos hemos repetido. Déjame explicarte por qué.

Surcos mentales. Trazando nuevos caminos para sobrescribir la inseguridad

Cuando tenía dieciocho años, fui a practicar surf en las dunas de Nelson Bay, una ciudad costera cerca de Sídney. Era la mejor forma de celebrar el fin de los exámenes: un verano soleado, amigos y una ola infinita de arena. Un bugui nos llevó hasta la cima de la duna, nos dieron unas rápidas instrucciones y me entregaron una vieja tabla de surf. No perdí el tiempo: me senté, me incliné hacia delante y empecé a deslizarme por la arena. ¡Era tan emocionante!

Pero controlar la tabla no fue tan fácil como pensaba. Cuando llevaba recorridas tres cuartas partes del camino, tuve un percance. Mi tabla se clavó en la arena y salí volando de cabeza, haciendo un aterrizaje blando y polvoriento. Me reí, sacudiéndome la arena de la boca. Luego vino la agotadora subida por la duna bajo un sol abrasador para volver a empezar. Después de unas cuantas bajadas, me di cuenta de algo. En la primera bajada, mi tabla trazó un nuevo camino. En la segunda y tercera bajada, empecé en el mismo lugar, pero me desvié ligeramente. En la octava bajada, ya había una pista clara y bien definida, la ruta «predeterminada» que mi tabla seguía de forma natural. Incluso cuando alguien cruzaba el camino y lo cambiaba, yo seguía siendo capaz de encontrar el surco que había creado y seguirlo.

Esto se parece mucho a cómo se forman las creencias en tu cerebro. Cada pensamiento, cada historia que te repites a ti mismo, traza un camino. Con el tiempo, esos surcos se hacen profundos y se convierten en tu trayectoria mental automática. Tu defecto. Tu modelo. Quizás incluso tu «cicatriz».

Cuanto más repites ciertos pensamientos (ya sean etiquetas autoimpuestas o preocupaciones inventadas), más los convierte tu cerebro en verdad. Este proceso se produce a través de la capacidad de automatización del cerebro, que convierte los pensamientos en rutinas mentales predeterminadas que son difíciles de romper. Lo que comienza como un pensamiento pasajero se va solidificando hasta convertirse en una creencia profundamente arraigada, que da forma a cómo te ves a ti mismo y al mundo. Pero que tu cerebro prefiera aferrarse a estos patrones familiares en aras de la eficiencia no significa que tengas que quedarte estancado en ellos. Lo que necesitas, en cambio, es una nueva forma de pensar respecto a ellos.

Recuerda: no naciste con unas inseguridades grabadas en tu cerebro. Cuando eras pequeño, tus inseguridades no formaban parte de la ecuación. No cuestionabas tu valía personal ni dudabas en probar cosas nuevas. No te preocupabas por si eras lo bastante bueno para caminar; simplemente seguiste cayéndote hasta que lo conseguiste. Pero, en algún momento, se coló la duda. Quizás empezó en el colegio, cuando te elegían el último para jugar a la pelota y pensabas «supongo que no encajo aquí». O cuando tus padres comparaban tus notas con las de tus hermanos, insinuando que no estabas a la altura. Cada momento era como deslizarse por la duna de la inseguridad, profundizando ese surco en tu cerebro.

Olvida todos los clichés de la autoayuda sobre «borrar viejos programas mentales» o «eliminar las creencias limitantes». No puedes borrar de un plumazo estas formas de pensar que tienes tan arraigadas. Son hábitos que se han reforzado durante décadas. La neurociencia deja claro que las viejas vías neuronales no se borran.

Pero tampoco tienen por qué hacerlo. Puedes crear otras nuevas sobre las antiguas. Cuanto más utilices el nuevo camino, más profundo se volverá y, con el tiempo, se convertirá en el nuevo camino predeterminado de tu cerebro.[7] Del mismo modo que se formaron los caminos de la inseguridad, también se pueden sobrescribir. Gracias a la neuroplasticidad (la capacidad de adaptación de tu cerebro), puedes crear nuevos caminos más saludables. Requiere un esfuerzo consciente, repetición y tiempo, pero es absolutamente factible.

Sobrescribir tus surcos mentales

Piensa en esos momentos en los que algo estresante te afecta en el trabajo o en casa. ¿Cuál es tu reacción automática? ¿Te quedas paralizado? ¿Empiezas a darle vueltas a todo? ¿Procrastinas como si fuera tu trabajo a tiempo completo? Las respuestas no son aleatorias. Son el resultado de años de pensamientos y comportamientos repetidos que han creado unas vías neuronales muy transitadas. Cada vez que piensas «no puedo lidiar con esto» o «no soy lo bastante bueno», estás profundizando esos surcos, lo que hace que tu cerebro vaya directamente a la Ciudad de las dudas la próxima vez que aparezca algo difícil. Pero, como acabamos de ver, no estás atrapado en ellos.

Cuando Rashida cambió la etiqueta de «intensa» por la de «apasionada», consiguió aceptar la persona que era realmente. Como resultado, empezó a mostrarse de forma diferente. Tenía más carisma, más confianza, más seguridad en sí misma. Pero, en ciertas situaciones, esos surcos mentales tan trillados seguían encontrando la manera de desencadenar sus dudas. En las reuniones, sobre todo en las virtuales, se quedaba paralizada. Cuando sentía que todos los ojos estaban puestos en ella, su cerebro la arrastraba de vuelta a los recuerdos de la infancia en los que se burlaban de ella, y sus inseguridades volvían a abrumarla.

La desafié a hacer algo diferente. Quería que empezara a crear nuevos surcos en su cerebro para sobrescribir los antiguos. Le dije: «La próxima vez que te invada la ansiedad y empieces a dudar de ti misma, haz lo contrario de lo que tu cuerpo desea. En lugar de retroceder (mirar hacia otro lado, encorvarte, echarte hacia atrás), inclínate hacia delante. Literalmente. Siéntate en el borde de la silla, endereza la postura, respira hondo y sonríe. Indica físicamente a tu cerebro que estás a salvo. Luego, recuérdate a ti misma: "Estoy aquí, estoy presente, estoy a salvo, estoy dando la cara"».

Rashida casi se echó a reír cuando le sugerí esto. «¿De verdad crees que eso va a funcionar?».

Yo no me inmuté. «Te reto a que lo pruebes. A ver si notas la diferencia».

Y lo hizo. La siguiente vez que su ansiedad se disparó durante una reunión de Zoom, cortocircuitó su respuesta condicionada y la utilizó como una señal para inclinarse hacia delante, tanto física como mentalmente. Ajustó su postura, sonrió y se dijo a sí misma: «Estoy aquí, estoy presente, estoy a salvo, estoy dando la cara».

Al principio le resultó incómodo, casi antinatural. Pero Rashida siguió adelante. Con el tiempo, su nueva respuesta comenzó a arraigarse. Cada vez que se inclinaba hacia delante en lugar de retroceder, algo cambiaba. Sentía que tenía un poco más de control. Su diálogo interno le ayudaba a calmar los nervios.

Además, enderezar la postura parecía ayudarla a pensar con más claridad y a sentirse más segura.

Hay una razón para ello. Se llama «cognición corporizada» [8]. Nuestros cuerpos y mentes están conectados. La forma como te comportas puede influir en cómo piensas y sientes. Mantén una postura erguida y tu cerebro empezará a creer que puedes hacerlo. Sonríe y tu estrés pasará a un segundo plano. No es magia. Es biología.

Al tercer mes, Rashida ya ni siquiera tenía que pensar en ello. Inclinarse hacia delante y repetirse a sí misma «estoy aquí, estoy presente, estoy a salvo, estoy dando la cara» se había convertido en algo natural. Había creado un nuevo surco en su duna mental. Las dudas seguían apareciendo de vez en cuando, pero ya no dominaban su vida. Con el tiempo, se sintió más presente y comprometida, y su confianza aumentó. Un año después, la ascendieron en el trabajo.

Rashida se comprometió a reestructurar sus patrones mentales y eso dio sus frutos. Demostró que, con voluntad y perseverancia, podía reescribir los guiones mentales que la estaban bloqueando.

PRÁCTICA. Crea nuevos patrones mentales: lleva a cabo una acción opuesta

La próxima vez que la inseguridad se apodere de ti y te lleve a retraerte o encogerte, haz lo contrario. Elige algo que implique poco riesgo, algo manejable.

- Si la inseguridad te dice que te encojas, te encorves o apartes la mirada, toma nota y, en su lugar, saca pecho con tranquilidad. Expándete. Ocupa tu espacio. Echa los hombros hacia atrás, levanta la barbilla y mantén la mirada de alguien, aunque sea por un instante.
- Si tu instinto en una reunión es ser invisible, esfuérzate por hablar, aunque solo sea para decir «estoy de acuerdo» o «es una observación muy acertada».

- Si normalmente evitas pedir ayuda porque no quieres parecer un incompetente, prueba a decir algo sencillo: «¿Podrías aclararme eso?».
- Establece un compromiso contigo mismo. «Cuando la inseguridad quiera que yo_____, elegiré _____ en su lugar».

Lo que estás haciendo aquí es romper el piloto automático de la inseguridad y los hábitos mentales que se han reforzado con el tiempo. Esta práctica se basa en el enfoque terapéutico de la terapia dialéctica conductual, con la que haces lo contrario de tus impulsos emocionales cuando estos no te benefician.

Si tu instinto es retirarte, da un paso adelante. Si tienes ganas de esconderte, muéstrate a los demás. El objetivo no es fingir confianza o reprimir lo que sientes, sino que tus actos encajen con cómo quieres sentirte tú, no cómo te piden hacerlo tus inseguridades.

Las creencias son patrones de pensamiento predeterminados que se hacen más profundos a medida que vuelves a la misma historia. Con el tiempo, crean unos surcos mentales que guían tus pensamientos incluso cuando no reflejan la realidad. Las etiquetas que acumulas a lo largo del camino actúan como señales, reforzando esos surcos y llevándote de vuelta a la misma narrativa mental. Pero los surcos se pueden sobrescribir y las etiquetas se pueden despegar.

Y eso tiene que suceder para que comience el auténtico desarrollo personal.

Cada vez que desafías la historia que te cuentas a ti mismo sobre la persona que eres, rompes el ciclo. Creas espacio para crecer interiormente, para las posibilidades, para verte de una forma diferente. Porque la imagen que tienes de ti mismo no es algo fijo.

Es algo que has forjado con el tiempo, a partir de unas historias que te has contado tantas veces que has convertido en tu verdad. Y la forma en que te defines no solo configura tu presente, sino que establece los límites de lo que crees que puedes llegar a ser. Estas creencias influyen en los riesgos que asumes, en los sueños que te permites perseguir y en los que abandonas antes incluso de intentarlo.

3

¿Qué dice mi perfil de inseguridad?

Los orígenes personales de la inseguridad

Te hemos puesto en antecedentes de la inseguridad para que comprendas mejor el perfil de inseguridad y por qué es importante.

La noche en que envié aquella pregunta, a altas horas de la madrugada, a investigadores, psicólogos, profesores y *coaches* para saber cuál era la forma más eficaz de sabotear el éxito y la felicidad de alguien, no esperaba que la respuesta fuera tan contundente. La inseguridad era el denominador común en los bloqueos que sufrían las personas. Y, en cuanto lo vi, no pude dejarlo estar.

La duda como crisis del yo

Cuando me sumergí en más de cincuenta años de investigaciones sobre la autoimagen y el desarrollo personal, empecé a darme cuenta de algo que no había visto antes: la inseguridad no es solo un problema de confianza en uno mismo. Es un problema de identidad. Es una crisis del yo.

No solo te cuestionas tus propias habilidades o conocimientos, sino también a ti mismo. Tu valía. Tu lugar en el mundo. Tu derecho a ocupar un espacio. Dudas de tu propia identidad.

Y por eso la inseguridad es tan persistente. Porque la confundimos con lo que somos, en lugar de hacerlo con algo que hemos aprendido o interiorizado.

Con esta idea en mente, analicé cientos de casos de clientes y vi cómo este patrón de la «inseguridad como identidad» se repetía en todos los sectores laborales, funciones y tipos de personalidad. Las personas tendían a interactuar con la inseguridad de una de estas dos maneras:

- El primer grupo, el que más luchó con sus dudas, no solo sentía inseguridad, sino que se enfrentaba a ella todo el tiempo. Se convirtió en ella. Su instinto era «arreglar» la inseguridad, tratarla como un problema que resolver, un defecto que corregir. Intentaban analizar la mejor forma de superarse a sí mismos y criticarse para mejorar. Pero, cuanto más se centraban en «solucionarlo», más fuertes se volvían las dudas.
- El segundo grupo también tenía dudas, pero no dejaba que estas les definieran. En lugar de intentar eliminarlas sin éxito, las equilibraban. Se apoyaban en otras partes de sí mismos (fortalezas internas, valores y verdades más profundas) que les daban estabilidad. Se anclaban en un sentido más profundo de quiénes eran, más allá de sus inseguridades.

No es que el segundo grupo tuviera menos inseguridades. Pero sabían que estas no los definían. Era algo de lo que podían deshacerse poco a poco.

Quería ponerlo a prueba. Si la inseguridad no fuera aleatoria, ¿podríamos rastrear sus patrones? ¿Podríamos aislar las partes vulnerables de nosotros mismos y, lo que es más importante, fortalecerlas?

Durante varios años, partiendo de estudios realizados en los campos del comportamiento organizacional y la psicología de la personalidad, analicé a más de cuatro mil personas a través de investigaciones, entrevistas y casos reales. [1] Los datos eran claros: la inseguridad no surge al azar. Se fija en aspectos concretos de cómo nos vemos a nosotros mismos: nuestra autoestima, nuestra sensación de que somos capaces y estamos preparados, nuestro sentido de la responsabilidad sobre nuestras acciones y decisiones, y nuestra estabilidad emocional.

Eso significa que, si quieres superar tus inseguridades, debes fortalecer aquellas partes de ti mismo que las dudas intentan boicotear.

Eso es lo que me llevó a desarrollar el perfil de inseguridad; [2] una herramienta para identificar dónde se origina la inseguridad y formas prácticas de recuperar la confianza en uno mismo. Los cuatro atributos fundamentales («aceptación», «actuación», «autonomía» y «adaptabilidad») determinan cómo experimentas la inseguridad y cuánto poder tiene sobre ti. Cada uno influye en cómo interpretas los reveses, cómo respondes bajo presión y cómo decides si seguir adelante o quedarte estancado. Cada atributo refleja una pregunta fundamental que te haces a ti mismo; a menudo inconscientemente:

- **Aceptación:** ¿creo que soy digno tal y como soy?
- **Actuación:** ¿confío en mis habilidades y capacidades?
- **Autonomía:** ¿siento que puedo trazar mi propio camino?
- **Adaptabilidad:** ¿puedo mantener la calma emocional cuando surgen las dudas?

Estos atributos tampoco funcionan de forma aislada. Están conectados entre sí. Cuando uno es débil, puede arrastrar a los demás con él, provocando inseguridad. Pero cada atributo puede fortalecerse; no forzándolo, ignorándolo o actuando como si la inseguridad no existiera, sino cambiando esos pequeños patrones que repetimos a diario. Podemos ver nuestras dudas como hábitos que adoptamos por defecto y reforzamos cada día. Son las decisiones que tomas bajo presión y la forma en que te comportas en los momentos clave. Cambia esos patrones y no solo acallarás las dudas, sino que también cambiarás la forma en que te ves a ti mismo. Así es como se forja la confianza profunda.

El perfil de inseguridad en la práctica

Para que veas lo revelador y útil que puede ser el perfil de inseguridad, déjame contarte la historia de Johan. Era un hombre extrovertido, talentoso y lleno de energía. El tipo de persona que uno esperaría que triunfara en cualquier cosa. Tenía un talento y una osadía increíbles como diseñador gráfico en una importante plataforma tecnológica.

Pero bajo la superficie se escondía una tormenta de dudas. Johan nunca estaba satisfecho consigo mismo. Se preocupaba constantemente (aunque se esforzaba por no demostrarlo). Se obsesionaba con cada conversación, repitiéndoselas todo el tiempo para analizar si había dicho lo correcto, si había contribuido lo suficiente o si había parecido una persona competente. A pesar de su éxito, anotaba mentalmente todo lo que consideraba un fracaso.

Habíamos estado trabajando juntos en algunos cambios importantes que debía hacer en su carrera profesional: preparación de entrevistas, estrategia profesional, etcétera. Y entonces llegó su momento. Le ofrecieron un puesto directivo (exactamente para lo que nos habíamos estado preparando durante meses). Y él hizo lo impensable. Lo rechazó. Yo estaba desconcertada.

«¿Qué ha pasado?», le pregunté.

Johan se encogió de hombros. No había ninguna explicación clara, ningún miedo concreto al que se pudiera referir. Pero su decisión lo decía todo.

A medida que profundizamos en el tema, se hizo evidente que su elección era un escudo. Era una forma de evitar la incomodidad de salir de su zona de confort. No le daba miedo el trabajo ni la responsabilidad, sino lo que se confirmaría sobre él mismo si daba un paso adelante y fracasaba. No dejaba de pensar: «No soy un líder. Me vengo abajo con la presión. Lo estropearé todo». Veía su futuro y pensaba: «Eso no es para mí».

Fue entonces cuando supe lo que teníamos que hacer. Si podía ayudar a Johan a comprender que los cuatro atributos estaban guiando sus decisiones, entonces él podría estar a la altura de su potencial.

Y me di cuenta de algo: Johan no estaba lidiando con las habilidades o la ambición. Estaba luchando contra sí mismo. O, más concretamente, con la forma en que se veía a sí mismo.

En el caso de Johan, los patrones eran fáciles de detectar. Así era su perfil de inseguridad:

- **La aceptación** se situaba directamente en la zona de alerta roja. Su autoestima estaba completamente ligada a los logros. Si tropezaba con un obstáculo o cometía un error, lo sentía como algo personal, como un veredicto sobre su valor. Ese tipo de presión le impedía dar lo mejor de sí mismo. Cuando no te aceptas del todo, consideras que el éxito siempre viene con condiciones, como si pudiera desaparecer en cualquier momento.
- **La actuación** se situaba en la zona regular. Eso significaba que era fluctuante. Johan tenía seguridad en sí mismo en situaciones familiares, pero ante los contratiempos o las situaciones problemáticas, las dudas que tenía sobre sus capacidades se apoderaban muy pronto de él: ¿Y si fracaso estrepitosamente? ¿De verdad tengo lo que se espera de mí?
- **La autonomía** volvió a dar la voz de alarma. Johan no sentía que tuviera el control de su carrera, ni siquiera de su identidad. Se sentía atrapado, convencido de que su camino estaba controlado por su jefe, la industria o la economía. Eso le hacía sentir estancado, creyendo que no tenía voz ni voto en su futuro.

- Pero ¿y la **adaptabilidad**? Esa era una fuerza oculta. Johan tenía la habilidad de mantener la calma bajo presión (que aprendió al ser el mayor de siete hermanos y desempeñar el papel de «padre» desde su adolescencia). Le ayudaba a funcionar bajo estrés, pero también ocultaba las luchas que mantenía con otros atributos (como la aceptación y la autonomía) y que nunca llegó a resolver del todo.

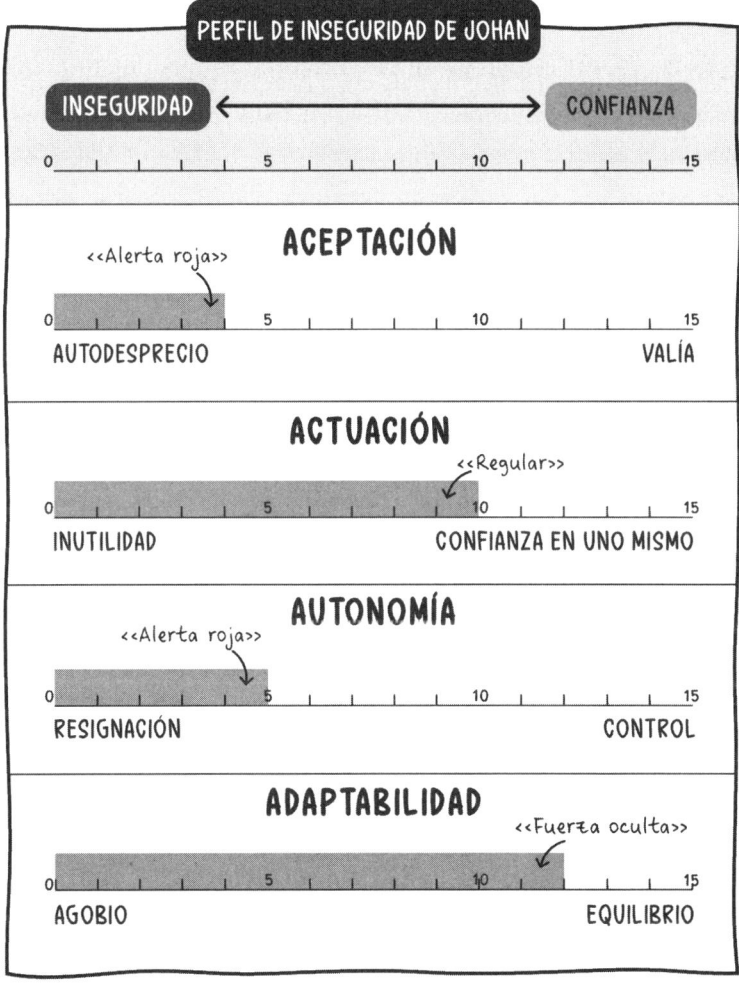

Una vez que identificamos estos patrones, nos quedó claro lo que Johan tenía que hacer. No había que «arreglar» nada; tan solo había que eliminar ciertos patrones y reforzar ciertos atributos para que su cerebro no cayera en sus formas de funcionar predeterminadas. Para empezar, nos centramos en aquellos hábitos sencillos que estaban relacionados con la aceptación y la autonomía. En cuanto a la aceptación, priorizamos el hecho de ampliar su sentido de la identidad más allá de su trabajo. Empezó a hacer cada semana una práctica de reflexión en la que se preguntaba: «¿Cómo me he involucrado esta semana, aparte de mis responsabilidades laborales?». A veces, la respuesta era «como padre implicado», «como amigo atento» o «como alguien que ha sabido tranquilizar en una situación difícil». Esto le recordaba que era valioso más allá de su rendimiento laboral. En lo que respecta a la autonomía, cada vez que sentía que las cosas se le escapaban de las manos, se preguntaba: «¿Hay una sola cosa que pueda decidir, aunque solo sea cómo voy a comportarme?».

Y aunque Johan no saltó de alegría al principio (era más escéptico que otra cosa), pude ver cómo se le encendía la chispa cuando empezó a vivir las cosas de otra manera. Un año después, consiguió el puesto directivo que tanto deseaba, esta vez con la confianza que le habían dado los pequeños hábitos que había estado practicando durante doce meses.

Aumentando las posibilidades

En los años que han transcurrido desde que desarrollamos el perfil de inseguridad, Fayçal y yo hemos probado este sistema con ejecutivos de Fortune 500, emprendedores, creativos y miles de profesionales de todo tipo.[3] Para muchos, fue como mirarse en un espejo por primera vez y verse realmente a sí mismos. Decían cosas como: «Esto explica muchas cosas» o «Ahora entiendo por qué sigo haciéndome la zancadilla».

El verdadero poder llegó cuando empezaron a utilizar este sistema. Comenzaron a desarrollar los hábitos que representa cada atributo (como el hábito de aceptarse a uno mismo o el de practicar la adaptabilidad emocional) y utilizaron las herramientas y los ejercicios prácticos que materializan tales hábitos.

Trabajaron en aquellas áreas en las que la inseguridad estaba más presente y reforzaron aquellas partes de sí mismos que ya eran firmes. Las cavilaciones y dudas comenzaron a perder fuerza, la ansiedad se volvió menos angustiante y la indecisión dio paso a la valentía.

Pero lo más sorprendente fue que empezaron a verse a sí mismos de otra manera. No como impostores. No como personas que estaban atrapadas en sus limitaciones. Sino como seres humanos capaces, sensatos y valientes que tenían un potencial que aún no habían explotado. Se estaban convirtiendo en mejores líderes, mejores padres, mejores parejas y mejores versiones de sí mismos. Eran más valientes en todos los ámbitos de su vida.

De hecho, cuando terminamos nuestro trabajo juntos, Johan me dijo: «Me ha encantado este proceso. Puedo dar pasos reales y concretos, y ya estoy viendo los cambios. Mi equipo, mis clientes e incluso mis amigos han notado la diferencia». Johan se había convertido en una versión más audaz de sí mismo. Había asumido su responsabilidad, había tomado las medidas necesarias y había visto el impacto positivo que había tenido en su trabajo y en su vida personal. Se apoyó en sus puntos fuertes y trabajó para reforzar aquellas áreas que estaban más necesitadas. Y así fue como empezó a desarrollar la confianza profunda; con una decisión, una acción y un hábito a la vez.

Y tú también puedes hacerlo.

PRÁCTICA: Identifica el origen de tu inseguridad

Esta práctica te ayudará a reflexionar sobre lo que te está bloqueando. También te ayudará a cambiar la imagen que tienes de ti mismo con el objetivo de avanzar.

Paso 1: Revisa tu perfil de inseguridad

Observa tus atributos; tanto tus puntos fuertes como las áreas que están señaladas como un reto. Anota tu puntuación para cada uno de los cuatro atributos:

Aceptación: _____

Actuación: _____

Autonomía: _____

Adaptabilidad: _____

Paso 2: Identifica los patrones

Ahora que has visto dónde aparece la inseguridad, es hora de analizar cómo se manifiesta en tu vida. A veces, la inseguridad es evidente, mientras que otras opera de forma silenciosa, en segundo plano. Ambos tipos son importantes:

Las dudas diarias boicotean tu confianza con el paso del tiempo. Piensa en situaciones como dudar antes de comunicar una idea, revisar un correo electrónico antes de enviarlo, disculparte en exceso cuando no es necesario o darle vueltas a un error (o posible error) y quedarse bloqueado.

Las grandes dudas son las que marcan la diferencia; aquellos momentos que crees que determinarán tu futuro. Rechazar una oportunidad. No solicitar el puesto de trabajo que tanto deseas. Permanecer en silencio o no pedir ayuda cuando plantear el problema habría cambiado el resultado.

Reflexiona sobre ambas cosas mientras respondes a estas preguntas:

- ¿Qué te está bloqueando: viejas creencias, etiquetas o hábitos?
- ¿Cómo afectan tus actos a esas dudas diarias y recurrentes?
- ¿Cuándo han influido tus dudas en una decisión importante y cómo ha afectado eso a tu vida?
- En tu día a día, cuando dudas, te echas atrás o te cuestionas, ¿hay algún atributo que pueda estar influyendo?
- ¿Hay algún atributo que en realidad sea una fortaleza y que hayas pasado por alto porque la duda ha sido más fuerte?

Paso 3: Comprométete con el proceso

El compromiso significa que estarás ahí para ti, incluso cuando la duda te susurra que no puedes, que no debes o que no te lo mereces. Comprométete con el proceso de fortalecer tus atributos, llevando a cabo pequeñas acciones, una cada vez. Incluso los atributos que ya son fuertes pueden reforzarse aún más.

Di estas palabras de compromiso en voz alta o escríbelas:

«Me comprometo a estar presente para mí mismo, a desafiar las inseguridades que me han estado bloqueando y a hacer más fuertes esas partes de mí que están listas para crecer. No estoy "arreglando" la persona que soy, sino descubriendo quién he sido bajo el peso de la inseguridad».

Desarrolla los hábitos de confianza en ti mismo

Te encuentras en la frontera entre quién eres ahora y quién podrías ser. Nuestro objetivo es recorrer la distancia que hay entre el tú que habla de lo que quiere y el tú que realmente sale ahí fuera y lo consigue. Confiarás más en ti mismo, dudarás menos y te mostrarás tal y como eres. Te comportarás con más valentía, creatividad y entusiasmo.

Porque, cuantas más dudas tengas, más se reducirá tu capacidad de desarrollo. No porque tu potencial haya cambiado, sino porque tu acceso a él lo ha hecho. Eso es lo que provoca la falta de confianza en uno mismo. Te convence de que los muros que te rodean son reales, cuando tan solo son reflejos de creencias obsoletas y límites invisibles que has interiorizado.

<hr>

No lo entendí del todo hasta que sucedió, literalmente, en mi propia sala de estar.

Cuando Fayçal y yo nos mudamos por primera vez al sudeste asiático (una base de operaciones que estaría a medio camino entre nuestras familias en Australia y nuestros clientes en Asia, Europa y Estados Unidos), decidimos que a nuestra nueva casa le vendría bien un toque tropical. Así que compramos una palma de Manila de dos metros y la colocamos en la sala de estar.

Dato curioso: si se planta en el exterior, este árbol puede crecer hasta los siete metros y medio. ¿Pero en el interior? ¿Atrapado en una pequeña maceta? Dos metros era su límite. No por su naturaleza, sino por la maceta.

Ahora, imagina que ese árbol tuviera conciencia. Imagina que empezara a preguntarse por qué no estaba alcanzando la altura de los árboles de fuera. Podría pensar: «Esto es todo lo que soy: un árbol de dos metros». Pero su tamaño no refleja su potencial. Si lo trasplantas a una maceta más grande, crecerá mucho más. Si lo plantas afuera, en el suelo, alcanzará su máxima altura, convirtiéndose sin ningún esfuerzo en lo que siempre estuvo destinado a ser, en espera del espacio adecuado para crecer.

El autor holandés Alexander den Heijer lo expresó muy bien con esta cita: «Cuando una flor no florece, se arregla el entorno en el que crece, no la flor».

Excepto que la maceta no es real. Está hecha de los límites mentales que has creado tú mismo: etiquetas que has interiorizado, historias que te has repetido y creencias que nunca te has cuestionado. La falta de confianza en ti mismo hace que confundas la maceta con tu potencial. Que creas que las limitaciones que has imaginado son inamovibles. Que des por sentado que esa voz interna que te llena de dudas es tu persona.

Pero no es así.

Tus dudas nunca fueron una prueba de tus límites. Solo fueron los bordes de una maceta en la que nunca debiste quedarte.

El verdadero cambio comienza cuando reconoces que los bordes de esa maceta están moldeados por los hábitos que practicas a diario. Cuando cambias tus hábitos, amplías el espacio en el que vives. Te expandes. Creces. Y la duda comienza a aflojar el control que tiene sobre ti.

En las siguientes cuatro partes del libro, analizaremos cada uno de los cuatro atributos (sí, son importantes; y no, no te recomiendo que te los saltes), y al final empezarás a verte de otra manera: menos «atascado» y más «claro que sí, puedo hacerlo».

Dispondrás de herramientas prácticas (y con resultados probados) para hacer una pausa, pensar y actuar de una manera que te haga avanzar de verdad, en lugar de mantenerte paralizado en el mismo sitio.[4]

Porque la duda no define tus límites. Tú lo haces.

Y ya es hora de que dejes de estar al filo de lo que podrías ser y te sumerjas de lleno en tu vida.

El primer atributo

ACEPTACIÓN

4

¿Soy suficiente?

La pregunta fundamental de la aceptación

En los inicios de mi carrera profesional, solía disculparme todo el tiempo.

«Perdón por no ir al grano...».

«Lo siento, ¿he dicho alguna tontería?».

«Perdón por pedir perdón tantas veces...».

En algún momento, incluso me habría disculpado por existir si eso hubiera hecho que la gente me quisiera más. En el fondo, me sentía como ese chicle que está pegado en la suela del zapato de alguien. Una molestia. Un inconveniente. Había una voz en mi cabeza que me había convencido de que yo era como el ruido de fondo: menos importante, menos significativa, simplemente menos.

Y eso se notaba. Las reacciones de la gente no eran nada sutiles. Algunos me tranquilizaban rápidamente con una media sonrisa, pero con un toque de impaciencia, como si mis disculpas estuvieran interrumpiendo la conversación. Otros se limitaban a asentir de forma vaga, con la mirada perdida, como si ya estuvieran desconectando. Era brutal, y confirmaba lo que esa vocecita de mi cabeza me había estado gritando todo el tiempo: «No le importas a nadie».

Empecé a llevar esa energía a las reuniones, diciendo siempre antes de hablar: «Perdón si es una idea tonta». ¿Adivinas qué pasa cuando haces eso? Pues que la gente empieza a asumir que tu idea es tonta, porque tú les has dicho que probablemente lo sea. Me estaba boicoteando a mí misma antes incluso de tener la oportunidad de exponer mi caso. Al disculparme constantemente, estaba dando permiso a todos los que me rodeaban para que me vieran como alguien pequeño, insignificante y que no merecía ser tomado en serio. A pesar de ello, no sé cómo, conseguí que pareciera que lo tenía todo bajo control. Por fuera, estaba logrando cosas, cumpliendo objetivos, avanzando. Por dentro, sin embargo, sentía que estaba fingiendo, y esa sensación me agobiaba mucho.

Cuatro años de trabajo duro como asistente legal en un bufete de renombre mientras terminaba mi carrera de Derecho me dejaron agotada, vacía y físicamente destrozada.

Así que lo dejé.

Siguiendo el consejo de mi padre (y a falta de otros planes), cambié completamente de carrera y me lancé a trabajar en la banca minorista con uno de los cuatro mayores bancos de Australia. Mi padre había trabajado en su departamento comercial durante muchos años y siempre había hablado muy bien de él, así que presenté mi solicitud y tuve la suerte de conseguir una plaza en un programa de formación especial en otra área de negocio. (Nunca olvidaré cuando le llamé y le dije: «¿Sabes qué, papá? ¡Nos vemos en la oficina el lunes!»).

Pensé que dejar la abogacía sería un nuevo comienzo. Que mis dudas se quedarían atrás junto con mi permiso de trabajo. Pero no, las dudas son mucho más persistentes que eso. Me siguieron, adaptadas al nuevo entorno. Cada acrónimo desconocido, cada reunión importante, cada nueva expectativa traía consigo el mismo susurro: «no está a la altura».

Así que traté de sobrecompensarlo. Busqué la aprobación externa trabajando hasta altas horas de la noche, encargándome de otros proyectos, diciendo «sí» a todo, con un perfeccionismo implacable, con la esperanza de que finalmente acallaría esa voz de mi cabeza.

No fue así.

Cuanto más trabajaba, más vacía me sentía. Porque resulta que no se puede escapar de la sensación de no valer nada.

Por qué es importante la valía

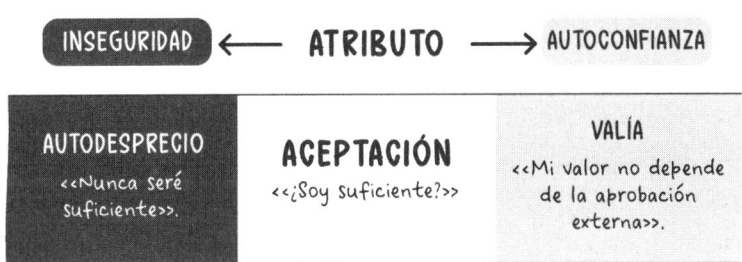

INSEGURIDAD	← ATRIBUTO →	AUTOCONFIANZA
AUTODESPRECIO «Nunca seré suficiente».	**ACEPTACIÓN** «¿Soy suficiente?»	**VALÍA** «Mi valor no depende de la aprobación externa».

La búsqueda de valía es el desafío que caracteriza a la aceptación el primer atributo de tu perfil de inseguridad. Cuando la aceptación es una debilidad, la inseguridad mira hacia dentro y empiezas a rechazarte a ti mismo. Te criticas antes de que nadie más tenga la oportunidad de hacerlo. Persigues la perfección para escapar del miedo a quedar en evidencia. Intentas tener una vida a prueba de errores para evitar la vergüenza de «no estar a la altura». Sientes cada defecto como una señal de que algo anda mal en ti. Quitas importancia a tus éxitos o, incluso, los rechazas.

No todas las personas que se enfrentan a sus inseguridades tienen problemas para ser aceptadas. Pero nuestras investigaciones demuestran que el 54 % de las personas se encuentran en las zonas de alerta roja u obstáculo, lo que significa que están sufriendo consecuencias negativas en sus vidas o tienen dificultades para avanzar. Otro 20 % se encuentra en la zona regular. [1] Eso significa que casi tres de cada cuatro personas tienen una autoestima débil. ¿Cómo se refleja esto en la vida real? Cuando el hábito de la aceptación es débil, tiende a manifestarse en cuatro patrones que son dolorosamente familiares:

1. **La presión por demostrar la valía.** La respuesta del cerebro a la sensación de «no ser suficiente» suele ser tratar de sobrecompensarlo[2]. Te dices a ti mismo que el próximo logro, ascenso o hito será el definitivo; el momento en el que, finalmente, encajarás. Pero la meta sigue alejándose. Asumes más responsabilidades, persigues la perfección y vinculas tu valor a tu rendimiento. Los comentarios te parecen un ataque personal. ¿Los elogios? Los rechazas. No importa cuántas cosas consigas, porque siempre acabas pensando: «¿ha sido suficiente?». Y la respuesta es siempre «no». Porque, en este ciclo de pensamiento, «haberlo conseguido» es un destino al que nunca se llega.

2. **La trampa de la simpatía.** Asientes con la cabeza en las reuniones aunque tengas una opinión diferente. Escondes tus opiniones, te disculpas en exceso y dices «sí» cuando quieres decir «no». Te haces fácil; fácil de tratar, fácil de llevar, fácil de querer. Te conformas (en el trabajo, en las relaciones, etc.) porque pedir más te parece arriesgado. ¿Y si presionas demasiado? ¿Y si te vuelves insoportable? Te entregas a los demás con la esperanza de que esta vez sea suficiente. De que tú seas suficiente. Pero nunca lo es.

3. **El síndrome del encogimiento.** El miedo al éxito puede ser tan paralizante como el miedo al fracaso. No porque el éxito en sí mismo te dé miedo, sino porque cuanto más visible te vuelves, más presión imaginas que tienes. Más miradas, más expectativas, más posibilidades de decepcionar. Así que procrastinas, dudas y te convences a ti mismo de que estás bien donde estás. Pero no es así. Simplemente tienes miedo. Esto es lo que el psicólogo Gay Hendricks denomina el «problema del límite superior»,[3] en el que la seguridad se percibe como algo mejor que el desarrollo personal. Pero quedarse pequeño no es algo seguro. Es autosabotaje.

4. **El ciclo de «Schadenfreude».** Cuando estás sumido en las dudas y anhelando el reconocimiento de tu valía, el fracaso de otra persona puede ser una extraña forma de consuelo. [4] No es que seas una persona cruel; es un escape momentáneo de tu propia insuficiencia. Pero ese estímulo que recibe el ego es como un subidón de azúcar: efímero y vacío (y es posible que después sientas una punzada de culpa). Ver a los demás pasarlo mal no te hará sentir satisfecho; tan solo te mantiene atrapado en la comparación, reforzando la misma inseguridad de la que intentas escapar.

Estos patrones (sobrecompensar, complacer a los demás, retraerse o encontrar consuelo en los fracasos ajenos) provienen todos de la misma creencia: «no soy suficiente». Te comportas todo el tiempo tratando de evitar esa sensación tan incómoda. Pero hasta que no lo afrontes de verdad y lo señales como la mentira que es, seguirás estancado.

De la escasez a la suficiencia

El reto que conlleva sentirse «suficiente» no comienza en la edad adulta. Nos ha acompañado desde antes de que tuviéramos siquiera palabras para describirlo, influido por cada abrazo, cada sonrisa, cada momento de seguridad (o falta de ella) en nuestras primeras relaciones. [5] Si sentiste que el amor venía con condiciones, pues estaba ligado a aquello que conseguías, a tu comportamiento o a cumplir con ciertos estándares, es posible que hayas desarrollado lo que los psicólogos denominan «apego ansioso». [6] A partir de aquí, se va formando una creencia: «Tengo que ganarme el amor». «Tengo que demostrar que soy suficiente».

Este patrón de apego nos acompaña en nuestra vida adulta, estimulando lo que yo considero que es una perspectiva de escasez, en la que la dignidad se percibe como algo limitado. Se convierte en algo que hay que ganarse, en lugar de algo que ya se posee. La búsqueda de la dignidad convierte la vida en una competición en la que se teme al fracaso y se persigue la aprobación y la perfección. Te ves atrapado en un ciclo en el que necesitas más: más aprobación externa y más pruebas de que eres suficiente. Te obsesionas con lo que te falta: no eres lo bastante inteligente, no eres lo bastante atractivo, no eres lo bastante trabajador, no eres lo bastante divertido, no estás lo bastante en forma, no tienes la formación suficiente, no tienes el éxito suficiente. Una sola crítica te parece una confirmación de que no estás a la altura. El éxito de otra persona te parece una prueba de tu propia insuficiencia.

Por otro lado, si creciste en un entorno en el que el amor y la aprobación se daban de forma incondicional, es probable que hayas desarrollado lo que se denomina un «apego seguro», que es la base para sentirse seguro de uno mismo y tener una buena autoestima en la edad adulta. Las investigaciones lo confirman: los niños que tienen un apego seguro suelen obtener mejores calificaciones [7] en la escuela y se convierten en adultos con una mejor autoestima, [8] con relaciones más sanas [9] y, sinceramente, con menos crisis emocionales por cosas como enviar por error un mensaje de texto al chat de grupo equivocado. Esto crea una perspectiva de «suficiencia», es decir, el convencimiento de que eres valioso por naturaleza. Cuando vives en la suficiencia, el éxito no es un recurso limitado y tu valor no es negociable. [10] Dejas de buscar permiso para ocupar tu espacio. Esta confianza profunda e inquebrantable en tu propio valor es la base de la aceptación.

Piénsalo por un momento. ¿Te encuentras atrapado en pensamientos de escasez; demostrando, comparando y persiguiendo constantemente? ¿O estás arraigado en una sensación de suficiencia la mayor parte del tiempo, confiando en tu valía, con independencia de lo que consigas?

La mayoría de nosotros no nos situamos claramente en uno de los dos bandos. Nos movemos en un amplio espectro: algunas personas y situaciones pueden desencadenar viejos patrones de escasez y llenarnos de inseguridades, mientras que otras sacan a relucir la confianza interior en quiénes somos y nos hacen sentir que somos suficientes. Y las razones por las que nos movemos en ese espectro no siempre son evidentes. No solo están determinadas por lo que nos ha sucedido, sino también por cómo lo hemos interpretado, por el significado que le hemos dado.

Y, a veces, el significado que le dimos no se ajusta a la realidad.

Crecí en un hogar lleno de amor y en el que recibí mucho apoyo. Mis padres se separaron cuando yo tenía seis años, pero aun así el amor y la aprobación por parte de ambos fueron constantes. Todo apunta a que debería haber tenido una autoestima sólida como una roca, pero no fue así.

En mi interior una voz me susurraba: «No lo estropees. Tanto logras, tanto vales».

No solo intentaba que mis padres se sintieran orgullosos de mí; me aterrorizaba decepcionarlos. Relacioné mi valor con ser la hija «perfecta», la superdotada, la que nunca decepcionaba. La que nunca le complicaba la vida a nadie.

Y entonces llegó la culpa: «¿Qué me pasa?». No tenía motivos para sentirme así. Tenía amor, oportunidades, estabilidad; todo lo que debería haberme hecho sentir segura. Pero eso solo hacía más pesada la carga. En lugar de cuestionar la propia presión, me cuestionaba a mí misma. «¿Por qué no puedo, simplemente, estar agradecida? ¿Por qué sigo creyendo que no soy suficiente?».

Esto es lo que me hubiera gustado saber entonces: nadie está seguro de sí mismo al cien por cien todo el tiempo. [11] Todos tenemos momentos en los que nos cuestionamos y ligamos nuestro valor a algo externo. Bienvenidos a la condición humana.

La buena noticia es que, con independencia de las experiencias que hayas tenido en tu infancia y de tu situación actual, no estás condenado. Cientos de estudios demuestran que, aunque hayas crecido en un entorno que reforzaba un estilo de apego basado en una perspectiva de escasez, se trata simplemente de hábitos de pensamiento, lo que significa que pueden sustituirse por otros nuevos. [12]

Comprender los fundamentos de tu propia aceptación te ayuda a ver dónde se afianza la inseguridad, para que puedas sustituir esos automatismos por algo más fuerte: la creencia de que ya eres suficiente, incluso aunque estés trabajando en ello.

El riesgo de una identidad única

La mayoría de las personas que tienen problemas de autoestima se aferran a una identidad: «soy abogado», «soy un emprendedor», «soy el mayor responsable». Es una forma de sentirse seguros, de anclar la sensación de suficiencia en algo reconocible. Pero esto resulta problemático. Cuando toda tu identidad está ligada a un solo rol, cualquier contratiempo (una mala crítica, un despido, un error) lo sentirás como un fracaso personal. Tu propia identidad y lo que sientes que eres se pondrán en tela de juicio.

La científica cognitiva Maya Shankar llama a este proceso «fusión de roles». Ella lo aprendió por las malas. De niña era una prodigio del violín, fue aceptada en Juilliard y seleccionada para estudiar con uno de los mejores violinistas del mundo, Itzhak Perlman. Pero a los dieciséis años, durante un campamento musical de verano, se levantó temprano para practicar, no hizo el calentamiento adecuado y estiró demasiado un dedo al tocar una sola nota. Se rompió un tendón y sus sueños de convertirse en violinista profesional se hicieron añicos. [13] En su charla TEDx, admitió: «Me vi lamentando no solo la pérdida del instrumento, sino también la pérdida de mí misma. Durante mucho tiempo, el violín me había definido; tanto que sin él no estaba segura de quién era ni quién podía ser. Me sentía estancada». [14]

Lo que hemos observado entre los mejores profesionales (que también son los más felices) es que tienen algo en lo que centrarse fuera del trabajo: una pasión, una salida creativa, una afición. Eso les da una identidad que no está ligada a la productividad, al éxito ni a las expectativas de los demás.

Yo lo aprendí de primera mano cuando tenía veintitantos años.

Cuando pasé del derecho al sector bancario, siempre sentía que iba cinco pasos por detrás, analizándolo todo en exceso, aterrorizada por cometer un error. Me parecía que todos los demás hablaban un idioma que yo aún no había aprendido y me esforzaba por seguirles el ritmo. Entonces, un lunes por la noche, mi cuñada me invitó a acompañarla a ella y a mi hermano mayor Ryan a una clase de baile de música latina. Había bailado de niña, pero, como muchas otras cosas, lo había dejado después del instituto. No tenía ni idea de lo mucho que me cambiaría esa clase. Era el primer espacio en el que no estaba perfeccionando algo, elaborando estrategias o persiguiendo objetivos. Tan solo iba para disfrutar de la experiencia.

En una sola noche, me enganché. Me dediqué de lleno a las clases, empecé a darlas yo misma y, pronto, a competir. Mi pareja de baile y yo ganamos tres títulos nacionales. Incluso representé a Australia como solista en el World Salsa Open en Puerto Rico (eso fue divertido). Por una vez, no le daba demasiadas vueltas a las cosas, estaba totalmente metida en ello.

Pero lo más interesante fue lo siguiente: el baile no solo me dio confianza en el escenario, sino que cambió mi forma de comportarme en todas partes.

Dejé de obsesionarme por ser «perfecta» en cada reunión y empecé a centrarme en adaptarme en tiempo real, tal y como hacía en la pista de baile. En lugar de cuestionar cada decisión, confiaba más en mi instinto, porque el baile me había enseñado a pensar con rapidez. Dejé de ver los errores como fracasos y empecé a verlos como oportunidades para aprender, igual que en las sesiones de entrenamiento. Si podía recuperarme tras fallar un paso en una rutina, también podía manejar un paso en falso en un acuerdo comercial.

En el trabajo, empecé a canalizar la versión de mí misma que podía subir a un escenario de competición bajo unas luces deslumbrantes: concentrada, instintiva, confiando en mí misma. Y funcionó. Esa audacia se trasladó a mi vida. Dejé de prepararme para el fracaso y empecé a moverme con confianza. Y, cuando el trabajo me agotaba, tenía el entrenamiento del baile para ilusionarme, recordándome que yo era más que mi trabajo.

Cuando tu identidad va más allá de tu trabajo o tu cargo, tu autoestima deja de depender de tu rendimiento. No te quedas destrozado cuando las cosas van mal, sino que te adaptas. Te recuerdas a ti mismo que no eres solo un «asesor», un «jefe» o un «padre», sino que también eres músico, escalador, pintor o alguien a quien le encanta transformar muebles viejos en obras de arte que vende por Internet.

No se trata de un simple consejo para sentirse bien. Está respaldado por pruebas fehacientes. En un estudio publicado en 2023 con más de 93.000 participantes de 16 países, los investigadores descubrieron que tener aficiones estaba relacionado con una mejor salud, una mayor felicidad y una mayor satisfacción con la vida [15]. Otros estudios han demostrado que las personas que tenían aficiones no relacionadas con su trabajo [16] incluso se sentían más seguras en él, y que tener aficiones puede aumentar tu sentimiento de valía personal y tu autoestima. [17] Incluso algo tan simple como seguir una receta para cocinar un plato [18] o tomar una clase de baile [19] (puedo dar fe de esto de primera mano) puede marcar una gran diferencia en cómo te ves a ti mismo y en tu identidad.

Las aficiones refuerzan la autoestima porque te recuerdan que tu valor no se basa únicamente en lo que produces (o en a quién complaces). Y, cuando la vida te presenta contratiempos (una promoción perdida, una mala crítica, un pavo quemado en el horno porque olvidaste poner el temporizador), no te derrumbas, porque tu sentido de la identidad no depende de una sola cosa. Tu identidad es algo amplio, equilibrado y profundamente tuyo.

Piénsalo un momento. ¿Eres corredor o formas parte de un equipo de baloncesto actualmente? Si no es así, ¿hubo algún momento en el que no fueras solo el «tú» que trabaja, es padre o piensa demasiado? ¿Fuiste alguna vez panadero? ¿Jugador de voleibol? ¿Te gustaba la fotografía, la jardinería o tocar la batería? ¿Cómo te sentías? ¿Cómo interactuabas con los demás (o contigo mismo)?

¿Quién era esa versión de ti?

Imagina por un momento cómo sería recuperar un poco de eso.

Y, si no se te ocurre nada, tal vez sea el momento de empezar algo nuevo: una afición, una pasión, un nuevo proyecto solo para ti. El objetivo es ampliar tu identidad y redescubrir aquellas partes de ti mismo que no están ligadas al trabajo, las responsabilidades o las expectativas de los demás. Cuando vuelves a conectar con ese «otro tú», empiezas a verte como una persona más completa (y mucho menos incompleta).

La promesa de la aceptación

Cuando te aceptas, eso se refleja en cómo te mueves por el mundo y cómo te relacionas contigo mismo. Tienes arraigada la creencia de que eres «suficiente» y sabes que se te valora por la persona que eres.

La autoaceptación te da esa presencia serena, la capacidad de sentarte en una reunión llena de tensión y hablar con calma y confianza, sin cuestionarte si tu opinión es relevante. Es lo que te permite escuchar a tu pareja sin caer en la culpabilidad o asumir que has hecho algo mal.

Con la aceptación, puedes tener un mal día, enfrentarte a un revés o solucionar un conflicto sin que eso determine tu valor personal. En lugar de quedarte atrapado dándole vueltas a todo, encuentras la resiliencia necesaria para reorganizarte, comprometerte contigo mismo y centrarte en lo que esté por llegar.

Dejas de externalizar tu valía. Ya no esperas a que los demás te den su aprobación para poder sentirte una persona capaz o merecedora. Y, aunque aceptas quién eres en este momento, también eres lo bastante amable contigo mismo como para querer mejorar. Esa amabilidad estimula tu motivación,[20] no por vergüenza, sino por cuidado.

Por encima de todo, creas una sensación de paz interior; de ese tipo que permanece contigo sin importar lo que te depare el mundo.

Tu capacidad para aceptarte a ti mismo, con tus defectos, peculiaridades y todo lo demás, determina cómo te comportas en la vida. Cuando la inseguridad toma el control, el éxito, el amor y la felicidad parecen estar fuera de tu alcance, como si estuvieran reservados para otra persona. Pero en el momento en que dejas de cuestionar tu valía a cada paso, comienzas a derribar los muros que la inseguridad ha levantado. Empiezas a ver lo que siempre ha sido cierto: eres suficiente, tal y como eres, en este momento.

PRÁCTICA. Evalúa cómo se manifiesta la aceptación en tu vida

Cuando comprendes el papel que desempeña la aceptación en tu perfil de inseguridad, obtienes una imagen más clara del origen de esas creencias. Empiezas a distinguir dónde eres más vulnerable y las historias que te hacen cuestionar tu propia valía. Pero lo más importante es que empiezas a ver cómo puedes desarrollar la autoaceptación, poco a poco, hasta que la confianza profunda ya no te parezca inalcanzable, sino algo a lo que puedes regresar una y otra vez.

¿Cuál es tu puntuación en el atributo «aceptación»?

Revisa tu puntuación en «aceptación» en el diagnóstico del perfil de inseguridad. ¿Cuál era?

Puntuación de «aceptación» _____Zona: _____

(Para la zona escribe «alerta roja», «obstáculo», «regular», «fuerza oculta» o «superpoder»).

Utiliza estas indicaciones para ir más allá. Quizás te interese anotar tus respuestas en un diario:

¿Cuáles son tus puntos débiles en la búsqueda de la aceptación?

- **Piensa en tu infancia: ¿qué mensajes aceptaste sobre la autoestima?** ¿Te enseñaron que eras suficiente tal y como eras, o sentías que siempre tenías que demostrar tu valía?
- **¿Cómo se manifiesta en tu vida el rechazo que sientes hacia ti mismo?** ¿Le quitas importancia a tus logros? ¿Rechazas los cumplidos? ¿Mantienes la distancia con las personas porque, en el fondo, no crees que acepten a tu verdadero yo?
- **¿Cuándo fue la última vez que te sentiste aceptado tal y como eres?** ¿Qué había de diferente en ese momento? ¿Con quién estabas? ¿Y cómo sería extender aunque fuera una pequeña parte de esa aceptación hacia ti mismo?
- **¿Cómo cambiaría tu vida si ahora mismo te aceptaras tal y como eres?** ¿Qué oportunidades se te presentarían?

Cuando la autoaceptación parece imposible, ¿en qué fortaleza puedes apoyarte?

- Si te cuesta creer que eres «suficiente», puedes confiar en tu capacidad de **actuación** y desarrollarla, que es la creencia en tus habilidades y en tu capacidad de acción, incluso si no te sientes preparado. Puede que no te sientas lo bastante bueno, pero puedes comportarte como alguien que siempre tira para delante. ¿Qué puedes hacer hoy que te recuerde que eres una persona capaz? (Aprenderás más sobre la actuación cuando llegues al segundo atributo).

- Si te sientes atrapado en la aprobación externa, puedes recurrir a la **autonomía,** que es el sentido interno del control. Puede que no controles todas las situaciones, pero siempre puedes controlar lo que hagas a continuación. Esto es lo que impide que te sientas impotente. ¿Qué decisión puedes tomar hoy mismo que te recuerde que no estás estancado? (Aprenderás más sobre la autonomía cuando llegues al tercer atributo).

- Si tus emociones te abruman, apóyate en tu **adaptabilidad,** que es la capacidad para regularte y recalibrarte. Respira hondo, crea un espacio entre la reacción y la respuesta, y recuérdate a ti mismo que ningún sentimiento dura para siempre. (Aprenderás más sobre la adaptabilidad cuando llegues al cuarto atributo).

En los capítulos 5 a 8, descubrirás cuáles son los patrones de pensamiento y comportamiento que debilitan tu atributo de la aceptación y aprenderás a reforzarlo. Expondremos tres de las mayores barreras que existen para la autoaceptación: las voces de tu cabeza que te critican y te bloquean, las máscaras que te pones para encajar y el miedo a no hacer las cosas perfectas que te hace dudar. Luego, en el capítulo 8, daremos un paso atrás para examinar una forma poderosa de cambiar tu perspectiva y liberarte de la sensación de que no eres lo bastante bueno. Es algo a lo que puedes volver en cualquier momento y en cualquier lugar para reconectarte con un sentido más profundo de la autoestima.

5

¿Debo creer a las voces de mi cabeza?

Respondiendo a tus embusteros internos

Para una de mis primeras presentaciones importantes, me invitaron a dar una charla sobre máximo rendimiento. El cliente era una organización privada de liderazgo, a la que solo se podía acceder por invitación, y que estaba dirigida a jóvenes ejecutivos. Después de hablar por teléfono con el organizador, no podía estar más emocionada. ¿Podría haber algo mejor que hablar ante sesenta directivos prometedores en una cena exclusiva?

Llegué al recinto, revisé mis diapositivas, me conecté al micrófono y me sentí preparada.

Al subir al pequeño escenario, pude ver al menos veinte pares de brazos cruzados, esa temida señal de resistencia.

Fue entonces cuando lo comprendí. La persona más joven que había allí debía de tener 25 años. Yo había dado por sentado que «joven» significaba, bueno, «joven». Nunca se me ocurrió preguntar sobre la edad en la llamada que tuve antes del evento. Resultó que no me iba a dirigir a jóvenes fundadores de *startups,* como había pensado. Estaba frente a un selecto grupo de directores generales que habían hecho su andadura profesional más de una década atrás, cuando tenían menos de 45 años.

Eran mucho más mayores de lo que yo había previsto, tenían más experiencia y, como pronto descubriría, irradiaban escepticismo.

Respiré hondo y empecé, pero me sentí incómoda enseguida. A medida que avanzaba, sentía el peso cada vez mayor de una sala que no estaba de mi parte. Mi cerebro llenó los vacíos: «Piensan que no tengo ni idea de lo que estoy hablando». «Se preguntan por qué estoy aquí».

Y fue entonces cuando lo oí; las voces de mi cabeza.

Una voz me reprendió: «¿Por qué lo has dicho así? Ha sido una estupidez». Otra susurró: «No es demasiado tarde para cortar por lo sano y salir de aquí». Luego vino la que siempre exigía más: «No te estás esforzando lo suficiente. Aporta más datos. Sé más autoritaria. ¡Demuestra que eres creíble!». Y, por último, la voz que suplicaba aprobación: «Cambia tu estilo a la hora de expresarte. Tienes que ganártelos».

Lo que hice fue intentar salvar la situación. Eché el cuerpo hacia delante para parecer más segura. Hablé con un tono de voz más elevado, tratando de captar su atención o, incluso, recibir un par de asentimientos con la cabeza. Empecé a hablar más rápido y con jerga empresarial, refiriéndome a las estadísticas para impresionarlos con mis conocimientos, en lugar de conectar con ellos de forma genuina. Mi discurso se volvió rígido y poco natural mientras trataba de amoldarme a lo que creía que ellos querían escuchar. Me sentí fatal.

La charla terminó al fin. El anfitrión estaba encantado (al fin y al cabo, él me había contratado), pero yo lo sabía. Gran parte del público no estaba convencido. Mientras caminaba de vuelta a mi hotel esa noche, mi mente repetía cada paso en falso. «¡Qué desastre! La has fastidiado. El cliente hablará mal de ti a tu agente y ahí se acabará tu carrera como conferenciante».

Ya me había enfrentado a públicos difíciles antes. Pero esto era diferente. Porque la verdadera batalla no había sido contra el escepticismo de la sala, sino contra las voces que había en mi cabeza.

Había oído esas voces muchas veces antes, pero esa noche en particular fueron tan fuertes que no podía quitármelas de la cabeza, y no podía ser yo misma.

Todos tenemos un diálogo interno que se desarrolla en segundo plano y que da forma a cómo nos vemos a nosotros mismos y al mundo. Nos ayuda a resolver problemas, planificar y movernos por la vida. Pero, cuando nuestras voces internas se vuelven en nuestra contra, cuando promueven la duda en lugar de la claridad, se convierten en algo totalmente diferente.

El Dr. Jim Loehr, psicólogo del rendimiento, ha trabajado con cientos de artistas de fama internacional y ha dedicado muchos años a estudiar el diálogo interno de sus clientes tratando de meterse en sus cabezas. Incluso hizo que los atletas llevaran micrófonos y vocalizaran todo lo que se decían a sí mismos en medio de una competición. Dijo: «Empecé a darme cuenta de que lo que realmente importaba era el tono y el contenido de esa voz que nadie puede oír».[1]

Esas voces que nadie puede oír dan forma a tu identidad.[2] Porque, sea lo que sea lo que te digan, empiezas a creértelo y acabas convirtiéndote en ello.

Conoce a los cuatro embusteros internos

Entre 2018 y 2020, antes de comenzar mi doctorado, hice entrevistas en profundidad a cientos profesionales para analizar cómo afrontan las personas sus batallas internas y superan las barreras que se imponen a sí mismas.

Lo que surgió fue un denominador común: más de tres cuartas partes luchaban con el mismo pensamiento implacable: «No soy suficiente». Al analizar las transcripciones, vi que estas voces no eran solo inseguridades, sino que reflejaban luchas más profundas con la autoestima y la autoaceptación.

Los psicólogos lo denominan el «crítico interior», pero mi investigación reveló que no se trata solo de una voz, sino de todo un grupo de embusteros internos (también conocidos como el «escuadrón de los idiotas»). Identifiqué cuatro arquetipos distintos, cada uno con su propio estilo, que distorsionan la percepción que tenemos de nosotros mismos y sabotean nuestra confianza. [3]

Aquí está la parte engañosa. Estas voces no se presentan como saboteadores. Te hacen creer que están tratando de ayudar, ofreciendo lo que parece ser protección contra el fracaso, el rechazo o la insignificancia. Pero son horribles en su trabajo, y la seguridad que ofrecen tiene un precio muy alto: empequeñecerte, dudar de ti mismo y cuestionar sin cesar tu valía.

Cuando presenté estas voces en mi charla TEDx Talk de 2021, la respuesta fue abrumadora. Se convirtió en una de las charlas TEDx Talks más vistas del año [4] y fue seleccionada por el equipo de TED como la elección del editor, y creo que con razón. Estas voces son universales. Y, si no se controlan, se vuelven imposibles de silenciar. Por eso es tan poderoso identificarlas y señalarlas. Te permite verlo todo muchísimo más claro.

Durante años, los clientes y participantes en los talleres han declarado que sus momentos de revelación llegaron cuando descubrieron a sus embusteros internos. Cuando los vieron tal y como son, las mentiras comenzaron a venirse abajo. Y, cuando desafías a esas voces, pierden el poder que tenían sobre ti.

Así que conozcamos al escuadrón:

El típico juez

¿Tienes una mente que no deja de juzgarte, repitiéndote constantemente lo que has hecho, lo que no has hecho o lo que deberías haber hecho de otra manera? Eso es el típico juez en acción. No puede dejar pasar las cosas. Se aferra a los errores que cometiste en el pasado o a lo que consideras un fracaso, atrapándote en un ciclo de autocrítica. Esta voz interior no solo señala dónde podrías haber fallado, sino que exagera esos momentos, haciéndolos parecer una prueba irrefutable de que no eres suficiente. Es ese susurro que te dice de forma implacable: «¿Por qué hice eso?» o «Debería haberlo manejado de otra manera», empujándote a un círculo vicioso de cavilaciones y duras críticas hacia ti mismo.[5]

El típico juez cree que te está protegiendo de cometer errores en el futuro manteniéndote hiperconsciente de los que ya tienes sobre tus hombros. Piensa que si te castiga lo suficiente, nunca volverás a meter la pata. Pero eso no te hace más sabio. Solo te mantiene atrapado en la vergüenza.

Uno de los participantes en mi investigación que entrevisté fue Félix, un quiropráctico cuyo sueño siempre había sido escribir una novela policíaca, o incluso una serie policíaca. Llevaba años con el protagonista en mente y, a veces, imaginaba escenas mientras trabajaba en silencio con sus pacientes.

Pero, cada vez que se sentaba a escribir, su típico juez se ponía en marcha y criticaba cada frase. Borraba párrafos enteros y empezaba de cero; no porque escribiera mal, sino porque estaba convencido de que su trabajo no merecía la pena ser leído. Sin embargo, a pesar de todo, Félix no tiró la toalla. En una entrevista de seguimiento que le hice tres años después, Félix contó que, por fin, había terminado la novela, había encontrado un agente literario dispuesto a representar a un autor novel y había conseguido un modesto contrato editorial. El libro incluso se convirtió en un éxito de ventas en Amazon, pero su típico juez seguía sin dejarle disfrutar de su éxito. Seguía señalándole los defectos, lo que le impedía sentirse realmente satisfecho. Esto nos recuerda que, por muchas cosas que consigamos, el típico juez puede seguir haciéndonos dudar de nosotros mismos, manteniendo viva esa sensación de «no ser suficiente».

El protector equivocado

El protector equivocado es la paranoica voz que te atormenta con un futuro angustioso que no ha sucedido (y probablemente nunca sucederá). Le encanta sembrar dudas en tu mente sobre tu capacidad para manejar el fracaso o el rechazo.[6] Está obsesionado con el riesgo y siempre te lleva hacia la precaución: «No estás listo». «No sabes lo suficiente». «No estás cualificado». «Eres demasiado joven». «Eres demasiado mayor». «No estás preparado». «Mejor no te arriesgues». Básicamente, es un catastrofista profesional.

Sus intenciones no son maliciosas; tan solo intenta protegerte del dolor. Pero en su esfuerzo por mantenerte a salvo, también te mantiene pequeño. Lo que comienza como protección se convierte rápidamente en parálisis.

Este era el principal problema de Sandra. Llena de ideas innovadoras y con una gran visión para una *start-up*, su cabeza siempre estaba llena de dudas sobre el futuro por culpa de su protector equivocado, que le susurraba: «¿Estás segura de que puedes dirigir un negocio? Va a ser un fracaso colosal». Este embustero interno la paralizaba, instándola a reconsiderar cada paso antes de darlo. No dejaba de cuestionárselo todo. El objetivo principal del protector equivocado de Sandra era mantenerla a salvo, protegiéndola de cualquier posible fracaso. Pero este constante pensamiento catastrófico la llevó a evitar, sabotear y retrasar proyectos, por lo que nunca llegó a poner a prueba sus ideas en el mundo real. Pero, bueno, al menos estaba «a salvo».

El maestro de ceremonias

¿Eres de esas personas que tienen la incesante necesidad de seguir adelante, de seguir trabajando, pase lo que pase? Ese es el maestro de ceremonias que hay en tu cabeza, chasqueando el látigo y gritando: «¡Más! ¡Más rápido! ¡Mejor!». Es esa voz que no deja de decirte: «Deberías ser más productivo», «No ganas lo suficiente» o «No puedes permitirte parar ahora; aún queda mucho por hacer». Es lo que te mantiene atrapado en lo que Emma Seppälä, profesora de gestión en Yale y experta en liderazgo positivo, denomina «el defecto de no dejar nunca de conseguir cosas».[7] Alcanzas una meta y, al instante, el maestro de ceremonias te fija una nueva. Una meta aún mayor.

El maestro de ceremonias quiere protegerte de que te sientas insignificante. Cree que, si sigues logrando cosas, finalmente demostrarás tu valía. Pero la meta siempre se aleja. Cada victoria comporta una explosión de satisfacción; tan solo para ser eclipsada por una abrumadora sensación de vacío y esa persistente sensación de «no ser suficiente». Los psicólogos llaman a este fenómeno la «falacia de la llegada».[8] Es la mentira que dice: «Cuando logre X, finalmente seré feliz». Pero, en lugar de la satisfacción que esperas, simplemente te estimula a que persigas un nuevo objetivo y sientas una euforia fugaz por haberlo conseguido. El maestro de ceremonias refuerza tu creencia de que, si no estás logrando algo todo el tiempo, te estás quedando atrás. Y, si te detienes, no eres nada. Como continuación de las entrevistas que realicé entre 2018 y 2020, Fayçal y yo llevamos a cabo una encuesta global a más de 2.500 personas, y un asombroso 93 % admitió sentir este tipo de culpa por la productividad cada vez que dejaba de trabajar. Esto se debe a lo que los investigadores denominan «pasión obsesiva», en la que tu autoestima se entrelaza tanto con ser productivo que ni siquiera sabes quién eres fuera del trabajo.[9] ¿Recuerdas nuestra discusión sobre la «fusión de roles» del capítulo anterior? Pues así es exactamente como comienza.

En el caso de Yin, un asesor de gestión, su maestro de ceremonias le exigía sin descanso. A los treinta y pocos años, ya era un socio de alto nivel en su empresa, pero a su maestro de ceremonias no le importaba. Incluso después de cerrar el mayor acuerdo de su carrera, Yin no podía disfrutar de la victoria. «Es que me apasiona mi trabajo», se decía a sí mismo, pero la verdad era que su trabajo se había convertido en una obsesión y lo controlaba. Su maestro de ceremonias le recordaba constantemente que solo sería valioso mientras trabajara sin descanso y lograra resultados. Por eso, le costaba relajarse y relacionarse con otras personas fuera del trabajo, y cualquier tiempo sin actividad le parecía tiempo perdido. Estaba atrapado en una rutina de logros de la que no podía salir.

El negligente

El ansia de aprobación y validación externa es la voz del negligente; ese susurro que surge dentro de ti y que te dice: «No eres suficiente para nadie». Esta voz te hace sentir solo, indigno y apenas tolerable por las personas que te rodean. Por lo general, esta voz se arraiga desde una edad muy temprana. Quizás no recibiste el reconocimiento emocional que necesitabas cuando eras pequeño y ahora, como adulto, te preparas constantemente para el rechazo, convencido de que es solo cuestión de tiempo.

El negligente quiere protegerte de ese rechazo haciéndote buscar la aprobación, creyendo que, si eres complaciente, nadie te abandonará. Pero esto tiene un precio: tus necesidades, tu voz y, finalmente, tu sentido de la identidad. Te esfuerzas por ganarte la aceptación y, cuando no la consigues, te sientes destrozado.[10] En las relaciones personales, es probable que repitas inconscientemente estos patrones tan poco saludables. Es posible que te vuelvas demasiado dependiente de la aprobación de tu pareja o hipersensible a sus cambios de humor («¿Estás enfadado conmigo? ¿He metido la pata?»). Establecer límites se vuelve casi imposible, porque decir que no es como arriesgarse a que te rechacen. Y así, acabas agotado, quemado y, ¡sorpresa!, sin sentirte lo bastante bueno de todos modos. Te abandonas a ti mismo con la esperanza de que otra persona no lo haga.

Desde que Harper era muy pequeña, su madre nunca parecía estar satisfecha con nada de lo que ella hacía. Como hija única, Harper soportaba todo el peso de las altas expectativas de su madre, y su constante rechazo la hacía sentir invisible y desesperada por llamar la atención. Ahora, como abogada de derecho de familia, Harper hace todo lo posible por complacer a sus clientes. Aunque esa dedicación no es algo negativo, a menudo se produce a costa de su propio bienestar. Se obsesiona con sus opiniones, temiendo que no estén satisfechos incluso habiéndose esforzado al máximo. Si un cliente no está contento con el resultado, Harper se lo toma como algo personal y tiene la necesidad de impresionarlos. Más que el hecho de que estén de acuerdo con ella, anhela su validación, pues está convencida de que su valía personal depende de ello.

Felix, Sandra, Yin y Harper necesitaban comprender que esos embusteros internos estaban equivocados. Su forma de procesar la realidad era errónea. Pero, como la protección que les prometían parecía auténtica, siguieron escuchándolos. O, más exactamente, no sabían que no deberían hacerlo.

Todo comienza a cambiar cuando reconoces que esas voces son, simplemente, viejos patrones que se repiten todo el tiempo. No son hechos. Con esa conciencia, consigues una alternativa. No tienes que hacer caso al miedo, retraerte o comportarte de forma que consigas la aprobación externa. Puedes elegir que no vas a creer en ninguna mentira.

⚙ PRÁCTICA. Enfréntate a tus mentiras internas: «Gracias, pero no».

La próxima vez que oigas tu engañosa voz interior, sobre todo cuando esté dinamitando tus pensamientos y tu concentración, no te dejes enredar por ella. Imagina ese pensamiento como una pelota que rebota y vuelve hacia ti. Coge tu bate de béisbol imaginario, dale un buen golpe y di: «Gracias, pero no». El «gracias» reconoce que la voz está tratando de protegerte (aunque su forma de procesar la realidad sea totalmente errónea). El «pero no» deja claro que no te crees la mentira. Y, como ahora tienes un bate en la mano, la parte de la protección está cubierta. Esto aprovecha el efecto observador, el principio psicológico según el cual, en el momento en que das un paso atrás y observas tus pensamientos en lugar de identificarte con ellos, estos pierden su control sobre ti. Esto te recuerda que tienes una opción: involucrarte o dejar que rebote. Esa pequeña pausa te da espacio para volver más tarde, con una mente más tranquila y un corazón más estable, y empezar a comprender lo que la voz realmente intentaba decirte, y por qué no tienes que creerlo.

Responde a tus embusteros internos

Cuando distinguimos al embustero interno que estamos escuchando en un momento dado, conseguimos algo fundamental: la separación psicológica. De repente te das cuenta de que estás tú y luego está esa voz fuerte y entrometida que intenta confundirte. ¿Y adivina qué? Esa voz no eres tú.

Antes de que puedan comprender a sus embusteros internos, nuestros clientes suelen estar atrapados en lo que llamamos «asimilación inconsciente»: absorben la autocrítica y la búsqueda de aprobación como si fueran rasgos innatos. No solo escuchaban estos pensamientos, sino que se convertían en ellos. Pero, una vez que comienzan a identificar estas voces, las ven como lo que son: ruido de fondo, no verdades.

Por muy importante que sea la conciencia, no es suficiente cuando se trata de nuestros embusteros internos. Tenemos que «hablarles» literalmente. Debemos tener una conversación sincera con lo que dice esa voz y trabajar para llegar al otro lado.

Eso es lo que hice después de mi penosa experiencia hablando con los ejecutivos veteranos. Tenía que dejar de dar vueltas en círculo y recuperar el control de esas voces que se habían desbocado en mi cabeza.

Así que hice algo que no había hecho en mucho tiempo: saqué un cuaderno de espiral, me relajé y fui sincera conmigo misma. Primero, me concentré en mi embustero interno más entrometido: el típico juez, que tiraba por tierra cada parte de mi discurso (hasta los zapatos que me había puesto). Luego, me recordé lo que siempre olvida el juez: los contratiempos que me habían llevado a superarme a mí misma. Ya me había enfrentado antes a un público difícil. Había tropezado, aprendido y adaptado.

Incluso me pregunté qué le diría yo a un cliente en ese preciso momento: «Una audiencia difícil no te define».

Y, finalmente, le respondí.

«Oye, típico juez, agradezco que estés tratando de ayudarme, pero, con todo el respeto, déjame en paz». (La práctica de «Gracias, pero no» con un poco más de reflexión, intención y decisión).

Luego vino la siguiente voz. Y la siguiente. Le di la oportunidad a cada una, seguí los mismos pasos y seguí escribiendo.

Los 45 minutos que me pasé haciendo esto (escuchando las voces y reformulándolas) no cambiaron lo que había sucedido, pero sí cambiaron el control que tenía sobre mí. Me alejé más firme, más centrada y con algunas lecciones de oro que he llevado conmigo desde entonces: «No des por sentado quién es tu público». «Mantente fiel a tu voz». «Sigue adelante».

Así es como recuperas el control sobre las voces que intentan descarrilarte. En ese momento, las emociones pueden sobrepasarte, pero cuando se hayan calmado, vuelve a seguir este proceso. Reconoce.

Recuerda. Replantea. Responde. Y, sí, me refiero a responder realmente a esas voces que tienes en tu cabeza.

PRÁCTICA: Responde a tus embusteros internos

Cuando tengas un poco más de tiempo para reflexionar (fuera del calor del momento), sigue los cuatro pasos de la siguiente práctica para que puedas ver tu camino con mayor claridad:

1. **Reconoce: ¿qué embustero interno te está hablando y cuál es su verdadero mensaje?**

   El típico juez: se fija en tus defectos y errores.
   El protector equivocado: exagera los riesgos para mantenerte a salvo, pero te mantiene estancado.
   El maestro de ceremonias: vincula tu valor a una productividad infinita.
   El negligente: busca validación, haciendo que priorices a los demás y te sacrifiques a ti mismo.

2. **Recuerda: ¿cuándo has desafiado antes esta voz?** Recuerda un momento en el que sentiste el mismo miedo, pero aun así actuaste, y funcionó.

3. **Replantea: ¿qué le dirías a un ser querido que se está enfrentando al mismo miedo o situación?**

   - Si un amigo cercano te dijera: «Estoy nervioso por la presentación que tengo que hacer a los inversores», podrías recordarle: «Claro que estás nervioso, eso significa que es importante para ti. Pero sabes lo que haces. No te preocupes por ser perfecto. Demuestra tu pasión y tus valores».

- Si un ser querido te dijera: «Me da miedo hablar en el trabajo porque a mi jefe no le gustan las críticas», podrías responder: «Lo entiendo. Hablar cuando sabes que puede provocar un problema es difícil, sobre todo si hay mucho en juego. Pero tus ideas tienen valor. Quedarte callado podría perjudicar a tu equipo». A continuación, podrías animarle a considerar el contexto general: «¿Cuál sería el peor escenario posible si compartieras tu punto de vista? Si es constructivo y se expresa con respeto, la mayoría de los jefes, incluso los más estrictos, aprecian que alguien aporte ideas nuevas o identifique los problemas. Si no es así, eso dice más de su liderazgo que de tu valía».

4. **Responde: reconoce y tranquiliza a tu embustero interno.** «[Nombre del embustero interno], gracias por preocuparte y por intentar ayudar. Pero yo me encargo».

Así es cómo se veía esto en un contexto completamente diferente; con mi cliente Vikram.

Tras ser ascendido a director financiero, Vikram empezó a darle vueltas a todo sin parar. Empezamos por el primer paso: ¿qué embustero interno le estaba hablando? Rápidamente identificó que era su protector equivocado, que le susurraba: «No estás preparado para esto. Fallarás. Es mejor que te retires ahora».

Cuando le pedí que profundizara más, hizo una pausa. «Creo que se remonta a la Universidad», dijo. «Era la primera vez que pasaba por dificultades y me sentí tan avergonzado que me encerré en mí mismo durante semanas. Supongo que estoy tratando de evitar volver a sentirme así». Esa revelación fue un gran avance. Se dio cuenta de que su miedo no tenía nada que ver con su trabajo, sino con una vieja herida que aún influía en sus pensamientos.

Paso dos: ¿cuándo había conseguido desafiar Vikram antes esta voz? Recordó que había participado en un grupo de teatro comunitario unos años atrás: «Siempre me había gustado actuar, pero la idea de que me criticaran o de no ser lo bastante bueno hacía que no me presentara a las audiciones. Aun así, un día fui con unos amigos e hice la audición, y no solo me aceptaron, sino que además eso me llevó a entablar algunas de las amistades más importantes de toda mi vida». Esto le recordó que superar el miedo puede brindar recompensas inesperadas.

Paso tres: ¿qué le diría a un amigo que estuviera en su situación? Tras reflexionar durante unos días, Vikram me envió un correo electrónico: «Le diría que el miedo es normal, pero que no tiene por qué detenerlo. Le recordaría sus puntos fuertes, lo animaría a arriesgarse y le diría que el fracaso es solo parte del proceso».

En nuestra siguiente sesión, estaba listo para el paso cuatro: responder al embustero interno. Dudó. «¿De verdad quieres que lo diga en voz alta?». Parecía desconcertado.

«Por supuesto», respondí. «Tu embustero interno está tratando de ayudarte. Reconóceselo y luego recupera el control».

Con un poco de persuasión, escribió su respuesta y la leyó en voz alta: «Protector equivocado, sé que estás ahí. Sé que intentas mantenerme a salvo y te lo agradezco. Pero yo me encargo. Estoy listo para correr riesgos y no me importa cometer errores, porque así es como me convertiré en mejor persona».

Vikram estaba empezando a entenderlo: sus pensamientos no tenían por qué definirlo. Estaba en el camino correcto hacia una mayor aceptación de sí mismo, y con eso llegó una calma que no había sentido antes. Empezó a mostrarse diferente: más presente en las reuniones, menos atrapado en su cabeza y dejó de estar dominado por la inseguridad. Incluso dijo sentirse más ligero, como si se hubiera desecho de un peso que no sabía que llevaba.

Por supuesto, sus embusteros internos seguían apareciendo. Pero, esta vez, Vikram no creyó todo lo que le decían. Los desafió. Eso no sucedió de la noche a la mañana, sino que fue fruto de la práctica; de pequeñas decisiones que, repetidas poco a poco, reconfiguraron su relación con la inseguridad. Y, por primera vez en mucho tiempo, Vikram volvió a confiar en sí mismo.

Puede que tus embusteros internos nunca desaparezcan del todo, pero ese tampoco es el objetivo. El objetivo es detectarlos, cuestionar su forma de procesar la realidad y reaccionar mejor ante ellos. Cada vez que lo haces, creas un nuevo hábito mental. Con el tiempo, esas decisiones se van acumulando. Impides que la inseguridad se apodere de ti y empiezas a comportarte con más confianza. Así es como se forja la auténtica aceptación: mediante la toma constante de decisiones que encajan con la persona que quieres llegar a ser.

6

¿Por qué me escondo?

No eres tus máscaras

A finales de su adolescencia, a Andre Agassi se le comenzó a caer el pelo. Avergonzado y aterrorizado por las posibles burlas, recurrió a un peluquín para ocultarlo. El punto de inflexión llegó poco después, durante el Torneo de Roland Garros de 1990, donde alcanzó su primera final de Grand Slam.

«La noche anterior a la final», recordó Agassi, «se produjo una catástrofe».[1] Después de usar el acondicionador equivocado, su peluquín comenzó a desbaratarse. Presa del pánico, lo arregló con veinte horquillas. En lugar de concentrarse en el partido más importante de su vida, Agassi estaba ansioso por culpa del pelo. «Recé», confesó más tarde, «no por ganar, sino por que mi peluquín se mantuviera en su sitio». El miedo a quedar en evidencia, a que los demás se dieran cuenta de su debilidad, era tan grande que le desconcentró por completo.

Perdió el partido por tres sets a uno.

La inseguridad de Agassi sobre lo que pensarían los demás le llevó a sacrificar su rendimiento en uno de los momentos más importantes de su vida. Y muchos de nosotros hacemos lo mismo. Quizás no con un peluquín, pero sí que llevamos una máscara para ocultar ciertas partes de nosotros mismos, con la esperanza de ganar la aprobación de los demás o evitar las críticas.

En mi caso, me aterroriza herir los sentimientos de los demás. Soy el tipo de persona que compra algo que no quiere porque me siento mal por hacer perder el tiempo al dependiente. Se me conoce por sentarme en silencio y comer algo que no he pedido solo para no molestar al camarero. He sonreído y asentido durante conversaciones que no me gustaban. Me he reído de chistes que no me parecían graciosos. He encontrado mil formas de estar de acuerdo con la gente para evitar una dolorosa desconexión.

Desde que tengo memoria, siempre se me dio bien hacer lo que creía necesario para caer bien y ser aceptada. Quizás fuera por ser hija de inmigrantes. Quizás fuera el resultado de mis primeras experiencias en el colegio. Quizás fuera mi forma de adaptarme al divorcio de mis padres. O quizás fuera mi personalidad. Sea cual sea la razón, aprendí a ser agradable, y no solo de una forma amable, sino de una forma que se convirtió en un hábito. Un hábito que se convirtió en una máscara que llevaba puesta todo el tiempo.

El peligro de tus máscaras

Ser una persona agradable no es malo en sí mismo. De hecho, cuando le pedí a nuestra comunidad en línea que enumeraran las cualidades que relacionaban con la amabilidad, estas son las que dijeron:

«Empatía. Generosidad. Amabilidad incondicional. Altruismo».

Las investigaciones coinciden con ellos. [2]

Entonces les pedí que dijeran las cualidades de una persona complaciente. Dieron una lista muy similar, pero añadiendo algunos rasgos más negativos: «Dificultad para decir que no. Fingir estar de acuerdo cuando no lo estás. Disculparse en exceso. Tratar de "encajar". Estar desesperado por la aprobación de los demás».

Ahí radica la diferencia. Ser agradable es saludable. Ser complaciente es ser agradable en exceso. Se ha perdido la moderación. Los psicólogos sociales lo denominan «sociotropía».[3] Se produce cuando nuestro deseo de ser aceptados se vuelve tan fuerte que empezamos a encogernos, a contorsionarnos y a cuestionarnos a nosotros mismos, solo para evitar las críticas, el rechazo o el conflicto.

Si eres una persona que busca la aprobación de los demás (o, como yo, una persona que se está recuperando de ello), ya sabes de lo que estoy hablando. Te preocupas demasiado por lo que piensan los demás. Y, por mucho que intentes no pensar en ello, esa vocecita se cuela en tu cabeza: ¿Ese conductor está juzgando mi aspecto mientras corro? ¿Ese cliente me ve como un desastre por aquel error tipográfico? ¿Mi última publicación es para morirse de vergüenza?

Y poco a poco, de forma casi imperceptible, empiezas a transigir. Te diluyes, sacrificando lo que realmente quieres, necesitas o crees, solo para mantener contentos a los demás.

Durante las investigaciones que hice para mi doctorado en 2022, realicé una serie de encuestas anónimas para analizar la relación entre la autocrítica y el rendimiento laboral. Tras la primera encuesta, uno de los participantes me envió un correo electrónico diciendo: «He dado las respuestas que creía que te harían sentir orgullosa». (Y sí, esto se ha planteado como una limitación del estudio).

Lo irónico es que la encuesta era anónima y yo había hecho hincapié en la importancia de dar respuestas sinceras. Aun así, la persona tuvo la necesidad de «impresionarme» (a mí, una completa desconocida) presentando una versión de sí misma que pensaba que yo aprobaría.

El término para esto es «sesgo de deseabilidad social».[4] Se produce cuando las personas ocultan sus verdaderas opiniones o «falsifican» sus respuestas para parecer mejores ante los demás. En otras palabras, se ponen una máscara.

Ya sea en una encuesta anónima o en nuestra vida cotidiana, esto demuestra lo poderoso que puede ser el deseo de aprobación y, por lo tanto, de aceptación. Adaptamos una versión de nosotros mismos que creemos «aceptable» para los demás, lo que significa que, por defecto, no creemos que se nos pueda aceptar tal y como somos. El empresario y autor Mo Gawdat lo explica así: «Llevamos diferentes máscaras y ocultamos nuestra realidad de todo el mundo, incluidos nosotros mismos. La identidad que asumimos se convierte en toda nuestra vida, y empezamos a creer en ella, incluso más que los demás».[5]

Lo que comienza como un hábito social se convierte en una segunda piel.

El psicoterapeuta Phil Stutz describe lo que sucede cuando empezamos a ocultar partes de nosotros mismos. Afirma que no se trata solo de ocultarlas. En realidad, nos volvemos hiperconscientes de esas partes que queremos ocultar, siempre atentos a si los demás también pueden verlas. «Se convierte en una obsesión», dice. «¿Cómo me ven? ¿Qué piensan de mí? ¿Les gusto? ¿Me aceptan?»[6]

Para protegernos de esa obsesión por nuestros defectos, buscamos máscaras para tratar de ocultarlos.

A veces, la máscara es evidente, como vestirse de cierta manera (o llevar un peluquín como Agassi) para encajar. Otras veces es más sutil: intentar dar siempre la respuesta «perfecta», disculparse sin motivo, forzar una sonrisa, decir que sí cuando todo en nosotros nos pide que digamos que no.

Lo sé porque lo he vivido. Echando la vista atrás, veo cómo se manifestaba en los primeros años de mi carrera en el mundo empresarial. En aquel momento, no me sentía lo bastante buena tal y como era, así que necesitaba «fingir»: hablar de cierta manera para parecer más creíble. Usar palabras complejas para parecer más inteligente. Llevar la ropa adecuada y mantener una actitud perfectamente serena (casi fría). Creía que tenía que montar siempre un espectáculo para que me tomaran en serio. Estaba actuando.

Incluso ahora, después de tantos años, sigo cayendo en la trampa de ponerme la máscara corporativa que llevé durante tanto tiempo. Antes de una reunión importante, tengo que recordarme a mí misma que debo «relajarme», o, antes de una llamada con un cliente, me pido a mí misma «dejar de lado el tono formal corporativo». Todavía estoy desaprendiendo el hábito de enmascararme.

Entonces, ¿por qué es tan peligroso llevar una máscara? Porque en el momento en que reúnes el valor para sacarte esa máscara y mostrar tu verdadero yo (para imponerte, dar tu opinión o hacer lo que realmente quieres), cualquier atisbo de rechazo puede parecer una amenaza. Tu instinto lucha entonces por recuperar la aprobación que ha perdido. Te vuelves a poner la máscara. Dejas de confiar en ti mismo. Dudas de tu instinto. Poco a poco, vuelves a tus viejos patrones de ocultarte, dudar y buscar la aprobación de los demás.

Cada vez que ocultas una parte de ti, le das más poder a esa parte oculta. Te dices a ti mismo: «Esta parte de mí no es tan buena como para mostrársela al mundo». Refuerzas la creencia de que tu valor reside en los ojos de los demás. Así es como la inseguridad echa raíces y florece.

El valor de dejar de fingir

Detengámonos un momento y pensemos en lo siguiente: ¿es malo de por sí querer que los demás nos acepten y tengan una buena opinión de nosotros? Por supuesto que no. Es humano. Todos queremos sentirnos valorados, especialmente por los grupos de personas que nos importan. Cuando alguien reconoce tu trabajo o elogia tu carácter, se activa el sistema de recompensa cerebral.[7] Es una sensación maravillosa. Refuerza el sentido de pertenencia. Si respetas las habilidades, la sabiduría o la forma de ser de alguien, es natural que quieras su validación. Así es como aprendemos y crecemos.

También es una maravilla querer que los demás sean felices cuando nos esforzamos desde del amor, el cuidado o la generosidad. El problema surge cuando estas acciones dejan de ser una elección y se convierten en una obligación. Complacer a los demás agota cuando se hace por miedo, no por un auténtico deseo. Por otro lado, hacer cosas por los demás con auténtico cuidado y libertad significa que das sin sacrificar tu propia integridad o energía. Es una enorme diferencia y también lo sentimos de forma completamente diferente.

Cuando tu autoestima depende de las opiniones de los demás, pierdes la capacidad de aceptarte a ti mismo. No crees que seas «suficiente» tal y como eres. Como bien dice Ronda Rousey, excampeona de peso gallo femenino de la Ultimate Fighting Championship: «Cuando das a la gente el poder de decirte que eres genial, también les das el poder de decirte que no vales nada. Cuando empiezas a preocuparte por la opinión que los demás tienen de ti, pierdes el control sobre tu vida».[8]

Se nos bombardea todo el tiempo con mensajes sobre cómo «debería» ser una vida «exitosa»: cuánto dinero deberíamos ganar, la profesión que deberíamos tener, cómo deberíamos vernos, vestirnos, tener citas, ser padres e incluso pasar nuestro tiempo libre. Y resulta agotador.

Si logras cumplir con las «obligaciones» y los estándares que impone la sociedad, es probable que obtengas su aprobación e incluso te sientas satisfecho, al menos por un tiempo. Pero, ¿qué sucede cuando no lo consigues? ¿O cuando te das cuenta de que el objetivo en sí mismo no te parece importante? Es entonces cuando aparece la inseguridad. ¿Qué me pasa? ¿Por qué no puedo estar a la altura?

Cuando persigues estándares que nunca fueron tuyos, pierdes de vista tus propios valores, deseos e identidad. ¿Y qué sucede entonces? Pues que ninguna máscara podrá ocultar lo vacío que te sientes.

PRÁCTICA. «Deja de imponerte obligaciones»: quítate la máscara por un día

Las máscaras suelen ocultarse en los «debería».[9] Elige un «debería» que te tenga agotado; algo que haces más para obtener la aprobación de los demás que por ti. Ahora, quítate esa máscara, aunque sea por un día. Observa lo que sucede cuando te liberas de esa norma, incluso por un breve periodo de tiempo. Por ejemplo:

- Si crees que **siempre *deberías* tener todas las respuestas,** pide conscjo cn su lugar.
- Si crees **que *deberías* amoldar tus opiniones,** comparte tu punto de vista de manera respetuosa.
- Si crees que *deberías* vestirte de cierta manera para encajar, ponte algo que refleje tu personalidad.
- Si crees **que siempre *deberías* estar disponible,** silencia tus notificaciones esta noche.

Ahora es tu turno: *Si creo que debería* _____, *entonces es hora de* _____ *en su lugar.*

Si un compañero de trabajo frunce el ceño ante tu sinceridad o un amigo se burla de tu atrevido atuendo, no pasa nada. El objetivo no es que los demás se sientan cómodos, sino saber cómo te sientes tú sin la máscara.

La libertad de conocerte y ser tú mismo

Tras su aplastante derrota en Roland Garros, Brooke Shields, la entonces novia de Agassi, le sugirió amablemente que se deshiciera de su peluquín. «Imposible», respondió él. «Me sentiría desnudo… expuesto». Pero ella lo veía de otra manera: «Te sentirías liberado».

Al principio, él se resistió. Salir a la pista sin su característica melena de león le resultaba insoportable. Pero finalmente cedió. Se afeitó la cabeza y, al hacerlo, se despojó de su disfraz.

Cuando Agassi se presentó en el Abierto de Australia de 1995, calvo y liberado, dominó el torneo. En la final, derrotó al campeón que defendía el título, Pete Sampras, por tres sets a uno. Agassi admitió más tarde: «Mi peluquín era un grillete».

En sus memorias *Open* (que, muy acertadamente, incluyen un primer plano de su cabeza ya calva), escribió: «Todo el mundo dice que fue mi mejor partido hasta la fecha…, pero yo creo que dentro de veinte años lo recordaré como mi primera victoria calva». Literalmente, se deshizo de la capa de inseguridad que tenía adherida desde hacía años. Entró en contacto con la confianza profunda; esa sensación de que era una persona digna y podía aceptarse tal y como era.

Mientras yo me hacía mayor, aprendí a priorizar a los demás y a no ser una carga. Mi hermano, que sin duda parecía originario de Oriente Medio, sufrió una gran discriminación, sobre todo después del 11-S. Cuando vi cómo se esforzaban mis padres por apoyarlo, intenté no dar problemas y arreglármelas sola. Mi forma de demostrar amor era no necesitar nada en absoluto. Y ese papel se convirtió en mi identidad.

Esa máscara me acompañó hasta la adolescencia. Me convertí en una niña buena y luego en la jefa de estudios del colegio (el equivalente australiano a la presidenta del consejo estudiantil), serena por fuera, pero retorciéndome por dentro.

Cuando empecé a trabajar, quería caer bien, así que me esforcé por ser útil. Me ofrecía voluntaria para todas las tareas ingratas, como tomar notas en las reuniones. En todas y cada una de las reuniones.

Al principio me decía que era una persona que sabía trabajar en equipo. Sin embargo, cuanto más aceptaba esas pequeñas cosas, más impedía que me vieran del todo. Con el tiempo, en lugar de sentirme valorada, me sentía invisible.

No fue hasta que me incorporé a un nuevo equipo directivo que me di cuenta de lo arraigado que tenía ese hábito. En nuestra primera reunión, tuve esa necesidad de levantar la mano y ofrecerme para tomar notas, pero sabía que no podía seguir haciéndome eso a mí misma. Literalmente, me senté encima de mis manos para evitar levantarlas. Me pareció ridículo, pero funcionó.

El grupo decidió turnarse para tomar las notas. Por primera vez, mi función fue aportar ideas y cuestionar opiniones, no solo transcribirlas. Me sentí como una auténtica líder. La diferencia fue abismal, no solo en cómo me veían los demás, sino en cómo me veía a mí misma.

Esa máscara que supuestamente era «útil» no me había ayudado en absoluto. Me había silenciado. Me había mantenido pequeña.

Desaprender la creencia de que mi valor estaba ligado a hacer felices a los demás me costó mucho esfuerzo. Dejé de disculparme por cosas que no eran mi responsabilidad. Dejé de decir que sí por costumbre o por culpa. Empecé a expresar mi opinión, incluso cuando mi punto de vista era diferente al del grupo.

Puse a prueba una y otra vez esa sensación de confianza en mí misma frente a la inseguridad cuando empecé a publicar en Internet.

Allí estaba yo, una persona en recuperación que siempre quería complacer a los demás, expuesta de repente a cientos de miles de opiniones. A algunos les encantaba el contenido. A otros… no tanto. Hablaban mal de mi apariencia, señalaban defectos que yo ni siquiera había notado y lo criticaban absolutamente todo, desde que mis cejas no eran iguales (así que las arreglé) hasta que la mitad de mi cara se contraía cuando hablaba (no puedo hacer nada al respecto).

Con esta experiencia conseguí que no me importara lo que pensaran los demás. Cuando lidias con el problema de la aprobación externa, es muy difícil aceptar que no vas a gustarle a todo el mundo (¡no eres una pizza!). Una vez compartí el ejemplo de la pizza con mi audiencia y un chico gritó: «¡A mí ni siquiera me gusta la pizza!». Un ejemplo claro: no puedes ganarte siempre a todo el mundo. Y eso está bien. ¿No le gustas a alguien? ¡Es su problema! ¿Alguien te critica? Tan solo está mostrando sus inseguridades. ¿Alguien te rechaza? ¿No está de acuerdo contigo? Está permitido. Como diría la autora superventas Mel Robbins: «Deja que lo hagan».

Con cada capa de inseguridad de la que me deshacía y cada máscara que me quitaba, me sentía un poco más libre. A mi manera, cada vez que soltaba algo, me sentía un poco como Agassi al conseguir su primera victoria calvo. Aceptar quién soy, incluso con mis tics faciales, ha sido uno de los pasos más liberadores que he dado en mi viaje.

La libertad no acaba con la tentación de querer hacer una actuación. Puede que sigas teniéndola, pero al menos ahora te darás cuenta. Y cuando tengas la necesidad de volver a ponerte la máscara, de ceder, de tranquilizar, de hacer que otra persona se sienta cómoda a costa de tu propia paz, haz una pausa. Respira hondo. Unos investigadores de la Universidad de Columbia han descubierto que una pequeña pausa (de una fracción de segundo) puede ayudarnos a tomar mejores decisiones bajo presión. [10] Incluso puedes sentarte encima de tus manos si lo necesitas, como hice yo para no ofrecerme voluntaria para tomar notas, algo que realmente no quería hacer.

Pregúntate: «¿Esta respuesta concuerda con la versión de mí mismo en la que quiero convertirme?». Como nos recuerda el autor Stephen Covey: «Es fácil decir "no" cuando hay un "sí" feroz ardiendo en tu interior».

Di no a los compromisos sin importancia para poder dar un sí feroz a lo que has estado posponiendo.

Di no a trabajar hasta tarde para dar un sí feroz a cenar con tus hijos.

Di no a una relación tóxica para dar un sí feroz al respeto hacia ti mismo y a la seguridad emocional.

Di no a fingir que estás bien para dar un sí feroz a la petición de ayuda.

Di no a los planes que tu familia tiene para ti para dar un sí feroz a tus propios sueños.

Di no a ser «el que siempre está disponible» para dar un sí feroz a ser tú mismo.

Cada pausa crea un espacio. Cada «no» crea una posibilidad. Y en ese espacio, te das permiso para quitarte la máscara y aceptar quién eres y en quién quieres convertirte.

Porque, si te pasas toda la vida actuando, llegará un día en que el espectáculo termine y te preguntarás para qué ha servido todo eso.

La enfermera de cuidados paliativos Bronnie Ware pasó muchos años sentada junto a personas que estaban viviendo sus últimos días. No era investigadora ni psicóloga, tan solo alguien que estaba allí cuando los moribundos se quitaban la máscara, cuando los roles que habían interpretado desaparecían y solo quedaba la verdad. En su libro *The Top Five Regrets of the Dying*, [11] explica cuál es la reflexión que más ha escuchado. No era «Ojalá hubiera gustado más» u «Ojalá hubiera dicho que sí más a menudo», sino esto: «Ojalá hubiera tenido el valor de vivir como yo deseaba, no como los demás esperaban».

⚙ PRÁCTICA. Encaja con la persona que hay bajo la máscara.

Esta sencilla práctica de cuatro pasos [12] te ayudará a reconocer la búsqueda de aprobación, a desafiar el miedo que la sustenta y a volver a ponerte en sintonía con tu verdadero yo.

Paso 1: Pregúntate: «¿por qué estoy buscando aprobación?».

Sé totalmente sincero contigo mismo. ¿Qué hay detrás de querer complacer a los demás?

- ¿Querer gustar a la gente?
- ¿Sentirte parte de algo?
- ¿Dudas sobre tu propia valía?
- ¿Miedo al rechazo o al conflicto?
- ¿Querer controlar el resultado?
  Identificar la verdadera razón puede revelar que existen inseguridades aún más profundas.

Paso 2: Pregúntate: «¿qué me está costando mi necesidad de aprobación?».

Buscar la aprobación no sale gratis. Tiene un precio. Quizás te aleja de tus valores, hace que no pongas límites o silencia tu voz. Recuerda: cada «sí» que parte del miedo es un «no» silencioso a algo que es importante para ti.

Paso 3: Pregúntate: «¿qué pasaría si me comportara como si ya tuviera la aprobación?».

Imagina que ya tuvieras la aprobación que andas buscando. ¿Te comportarías de manera diferente? Cuando consigues la aprobación por parte de ti mismo en lugar de ponerla en manos de los demás, proyectas más confianza y, curiosamente, eso es lo que te hace ganar un auténtico respeto.

Esto es lo que podría suceder:

- **En una reunión.** En lugar de corregir tus ideas para que sean más «aceptables», compartes tu punto de vista sin ambages.
- **En el trabajo.** Cuando tu supervisor te felicita, no le quitas importancia con un «¡Oh! No es para tanto». Simplemente di: «Gracias. Me he esforzado mucho».
- **Con los amigos.** En lugar de seguir los planes del grupo para que haya paz, sugieres hacer algo que realmente te apetece, como «Prefiero pasar una noche tranquila».
- **Con la familia.** En lugar de asentir para evitar un problema, di lo que piensas con amabilidad, como «Yo lo veo de otra manera, y estas son mis razones».

Paso 4. Pregúntate: «¿de qué me arrepentiré si no lo hago?».

Toma distancia. Imagínate al final de tu vida mirando atrás.

- ¿Qué es lo que más te importará?
- ¿Qué te gustaría haber dicho, hecho o llegado a ser?
- ¿Qué riesgos desearías haber tomado?

Ahora lleva esa lucidez al momento presente:

- Si hoy fuera tu último día, ¿qué harías de manera diferente? ¿Quién elegirías ser?
- ¿Y qué pequeño paso podrías dar hoy para empezar a vivir en consonancia?

Cuanto más elijas lo que de verdad te importa, y cuanto más empieces a vivir en consonancia con tus valores, tu voz y la versión de ti mismo que hay bajo la máscara, más te convertirás en ese tú que no necesita representar un papel para sentirse digno.

⸻

Durante mucho tiempo, has llevado una máscara para adaptarte a las expectativas de los demás y para acallar el terrible miedo a no estar a la altura. Pero, ¿y si te la quitaras, aunque solo fuera un poco? ¿Y si renunciaras a querer encajar y empezaras a defender lo que realmente es importante para ti?

En lugar de actuar, practica el hábito de la honestidad, no solo con los demás, sino también contigo mismo. Empieza poco a poco. Di la verdad sobre lo que necesitas. Sobre cómo te sientes. Practica la honestidad, aunque te tiemble la voz. Poco a poco, te darás cuenta de que nunca estuviste esperando un permiso o una aprobación. Estabas esperando a confiar en ti mismo.

7

¿Tengo que ser perfecto?

La falacia del perfeccionismo

Durante los confinamientos por la COVID-19, el mundo recurrió a las redes sociales no solo como entretenimiento, sino también en busca de apoyo, información y consuelo. Fayçal y yo sin duda lo necesitábamos. Como a tantos millones de personas, la COVID-19 nos trastocó los planes. Dejaba atrás diez años de trabajo en una empresa, estábamos a punto de mudarnos de Australia al sudeste asiático e íbamos a poner en marcha nuestro propio negocio. Y entonces, el mundo se detuvo.

Durante meses, nos quedamos en el limbo de «¿Y ahora qué?». La necesidad de hacer una pausa hasta que lo viéramos todo más claro era muy grande. Pero sabía que si esperaba hasta tenerlo todo claro, nunca daría el salto para empezar a desarrollar el tipo de trabajo que realmente quería hacer.

Fayçal también lo sabía. «No necesitas un plan perfecto para empezar a ayudar a la gente», me decía. «¿A quién le importa si es poco convencional si acaba resultando útil?».

Yo asentía con la cabeza… y luego no hacía nada. Sin embargo, en mi interior, mi analista de riesgos trabajaba horas extra, haciéndome todas esas preguntas que siempre me impedían empezar los grandes proyectos:

«¿Y si no es lo bastante bueno?».

«¿Y si la gente me critica?».

«¿Y si fracaso delante de todo el mundo?».

Mi idea era muy sencilla. Sabía que, a través de vídeos transmitidos en las redes sociales, podía ayudar aquellas personas que estaban angustiadas, ansiosas e inseguras; a los millones de personas que habían perdido su empleo y estaban sufriendo problemas de identidad. (Fayçal pensaba que TikTok era para jóvenes de dieciséis años, pero apoyó mi idea porque vio lo entusiasmada que estaba yo por ayudar). Aunque no tenía todas las respuestas, podía ofrecer las herramientas para la innovación y el liderazgo que había conseguido gracias a mi Máster en Administración de Empresas, mediante el estudio de la psicología positiva y al convertirme en *coach* para directivos. Herramientas para la resiliencia. Herramientas para la lucidez. Herramientas para lidiar con el caos interno que suele aparecer tras el cambio externo.

Pero primero tendría que ser más lista que mi perfeccionista interna.

Así que me pregunté: «¿Y si hiciera vídeos cortos y prácticos?». Lecciones breves que la gente pudiera aplicar de inmediato. Planifiqué cuarenta temas. (¿Por qué cuarenta? Simplemente me pareció adecuado). Escribí guiones con viñetas y los grabé todos en un solo día, de verdad. Mi objetivo no era hacerlos geniales ni recibir miles de visitas. Tan solo necesitaba demostrar que «hecho» era mejor que «perfecto». Mi equipo no era nada sofisticado: únicamente mi teléfono, un trípode básico y unos cuantos cambios rápidos de chaquetas, pendientes y peinados para darle variedad.

La filmación en sí no fue especialmente difícil. Lo difícil fue lo que vino después. El momento de la verdad. La parte en la que realmente tenía que publicarlos. Me senté allí, con el teléfono en la mano, mirando la pantalla. Mi pulgar estaba sobre el botón «publicar», pero no podía pulsarlo.

El miedo fue instantáneo, familiar e intenso. La resistencia apareció en todo mi cuerpo. Mi corazón latía con fuerza. Se me revolvió el estómago. Mi instinto me decía: «Espera. Modifica el pie de foto. Arregla la iluminación. Quizás deberías volver a grabarlo todo». Cualquier cosa para retrasar el riesgo de exponerme ahí fuera. Porque, una vez que pulsara «publicar», no habría vuelta atrás. Cuanto más tiempo permanecía allí sentada, más fuerte se hacía mi autocrítica.

Y, en ese momento, me di cuenta de todo.

Esta era la misma trampa que el perfeccionismo me había tendido antes. La espera, la preparación y la planificación interminables. La ilusión de que si pudiera retocar y pulir lo suficiente, acabaría sintiéndome preparada.

No estaba preparada. Pero lo publiqué de todos modos. Un vídeo un lunes por la mañana. Luego otro. Y otro más. Sin pulir. Lejos de la perfección. Pero hechos. Cada vez que lo hacía, el miedo se apoderaba de mí. Y cada vez que eso ocurría, lo publicaba de todos modos.

Durante casi tres semanas, no pasó nada. Apenas hubo repercusión. Tenía todas las excusas para borrarlos, para decirme a mí misma: «¿Ves? No está funcionando». Pero no lo hice. Porque no medía el éxito por las visitas o los «me gusta». Lo medía por el hecho de publicarlos. Me dije a mí misma: «Si una sola persona encuentra tranquilidad o valentía gracias a estos vídeos, ya habrá valido la pena».

Y entonces, el día 21, un vídeo sobre la ciencia que hay detrás de causar una buena primera impresión se hizo viral. Tuvo decenas de miles de visitas en cuestión de horas. Luego, cientos de miles.

En cuatro semanas, pasamos de cero a 75.000 seguidores. Un par de semanas más tarde, a 225.000. Los medios de comunicación comenzaron a prestarnos atención.

Todo ello mientras, estando confinados, creamos una comunidad de casi dos millones de personas, aparecimos en los principales medios de comunicación y nos invitaron a trabajar con clientes de Fortune 500 de todo el mundo. Unos años más tarde, esos vídeos que grabamos en nuestro humilde apartamento de Melbourne habían sido vistos más de trescientos millones de veces y nuestra audiencia había crecido hasta superar los cinco millones de personas.

Y todo empezó con cuarenta vídeos imperfectos.

El problema del perfeccionismo

¿Cuántas veces has pospuesto algo, no porque no te importara, sino porque te importaba tanto que te parecía más seguro esperar? ¿Qué parte de tu vida está esperando a que dejes de lado la «perfección» y simplemente empieces?

Al perfeccionismo le gusta hacerte creer que se trata de tener unos estándares altos, pero eso es mentira. No se trata de la excelencia, se trata de la seguridad. Es la voz interior de tu protector equivocado que te susurra: «No te arriesgues. Mantente pequeño. Si nunca te expones, nadie podrá rechazarte». Te engaña haciéndote creer que si lo haces todo bien, podrás evitar la vergüenza, el rechazo o que te consideren inferior.

La investigadora y experta en liderazgo Brené Brown define el perfeccionismo como «un escudo de veinte toneladas» que llevamos con nosotros con la esperanza de que nos proteja de la crítica ajena.[1] En *Atlas of the Heart*, lo describe como un sistema de creencias peligroso y debilitante que nos dice: «Soy lo que consigo y lo bien que lo consigo. Por favor, haz las cosas perfectas».[2] Es un objetivo en movimiento, un juego imposible de ganar en el que se mide el valor propio respecto a un ideal que siempre es esquivo. Uno se esfuerza por alcanzar la «perfección»[3] y luego se castiga a sí mismo cuando, inevitablemente, no da en el blanco.

La ironía es que, mientras persigues la «perfección», no estás viviendo. El perfeccionismo te impide probar cosas nuevas, terminar proyectos o asumir riesgos. El miedo al fracaso, o a no estar a la altura, te convence de que las opiniones de los demás tienen el poder de destruirte. Pero, entonces, ese mismo miedo te lleva a cometer los fracasos que tanto intentas evitar. Porque esperas. Porque dudas. Porque te dices a ti mismo: «Me arriesgaré cuando esté seguro de que esto es infalible». Te quedas atrapado en la ilusión de que «más esfuerzo» o «más planificación» te acercarán a la perfección.

Pero, al esforzarte tanto por evitar el rechazo, te rechazas primero a ti mismo.

Si luchas por la aceptación, tus fracasos, o lo que percibes como fracasos, se convierten en algo personal. Se convierten en tu identidad: «He fracasado, por lo tanto, SOY un fracasado». Para protegerte de volver a sentir eso, tiendes a tomar uno de dos caminos: o bien evitas los riesgos por completo, o bien, si eres como la mayoría de las personas de alto rendimiento, te inclinas hacia el otro extremo. Persigues la perfección. Elevas el listón con cada objetivo, cada proyecto y cada relación. La idea es: «si no cometo ningún error, nadie podrá criticarme». Pero esa estrategia no contribuye a tu éxito, sino que lo aleja de ti.[4]

La única salida es reescribir esa creencia y romper con el hábito perfeccionista que la está estimulando. Al igual que hice yo con mis cuarenta vídeos en cuarenta días, tienes que dejar de lado la «perfección» y empezar a optar por el «acabado». De lo contrario, seguirás midiendo tu valía personal con un estándar imposible y siempre te quedarás corto.

El perfeccionismo te perjudica también de otra manera: se multiplica. No solo te fijas estándares inalcanzables para ti mismo, sino que también los proyectas en los demás. Empiezas a preocuparte no solo por lo que estás haciendo, sino también por cómo lo juzgan los demás. Duplicas, triplicas o cuadruplicas el potencial de una crítica aún más negativa y de la inseguridad.

La verdad es que la mayoría de la gente no piensa en ti tanto como crees. Conocido como el «efecto de las implicaciones exageradas»,[5] tendemos a sobrevalorar lo mucho que los demás se preocupan por nosotros y lo que consideramos nuestros fracasos. [6]

Pero, por supuesto, incluso cuando sabemos algo a nivel racional, puede seguir afectándonos. Cuando nos preocupa que los demás nos juzguen o critiquen, empezamos a interiorizar esos miedos y a obsesionarnos con ellos, lo que no hace más que aumentar los sentimientos de humillación y vergüenza, incluso antes de que algo salga mal. [7]

Hace unos años, unos científicos de ciencias sociales de la Universidad de California hicieron un experimento muy interesante que mostró cómo reacciona nuestro cerebro ante el dolor social, como el rechazo. [8] Los resultados revelaron que las mismas áreas del cerebro que se activan cuando sentimos dolor físico también lo hacen cuando nos enfrentamos al rechazo social. Sí, que nos juzguen o critiquen activa los mismos centros del dolor que cuando nos quemamos la mano con una sartén caliente o nos golpeamos el dedo del pie. Por eso estamos tan desesperados por evitarlo. Y podemos hacerlo. Podemos desengancharnos poco a poco del perfeccionismo y del aguijón de lo que percibimos como críticas, como si quitáramos las espinas del pelaje de Bonbon y de mis calcetines después de un paseo por el campo.

Perfeccionismo «bueno» frente a perfeccionismo «malo»

Seamos realistas, caerse de bruces es la forma favorita que tiene la vida de enseñarnos algo. Es la forma que tiene el universo de impartirnos lecciones gratuitas: dolorosas, embarazosas, pero sin duda eficaces. El fracaso no es solo parte del proceso; en la mayoría de los casos, es el proceso.

Cuando James Dyson, el hombre que había detrás del imperio multimillonario de aspiradoras que lleva su apellido, estaba desarrollando los primeros prototipos de aspiradoras, tuvo que enfrentarse a numerosas dificultades. «Cuando fabriqué mi decimoquinto prototipo, nació mi tercer hijo. Para cuando llegué al número 2.627, mi esposa y yo estábamos contando cada centavo». Echando la vista atrás, Dyson considera que aquellas dificultades formaron parte del proceso de invención. Afirma que cada «fracaso» le acercaba un paso más a la solución del problema. «No fue el prototipo final lo que hizo que las dificultades merecieran la pena. El proceso dio sus frutos. Simplemente seguí adelante».[9] Tras 5.127 prototipos y cinco años de pruebas, finalmente lo consiguió.

Para Dyson, o para cualquier inventor, artista, profesional, emprendedor o líder, el verdadero peligro no es solo la presión financiera o la pérdida de tiempo. El verdadero riesgo aparece cuando el fracaso se percibe como una confirmación de que ellos son el problema. No el prototipo. No el proceso. Ellos. Y ahí es donde las cosas se ponen peligrosas. Si te cuesta aceptarte a ti mismo, no solo ves el fracaso, sino que te conviertes en el fracaso. Y, a partir de ahí, es fácil verse metido en el círculo vicioso del perfeccionismo, en el que cada error va dañando a tu amor propio.

Cuando Fayçal y yo impartimos nuestros talleres, suele haber alguien que nos pregunta: «Me exijo mucho, ¿eso es perfeccionismo?».

La respuesta es: «Depende».

Todo se reduce al porqué. ¿Por qué estableces esos estándares? ¿Qué te motiva? Si tu objetivo es dar lo mejor de ti mismo, aprender y mejorar, eso no es perfeccionismo, sino lo que llamamos «búsqueda saludable de la excelencia». Los investigadores lo denominan «excelentismo».[10] Es el tipo de mentalidad con la que uno se pregunta «¿cómo puedo hacerlo mejor la próxima vez?», en lugar de «¿qué pensarán si fracaso?». Cuando aspiras a la excelencia, no temes cometer errores porque los ves como parte del proceso. También sabemos por las investigaciones que, si te centras en el desarrollo y el aprendizaje, es más probable que alcances tus objetivos y obtengas resultados positivos en la vida.[11]

En cambio, el perfeccionismo tóxico es otra cosa. No te impulsa a mejorar, sino que te atrapa. Se nutre del miedo, de la molesta creencia de que un paso en falso destruirá la imagen que has creado con tanto cuidado. La hiperactividad y la presión constante por cumplir con unos estándares altísimos pueden mantenerte en alerta constante, convirtiéndote en alguien que siempre está nervioso, hipervigilante y es demasiado duro consigo mismo por no alcanzar unos objetivos imposibles. [12]

Uno de mis clientes lo resumió perfectamente: «Mis tendencias perfeccionistas vacían mi mundo de color, luz y espontaneidad. Me siento como si estuviera en una prisión, "fingiendo" vivir una vida perfecta mientras sufro».

Cómo vencer el perfeccionismo

La lucha que Elizabeth Gilbert entabló mientras escribía sus memorias *Eat, Pray, Love* es el tipo de pesadilla perfeccionista con el que cualquiera que haya intentado crear algo puede identificarse. La inseguridad se aferraba a cada uno de sus movimientos, haciéndola cuestionar cada frase, cada página, cada párrafo. Ella recuerda: «Tenía el fortísimo mantra de "ESTO ES UN ASCO" resonando en mi cabeza». [13] Sentía que cada página sería un fracaso.

Pero, en medio de esta terrible autocrítica, Gilbert tuvo un momento en que lo vio todo claro: «Me di cuenta de lo siguiente: nunca le había prometido al universo que escribiría de forma brillante; tan solo le había prometido que escribiría. Así que bajé la cabeza y me esforcé al máximo, tal y como había prometido». En lugar de perseguir la perfección, tomó una decisión: centrarse en el proceso, no en el resultado. Olvidarse de «escribir de forma brillante». Simplemente escribir. Esa mentalidad no hizo que el miedo desapareciera, pero al menos le permitió seguir adelante.

La lección es clara: no siempre creerás que has hecho tu mejor trabajo. A veces no te parecerá tan bueno como te gustaría. Pero dejar que eso te frene suele ser mucho peor que publicar algo que quizás no cumpla con tus altos estándares.

Como cuando yo me quedé allí sentada mirando fijamente el botón de «publicar», sintiendo esa resistencia en todo mi cuerpo, convencida de que debía esperar hasta que la iluminación fuera mejor, los vídeos fueran más ingeniosos, hasta que me sintiera «preparada». Si hubiera cedido a ese impulso, los cuarenta vídeos seguirían en mi teléfono, sin ser vistos. En cambio, se convirtieron en la base de algo mucho más grande de lo que jamás habría imaginado.

No dejes que lo «perfecto» se interponga en «suficiente por ahora». Siempre puedes pulirlo más tarde. Pero, si esperas a la perfección, puede que nunca llegues a publicar, lanzar un proyecto o subirte a un escenario.

Además, nunca se sabe cómo puede influir tu versión de ser «suficiente por ahora».

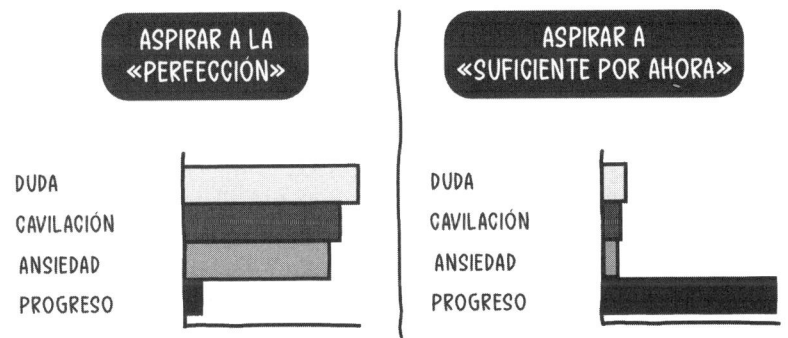

PRÁCTICA: El proceso por encima de la perfección
Una forma de superar el perfeccionismo es comprometerse a centrarse en el proceso en lugar de obsesionarse con el resultado. Sigue el ejemplo de Elizabeth Gilbert y prométete a ti mismo «escribir», no «escribir de forma brillante». La clave es aumentar tu nivel de tolerancia a la imperfección, de modo que no solo la toleres, sino que aprendas a aceptarla.

El experto en *marketing* Seth Godin tiene una expresión al respecto: «*meeting spec*», que significaría "cumplir con las especificaciones". [14] ¿Qué quiere decir esto? Pues, simplemente, que empieces con lo mínimo. No te obsesiones con que tus esfuerzos sean perfectos; busca que sean funcionales. Haz que la acción más sencilla sea el objetivo.

Así es como sería:

- No te propongas «encontrar a tu alma gemela»; tan solo «quedar con ella para tomar un café».
- No te estreses por «volverte viral»; simplemente publica algo en LinkedIn.
- No esperes hasta tener el producto perfecto; simplemente prueba una idea con personas reales.
- No hagas del «éxito» tu objetivo; simplemente empieza.

La magia surge cuando te comprometes con la acción en sí misma y te permites mejorar a través de las imperfecciones. Preséntate, haz el trabajo y acepta sin complejos cada paso imperfecto que des. Porque a veces el proceso es lo importante.

Elimina el dolor del fracaso

La realidad es que la perfección es una fantasía. Jamás la alcanzarás. Incluso si pudieras escribir el correo electrónico perfecto, presentar el acuerdo de negocios perfecto o hacer la presentación de un producto perfecta, no tendrías ninguna garantía de que conseguirías el resultado deseado. Pregúntale a James Dyson. Con el prototipo número 2.627, todavía no tenía la seguridad de que su aspiradora fuera a funcionar. El riesgo de «fracasar» siempre está ahí, acechando en segundo plano.

Cuando comencé a trabajar, aprendí que es posible mitigar el dolor del rechazo y el fracaso. Yo lo llamo «haz graznar a tu pato».

Durante un breve periodo de tiempo que me dejó exhausta, trabajé en un centro de llamadas donde el 70 % de las llamadas que recibíamos eran de clientes que estaban muy descontentos. Fue una experiencia dura. El aluvión de negatividad que recibíamos cada día afectaba muchísimo a la moral del equipo. Los directivos tuvieron una idea muy original. Nos dieron a cada uno un pequeño pato de plástico. Al apretarlo, sonaba un divertido «¡cuac!». La idea era sencilla: cuando terminabas una llamada con alguien gruñón, apretabas tu pato para que toda la planta lo oyera y luego lo añadías al recuento de «clientes insatisfechos» que había en la pizarra. Fue una idea genial, la verdad. Convirtieron un factor de estrés en un marcador y, de repente, el miedo empezó a desaparecer. Había algo satisfactorio en señalar esas llamadas difíciles y escuchar el coro de graznidos. Empezamos a prepararnos para las llamadas difíciles, no con miedo, sino con la actitud de convertirlas en puntos. Eso nos quitó la tensión y esas llamadas negativas ya no me parecieron un tema tan personal.

Aunque no estés atendiendo llamadas de atención al cliente todo el día, puedes adoptar la mentalidad de «haz graznar a tu pato» para esos momentos en los que el perfeccionismo o el fracaso te están consumiendo. Tu pato no tiene por qué ser, literalmente, una máquina de graznar. Es un simple recordatorio de que no tienes que tomarte el rechazo o las críticas tan a pecho, que puedes dar un paso atrás y sentir el dolor que te producen esas situaciones. Tanto si te enfrentas a contratiempos en el trabajo, en tu vida personal o en un proyecto, crear tu propia versión de este ritual puede resultarte muy útil. Puede ser algo tan simple como respirar hondo, dar un rápido paseo o tener un pequeño hábito que te ayude a librarte de las emociones negativas. Tal vez una lista de reproducción que te haga sentir bien o hacer unos estiramientos. La clave es dejar de considerar el rechazo y las críticas como una prueba de que tienes un problema. Reconoce que estás viviendo ese momento, luego «haz graznar a tu pato» y sigue adelante.

⚙ PRÁCTICA. Celebra tus fracasos

Muchas personas exitosas creen que deben ser duras consigo mismas para seguir siendo competitivas, estar motivadas y permanecer en la cima de sus carreras. Piensan que criticarse de forma implacable es lo que les permite seguir adelante. Pero no es así. Eso es solo su maestro de ceremonias diciendo tonterías en su cabeza. Las investigaciones dicen lo contrario. Las personas que más aceptan sus supuestos defectos e «imperfecciones» son mejores a la hora de desarrollarse y, sí, triunfar. [15]

Así que analiza detenidamente tu punto de vista. Sé realista: ¿te está funcionando de verdad o esas críticas internas te están bloqueando? Es hora de que hagas una evaluación realista y saques lecciones de la experiencia para darle un sentido. Este proceso es similar a lo que se denomina *post mortem*; una práctica utilizada en la gestión de proyectos para analizar qué ha salido mal, qué ha salido bien y qué se puede aprender de cara al futuro.

1. **Cita tus críticas negativas.** Piensa en la última vez que cometiste un error, «fracasaste» en algo o simplemente sentiste que eras un desastre. ¿Qué te susurraban tus embusteros internos en ese momento? Escríbelo.

2. **Haz una evaluación realista.** Mira la situación de forma objetiva. Sin hacer una dura autocrítica, sin culparte. ¿Qué pasó realmente? Sé sincero. Cíñete a los hechos.

3. **Crea una declaración de excelencia.** La excelencia no te exige que lo hagas todo bien a la primera. Se trata de utilizar lo que salió mal como punto de partida para mejorar. Piensa en lo siguiente:

   • ¿Qué has aprendido de esta experiencia?
   • ¿Qué sabes ahora que no sabías antes?

- ¿Qué pequeños cambios podrían ayudarte a conseguir un mejor resultado la próxima vez?

Esto se convierte en tu declaración de excelencia. Es tu forma de «hacer los deberes», señalando la «imperfección» o el «error», replanteándolo y aumentando tus posibilidades de éxito de cara al futuro. Estás reelaborando tus pensamientos (lo que los psicólogos llaman «reestructuración cognitiva») para que puedas avanzar sin cargar con el peso de la autocrítica sobre tus hombros.

Así es como podría verse en la práctica:

Situación: te presentaste a una reunión con un cliente sin estar preparado.
1. **Tu autocrítica negativa:** «Soy un incompetente y no me merezco este puesto».
2. **Revisión de la realidad:** «Me presenté sin estar preparado, por lo que no pude contribuir tanto como habría querido».
3. **Declaración de excelencia:** «Aprenderé de esto. La próxima vez, reservaré treinta minutos el día anterior para revisar el informe y anotar los puntos clave que quiero abordar».

Situación: no jugaste bien en un partido de baloncesto.
1. **Tu autocrítica negativa:** «No valgo nada como jugador y no pertenezco al equipo».
2. **Revisión de la realidad:** «Estaba tan concentrado en el otro equipo que me puse nervioso y perdí la confianza en mí mismo».
3. **Declaración de excelencia:** «Mejoraré mi concentración y aumentaré mi confianza practicando y haciendo ejercicios mentales. Si noto que me distraigo con el otro equipo, volveré a centrarme en lo que puedo controlar: mis movimientos y mi estrategia».

Situación: has cometido un error en un informe.

1. **Tu autocrítica negativa:** «La he fastidiado y ahora todo el mundo piensa que me da igual».

2. **Revisión de la realidad:** «Se me pasó un detalle clave en el informe, lo que provocó cierta confusión y hubo que corregirlo».

3. **Declaración de excelencia:** «Aprenderé de esto. A partir de ahora, revisaré mi trabajo dos veces para asegurarme de que es correcto. Si se trata de un informe muy importante, le pediré a un compañero que revise conmigo los puntos críticos».

Ahora bien, si tu mente es como la mía, es probable que tu cerebro se resista a hacer esto. Un minuto estás haciendo con tranquilidad tu «revisión de la realidad» y, al siguiente, te ves metido en el círculo vicioso de «soy la peor persona del mundo». La clave está en encontrar un entorno que te mantenga en el modo «revisión de la realidad». Por ejemplo, me he dado cuenta de que ver la grabación de una conferencia que acabo de dar no es una buena idea en mi caso. Soy demasiado rápida a la hora de criticarme a mí misma. Si no ha pasado cierto tiempo desde el suceso, mis respuestas emocionales son exageradas. Sabiendo esto sobre mí misma, tengo una regla: no ver una grabación hasta que hayan pasado, al menos, 24 horas. Poner esta distancia me ayuda a adquirir una perspectiva más clara, más compasiva y más objetiva. Entonces me pregunto: «¿qué puedo cambiar para que la próxima sea aún mejor?».

Intenta cambiar tu forma de ver los errores y los contratiempos. Reconoce lo que son: una oportunidad para aprender, adaptarte y regresar más fuerte. El perfeccionismo distorsiona nuestra percepción del fracaso, haciéndonos creer que cada error es un veredicto sobre nuestro valor. Pero, en realidad, algunos de los mayores avances provienen de los pasos en falso. (Piénsalo, no tendríamos penicilina si no fuera por el «error» del científico escocés Alexander Fleming, que accidentalmente dejó caer una espora de moho en una placa de Petri que contenía bacterias).

El fracaso puede ser tu mejor maestro, pero solo si te tomas el tiempo necesario para reflexionar y sacar las joyas que se esconden entre los escombros. Celebrar aquello que has perdido te ayuda a separar tu autoestima del resultado y a ver todo el panorama. Con el tiempo, este tipo de reflexión se convierte en un hábito que entrena a tu cerebro para buscar el crecimiento en lugar de la vergüenza.

El perfeccionismo no solo está impulsado por el miedo al fracaso o a no estar a la altura, sino que también te hace temer que los demás te vean como un fracasado o alguien que no vale lo suficiente. No es el error en sí mismo lo que te quita el sueño, sino la vergüenza que conlleva: «¿qué pensarán de mí? ¿Qué dice esto de mí?».

Pero el fracaso forma parte de la vida. Y la perfección es un objetivo inalcanzable. Cuanto más la persigues, más lejos parece encontrarse. Tener confianza en uno mismo no significa que nunca vayas a tropezar. Significa que no vas a permitir que la posibilidad de fracasar te detenga.

8

El don de olvidarse
de uno mismo

La aceptación aquí y ahora

Encontrar la aceptación en medio del caos del mundo real es un trabajo que nunca se acaba. Por un lado, puedes deshacerte de las creencias y preocupaciones que han arraigado en tu mente, así como de las voces internas, las historias y el perfeccionismo que te están boicoteando. Y, por otro lado, puedes recurrir a tus puntos fuertes y desarrollarlos. Pero hay una tercera forma de experimentar la aceptación; una forma que te ayuda a superar cualquier búsqueda de valía personal. Puedes dejar de lado todas las herramientas y conocimientos y adentrarte en algo que es más grande que tú mismo. Es un principio enseñado por Abdu'l-Bahá, maestro espiritual e hijo del fundador de la fe bahá'í: «La clave del autodominio es olvidarse de uno mismo». [1]

En 2010 Fayçal fue contratado para entrenar al anfitrión y moderador de una cumbre del G20 y escribir su discurso. No se trataba de un conferenciante cualquiera. Era multimillonario y presidente de uno de los conglomerados empresariales más grandes de Asia; un hombre versado en el poder, la influencia y la toma de decisiones de alto riesgo. Sin embargo, en los días previos al evento, se estaba viniendo abajo.

Su inglés no era demasiado fluido. Tenía un acento muy marcado y solo podía pensar en que no estaría a la altura y que lo criticarían. No estaba centrado en el discurso. Estaba atrapado en su propia mente, hostigado por la inseguridad.

Fayçal le preparó un discurso conciso, impactante y fácil de pronunciar.

Pero, por mucho que ensayaran, la inseguridad seguía ahí.

A tan solo unos días del evento, Fayçal se dio cuenta de que darle ánimos y practicar no bastarían por sí solos. No se trataba de una cuestión de técnica en la presentación. No era un problema de capacidad. Era un problema de mentalidad. Y necesitaban un cambio radical… y rápido.

«Entonces tuve una idea», me contaría Fayçal más tarde. «Tenía que ayudarle a cambiar su punto de vista. Así que le dije: "No estás aquí para hacer una presentación ante unos líderes mundiales mientras te preocupas por tu acento. No se trata de ti, sino de algo mucho más grande. Estás aquí para crear un ambiente de compañerismo y unidad, para que estos líderes deseen colaborar con el fin de mejorar el bienestar y la prosperidad de toda la humanidad mientras protegen nuestro planeta. Cuando estés en el escenario, concéntrate en eso, y tus voces internas se aplacarán"».

El cambio de perspectiva no tardó mucho en surtir efecto. La postura del presidente se relajó. Su voz se estabilizó. Su actitud se volvió más segura. El peso que sentía sobre los hombros se volvió más ligero cuando pasó de centrarse en sí mismo a hacerlo en su misión.

El problema nunca había sido su acento. Era que se había convertido en el centro de su atención. Y en el momento en que cambió el enfoque hacia el exterior, su confianza fue tras él.

He visto esta transformación una y otra vez; en conferenciantes y en directores ejecutivos que preparan presentaciones para inversores. En personas normales y corrientes que están atrapadas en sus propias cabezas, convencidas de que no van a dar la talla.

Y aquí está el patrón: los que más luchan contra esto son los que menos pueden renunciar a controlarse a sí mismos. Están atrapados en un bucle de inseguridad, donde cada movimiento es medido, cada defecto es exagerado, cada palabra es cuestionada.

¿Y la ironía? Pues que podrían ser unas personas brillantes. Podrían estar más que preparados. Pero nada de eso importa si su atención está limitada por la inseguridad porque no se aceptan a sí mismos.

Viktor Frankl también lo entendió. El neurólogo, psicólogo y superviviente austriaco del Holocausto escribió docenas de libros. ¿Pero cuál fue el que cambió el mundo?

El que nunca pensó que fuera a ser un éxito.

Su obra fundamental, *El hombre en busca de sentido,* se publicó originalmente de forma anónima. Frankl nunca tuvo la intención de que se hiciera demasiado conocida, y mucho menos de que se convirtiera en un éxito de ventas.

Durante el resto de su vida, compartió la lección que había aprendido de la inesperada acogida del libro: «No aspires al éxito: cuanto más lo persigas y lo conviertas en tu objetivo, más se alejará de ti. Porque el éxito, al igual que la felicidad, no se puede perseguir; debe surgir de forma natural, y solo lo hace como un efecto secundario de dedicarse a una causa mayor que uno mismo». «A la larga», dijo, «el éxito te seguirá, precisamente, porque te has olvidado de pensar en él». [2]

Recordar el «olvidarse de uno mismo»

La esencia de olvidarse de uno mismo es esta:
desviar la atención que tienes puesta en ti mismo
(tus inseguridades, tu ego, tu autoconciencia)
y dirigirla hacia algo más grande.

Cuando empezaba a trabajar en el sector bancario, aprendí de primera mano el poder que tiene olvidarse de uno mismo.

En mi segundo año trabajando, solicité pasar seis semanas viviendo con una remota comunidad indígena. Así fue como terminé en Kowanyama, Cabo York, al norte de Queensland, Australia. No me imaginaba lo lejos que estaba ese lugar. La población contaba con poco más de mil habitantes. La señal telefónica era muy inestable. No había cafeterías; tan solo una tienda de patatas fritas. El pueblo más cercano estaba a dos horas en coche, si es que se le podía llamar «pueblo». Era un mundo totalmente diferente a todo lo que había conocido hasta entonces.

Yo estaba allí como parte de un programa corporativo que enviaba a «profesionales altamente cualificados» para contribuir con su experiencia al desarrollo económico de los aborígenes.

Llegué llena de dudas. «¿Quién soy yo para dar consejos sobre algo tan complejo como la sostenibilidad económica? ¿Y si digo algo incorrecto?». Supuse que me sentiría aún más fuera de lugar que en el mundo empresarial, donde siempre me estaba preguntando si estaba a la altura.

Pero, en cuestión de días, me di cuenta de que todas esas preocupaciones eran irrelevantes. A los ancianos indígenas les traían sin cuidado que las presentaciones de estrategias en PowerPoint fueran perfectas. Lo que les importaba era que les comprendiéramos a ellos; a sus vidas y sus luchas diarias. Pasé muchas horas con las personas de la comunidad, escuchando historias de resiliencia, conexión con la tierra y tradiciones que habían recibido con sumo respeto. Su hospitalidad me hizo sentir muy humilde. Compartieron conmigo comidas, risas y reflexiones sobre una forma de vida que era muy diferente a la mía.

En algún momento de aquellos primeros días dejé de sobreanalizar si estaba contribuyendo en algo o si estaba cualificada para estar allí. Simplemente les ayudé.

La verdadera necesidad no era el plan que nos habían encomendado (aunque aún teníamos que cumplirlo). Era mucho más inmediata. Las líneas telefónicas estaban cortadas. Había problemas técnicos que resolver. Algunos necesitaban ayuda para lidiar con los procesos burocráticos del Gobierno. Así que eso fue lo que hicimos. Estas cosas no estaban dentro del «alcance» de mi misión, pero tuvieron un gran impacto en la vida real.

Y la sensación que me invadió no se parecía a ninguna otra.

Se llama «euforia del ayudante» [3] a la gran recompensa fisiológica que se obtiene al contribuir a algo que es más grande que uno mismo. Por primera vez en mucho tiempo, no estaba centrada en mi persona. No estaba calculando si estaba a la altura. No estaba obsesionada con pensamientos del tipo «¿lo estaré haciendo bien?». Simplemente estaba prestando un servicio.

Cuando volví a la oficina tras finalizar el programa, algo había cambiado en mí. Dejé de controlar minuciosamente cómo me veían los demás en cada reunión y empecé a preguntarme: «¿cómo puedo aportar valor?». Me preocupaba menos parecer inteligente y más hacer algo significativo. Y resultó que eso fue precisamente lo que me hizo sentir más segura y ser más eficiente.

Superarse a uno mismo para aceptarse

Aquí está la parte que mucha gente pasa por alto: la mayoría pasará toda su vida tratando de ganarse su propio valor. Perseguirán ascensos en el trabajo, mejorarán su imagen y acumularán logros con la esperanza de que, finalmente, se sientan «suficientes».

Pero la autoestima no se gana. Ya está ahí.

La tragedia es que la mayoría de las personas nunca se dan la oportunidad de verlo.

Así que detente.

Deja de obsesionarte con lo que piensan los demás de ti.

Deja de controlar cada interacción social.

Deja de sobreanalizar cada defecto.

Nunca llegarás a sentirte digno si piensas así. La autoaceptación no reside en las opiniones de los demás. No se consigue tras alcanzar el éxito.

Cuando desarrollas y fortaleces el atributo «aceptación», si te acostumbras a olvidarte de ti mismo, dejarás de obsesionarte con la pregunta «¿soy suficiente?». Esto puede ayudarte a liberarte de la inseguridad y, en su lugar, actuar desde una mentalidad de servicio. Tu autoestima ya no dependerá de la aprobación de los demás ni de tus propias inseguridades.

Así es como puedes poner en práctica el don de olvidarse de uno mismo:

- Estás en una reunión. Empiezas a dudar de ti mismo, calculando cómo puedes parecer inteligente y preguntándote si tus ideas serán lo bastante buenas. **El don de olvidarse de uno mismo te recuerda:** esto no es una actuación. No te centres en demostrar tu valía. En su lugar, concéntrate en hacer avanzar el proyecto. Expresa tu idea. O, mejor aún, pregunta a la persona que hay callada al otro lado de la mesa qué opina.

- Estás a punto de publicar algo en las redes sociales. Dudas, corriges y vuelves a corregir, tratando de que sea perfecto. **El don de olvidarse de uno mismo te recuerda:** no publicas contenido para conseguir «me gusta» o la aprobación de los demás, sino para ofrecer al mundo algo útil y valioso que puede ayudar o inspirar a alguien.

- Estás entrando en un evento de *networking* y todo el mundo te parece más impresionante que tú. Empiezas a analizarte: ¿Tendré buen aspecto? ¿Le pareceré interesante a la gente? **El don de olvidarse de uno mismo te recuerda:** no estás aquí para perder el tiempo. Estás conectando con los demás. Sé curioso, haz preguntas y trata de comprender lo que es importante para la persona que tienes delante.

Cuando dejas de centrarte tanto en ti mismo, tu atención se dirige al exterior. Cuando renuncias a demostrar y empiezas a servir, el miedo desaparece. Te das cuenta de que mereces expresarte, ser amado y respetado y tener éxito en la vida tal y como eres.

Joseph Campbell afirmó con gran elocuencia: «Cuando dejamos de pensar tanto en nosotros mismos y en nuestra propia supervivencia, experimentamos una transformación heroica de la conciencia».[4]

Cuando te olvidas de ti mismo, recuerdas tu auténtico valor.

Y, cuando recuerdas tu valor, descubres el increíble regalo que es aceptarse a uno mismo.

Comprender este hecho (que eres suficiente) no está ligado a aquello que consigues, a la aprobación de los demás o a hacerlo todo bien. Es el resultado de dejar de darle vueltas a las cosas y evaluarte constantemente y centrarte en lo que puedes aportar al mundo.

Porque la ironía es que, cuanto más contribuyes, más seguro estás de tu valía. No porque hayas demostrado nada, sino porque lo has vivido. Has sentido la verdad innegable de que tu presencia, tu esfuerzo y la impresión que causas en los demás son importantes.

TÓMATE UN MINUTO

Imagina lo que podrías llegar a hacer si te aceptaras sin reservas y practicaras el olvido de ti mismo hoy, esta semana y en adelante.

El segundo atributo

ACTUACIÓN

9

¿Puedo lidiar con esto?

La pregunta fundamental

de la actuación

Una mañana, mientras cruzaba el patio de la oficina en mi nuevo trabajo en el banco, me detuve en seco.

Elaine.

Era una amiga del colegio a la que no había visto en más de una década. Cuando éramos adolescentes, ella ya era una experta en oratoria. Por lo general, era una persona tranquila y muy competente, pero cuando se ponía delante de un auditorio lleno de estudiantes, su enorme convicción hacía que creyeras en todo lo que ella decía. Me impresionaba la confianza que irradiaba y que no tuviera miedo de hacerse escuchar.

Unos días después de nuestro encuentro sorpresa, quedamos para almorzar. Pero algo no iba bien. Ella parecía..., bueno, apagada. Mientras hablábamos, sus preocupaciones salieron a la luz y, de repente, como en los viejos tiempos, volví a ser su confidente.

«Sinceramente», dijo, removiendo su café como si le hubiera hecho algo, «antes me sentía muy segura de mí misma. Pero ser abogada en un entorno tan brutal me ha cambiado. Dudo de mí misma todo el tiempo y hablo muy poco en las reuniones con los clientes. Nunca creo que sepa lo suficiente o que mis habilidades estén a la altura. Es curioso que el trabajo de tus sueños pueda hacerte dudar tanto sobre ti misma».

No podía creer que ella precisamente estuviera dudando de esa manera.

Cuando le pregunté si había pensado en cambiar de empresa, se encogió de hombros. «No creo que tenga nada que ofrecer a otra empresa», dijo. Cuatro años en un bufete multinacional de primer nivel habían despojado a Elaine de su confianza en sí misma, hasta el punto de que dudaba de todas sus habilidades.

Se me quedó grabada una frase que repetía mucho: «¿De verdad tengo lo que se espera de mí para triunfar en esta empresa?».

Entonces yo no lo sabía, pero su pregunta resonaría en mi mente durante años.

Incluso cuando nuestra conversación ya había terminado, no podía dejar de pensar en ello. Elaine siempre había sido brillante, exitosa y competente, y, sin embargo, allí estaba, encogida bajo el peso de sus propias dudas. Su historia se me quedó grabada porque sabía que no era algo excepcional. Empecé a ver reflejada Elaine en personas de mi entorno, sobre todo en aquellas que ostentaban puestos de responsabilidad y que, aunque parecían seguras de sí mismas por fuera, cuestionaban su propia valía en silencio.

Aunque había entrevistado a cientos de personas para mis trabajos de investigación y consultoría, nunca me había centrado en aquellas que, como Elaine, eran consideradas muy capaces por los demás (y tenían un gran rendimiento a nivel objetivo) y, aun así, tenían grandes dudas sobre sus habilidades. Años más tarde, cuando todavía le daba vueltas a las palabras de Elaine, con el objetivo de comprender cómo funciona la inseguridad, me dirigí a mi audiencia en línea.

Quería saber hasta qué punto estaban extendidas las dudas sobre uno mismo entre la población. Pregunté: «¿Alguna vez dudas de tus capacidades, incluso cuando los demás te consideran una persona competente?».

Las respuestas fueron abrumadoras:

«Siempre dudo a la hora de aceptar nuevos proyectos o puestos de trabajo. No dejo de pensar: "¿Y si no soy capaz de hacerlo?"».

«Incluso cuando sé hacer algo, me sorprendo comprobándolo con otras personas porque me preocupa haber cometido un error».

«Trabajo muchas horas, no porque lo necesite, sino porque dudo de la calidad de mi trabajo y creo que tengo que seguir mejorándolo».

«Me convencí de que debía rechazar un ascenso que me ofrecieron porque pensaba que no me lo merecía. Y eso a pesar de haber liderado muchos grandes proyectos y de haber recibido solo comentarios positivos».

«Cada vez que hago algo bien en el trabajo, no puedo dejar de pensar: "Pero mira lo que está haciendo Jemima; ella está mucho más adelantada que yo". Es como si, hiciera lo que hiciese, siempre fuera por detrás de otra persona».

Estaba claro como el agua. Elaine no estaba sola. Y, si alguna vez te has sorprendido a ti mismo pensando que no tienes lo que se espera de ti, que no puedes manejar las cosas, que no estás a la altura, eres como Elaine y muchas otras personas.

Por qué es importante la predisposición

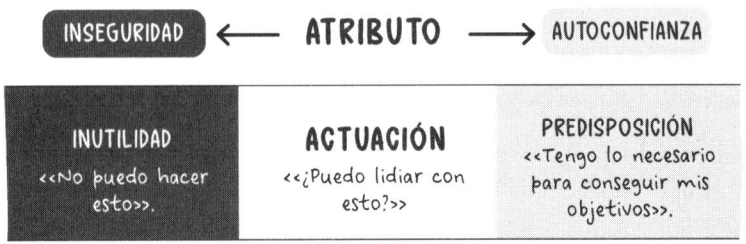

Estar predispuesto a hacer cosas es el desafío que caracteriza a la actuación; el segundo atributo del perfil de inseguridad. Cuando la experimentas, crees que puedes ocuparte de cualquier reto que se te presente. No solo crees que tienes las habilidades necesarias para ello, sino que también confías en tu capacidad para adaptarte, aprender y resolver los problemas a medida que surgen. Cuando la actuación es una debilidad, la inseguridad se cierne como una sensación persistente de que eres una persona incapaz a la hora de enfrentarte a los desafíos o progresar en la vida. No solo cuestionas tus habilidades y capacidades, sino que puedas tomar las riendas en general. Cada decisión te parece un riesgo que no estás preparado para asumir.

He visto a profesionales muy capacitados y con mucho talento rechazar trabajos para los que estaban más que cualificados. He visto a muchas personas fracasar en entrevistas de trabajo, no por incompetencia, sino porque ya habían decidido en su fuero interno que no iban a hacerlo bien. El hecho de creerse incapaces ensombrecía todo lo que hacían. Y cada rechazo u oportunidad perdida confirmaba su creencia: «¿Ves? Sabía que no podía hacerlo».

Cuando la inseguridad afecta a la actuación, se filtra en todos los ámbitos de la vida, diciéndote que eres muy indisciplinado para ese plan de *fitness*, que no tienes talento para hacer algo nuevo, que no estás cualificado para dar el siguiente paso, que no tienes las habilidades sociales necesarias para que una relación funcione. Así que te quedas estancado, esperando hasta sentirte preparado. Pero ese momento nunca llega.

Piensa en cuántas veces:

- **Quitaste importancia a tus éxitos,** atribuyéndolos a la buena suerte, al momento oportuno o a la ayuda de otros en lugar de atribuirlos a tus capacidades.
- **Has creído que los reveses eran una prueba de tu incompetencia,** convenciéndote de que las dificultades demostraban que no estabas a la altura.
- **Te has privado de oportunidades** (un ascenso, un nuevo proyecto, una actividad creativa) porque no estabas cien por cien seguro de estar preparado.
- **Has comparado tu éxito con el de los demás,** creyendo que si ellos estaban por delante, eso significaba que tú estabas por detrás.

Cuando no crees en tu capacidad de actuar, empiezas a dudar. Te replanteas las cosas. Te convences a ti mismo de que no debes aprovechar las oportunidades antes incluso de que lleguen. Con cada «quizás más adelante», refuerzas tus dudas y sigues atrapado en la creencia de que no puedes hacerlo.

Las plantillas que hay en nuestras mentes

Las historias que nos contamos sobre nuestras capacidades comienzan muy temprano. Cuando somos pequeños, la vida es un gran experimento: dar los primeros pasos, subirnos a cosas que no deberíamos, poner a prueba nuestros límites, aprender con la práctica. Tanto si nos estimulaban como si nos desalentaban a hacerlo, nuestro sentido de la actuación estuvo influido por las personas que nos rodeaban: nuestros padres, profesores y mentores. La preocupación y las críticas sembraron las semillas de la inseguridad. Los ánimos y elogios por nuestros esfuerzos sembraron las semillas de la confianza.

Luego llegó la adolescencia, tu sentido de la actuación fue puesto a prueba de muchas maneras. Te enfrentaste a grandes contratiempos: la presión de los compañeros, el estrés escolar y esa caótica mezcla de cambios hormonales y crisis de identidad. Cada victoria y cada revés reforzaron una historia sobre lo que podías o no manejar.

Al llegar a la edad adulta, esas historias tienden a consolidarse. Ya no se trata de trepar en el parque o aprobar un examen de matemáticas. Ahora se trata de lidiar con el trabajo, las relaciones y las responsabilidades e incertidumbres de la vida. Y entonces, lo que te has contado que eres capaz de hacer, lleva resonando dentro de ti durante tanto tiempo que ya ni siquiera lo distingues.

A finales de la década de 1970, el psicólogo social cognitivo Albert Bandura llevó a cabo una serie de experimentos para entender cómo afectaban las creencias de las personas a sus actos. Sus investigaciones revelaron que las personas que más creían en su rendimiento aceptaban más desafíos, soportaban mejor las dificultades y tenían más éxito; no porque tuvieran más talento, sino porque tenían más confianza en sí mismas. [1]

Entonces, ¿qué sucede si esa confianza tiene altibajos? ¿Significa que estás destinado a sentirte incapaz, inferior o poco cualificado para siempre? ¿Por qué se quedan tan grabadas las primeras impresiones? ¿Y por qué te resulta tan difícil creer que tu historia podría ser diferente?

Imagina que tu mente es un archivador gigante. Dentro de cada cajón se encuentran los recuerdos, los patrones y las lecciones que has acumulado a lo largo del tiempo, lo que los psicólogos llaman «esquemas». Cada vez que ocurre algo nuevo, tu cerebro revisa estos cajones en busca de un archivo familiar que te ayude a darle sentido. Con el tiempo, estas historias se convierten en tus plantillas predeterminadas. Influyen silenciosamente en tu forma de interpretar los acontecimientos, a las personas y, lo que es más importante, a ti mismo. [2]

Cada una de las experiencias que has tenido desde que naciste, ya sean increíbles, humillantes o algo intermedio, se han archivado en ese armario mental. Si te animaron a resolver los problemas y a asumir riesgos, tu mente estará llena de pruebas de que eres una persona competente y capacitada. Cuando te enfrentas a un contratiempo, ese esquema mental se pone en marcha: «Ya he manejado situaciones difíciles antes, así que puedo volver a hacerlo».

Una investigación publicada en 2021 demuestra que las personas con esquemas mentales positivos están más motivadas, resuelven mejor los problemas y son menos propensas a evitar las tareas difíciles. [3] En otras palabras, esos archivos que aumentan la confianza sirven como una hoja de ruta personalizada que te guía a través de los obstáculos, utilizando plantillas que fueron creadas en la infancia y perfeccionadas durante la adolescencia y los primeros años de la edad adulta.

Pero supongamos que tu infancia estuvo llena de críticas en lugar de refuerzos para tu autoestima. Quizás tus padres eran muy protectores y se alarmaban cuando te enfrentabas a un contratiempo, o tus profesores señalaban más tus errores que tus aciertos. Ese archivador podría estar repleto de notas que cuentan una historia diferente. En lugar de ver los obstáculos como problemas que superar, los ves como amenazas. Ya de adulto, cuando surge un contratiempo, esos esquemas negativos no se quedan ahí acumulando polvo. Aparecen en los peores momentos: cuando te enfrentas a un nuevo problema, solicitas un puesto de trabajo o hablas en una reunión. Empiezan a gritarte: «¡no puedes hacer esto! ¡Retírate!».[4]

Sin embargo, aunque tu sentido de la actuación esté profundamente arraigado, tu archivador no está cerrado a cal y canto. Puedes cambiar lo que hay dentro de los cajones. Puedes reorganizar, reescribir y sustituir los archivos.

El papel de una perspectiva externa

Puede resultar irónico, pero las personas que están más capacitadas suelen ser las peores a la hora de identificar y aceptar sus fortalezas. Cuando pregunto a los directivos con los que trabajamos «¿en qué eres realmente bueno?», suelo encontrarme con expresiones confusas. Se muestran indecisos, citan habilidades genéricas y no saben cómo referirse a aquello que les hace destacar. No consideran que sus habilidades sean especiales. No tienen la suficiente distancia.

Aunque parezca contradictorio, que sientas un poco de inseguridad respecto a tu actuación suele ser una señal de que eres una persona competente. De hecho, las investigaciones han demostrado que las personas con menos habilidades suelen pensar que rinden mucho mejor de lo que lo hacen realmente. Esto se denomina «efecto Dunning-Kruger». Quizás hayas oído hablar de él. Por ejemplo, las personas que obtienen puntuaciones más bajas en inteligencia emocional suelen sobrevaloran su rendimiento en las pruebas de inteligencia emocional. Del mismo modo, se ha demostrado que muchas personas que carecen de conocimientos financieros exageran sus capacidades para gestionar su dinero. [5] Por otro lado, aquellos que son realmente competentes tienden a subestimarse a sí mismos. ¿Por qué? Porque, como dice David Dunning, uno de los investigadores que descubrió este efecto, «aquellos que carecen de conocimientos especializados carecen de los conocimientos necesarios para saber que carecen de conocimientos especializados». [6]

Básicamente, cuanto más competente eres, más consciente te vuelves de lo que no sabes. Por eso es tan importante rodearse de personas que puedan detectar tus puntos fuertes. Cuando las personas que te rodean ven tu potencial y lo fomentan, se refuerza tu sentido de la actuación. Los investigadores llaman a esto «persuasión verbal»: la impresión que te causa que otras personas confirmen tus fortalezas. [7] Si estás rodeado de personas que dudan de tus capacidades o que te critican a la mínima, es fácil que las dudas penetren en tu mente y comiences a dudar de ti mismo. Este es el «efecto Golem»: las bajas expectativas conducen a un bajo rendimiento. Y esto limita tu desarrollo personal.

Un lugar de trabajo tóxico, un jefe hipercrítico, un cliente que controla cada detalle o un equipo que subestima tus ideas pueden minar la confianza que tienes en ti mismo con el tiempo. Los investigadores en psicología llaman a esto «impronta profesional», [8] es decir, cuando las experiencias laborales influyen en la confianza que tienes en tus propias habilidades a largo plazo. Eso es exactamente lo que le pasó a Elaine.

Cuatro años trabajando en un despiadado bufete de abogados habían reconfigurado su archivo mental y desordenado sus carpetas. La misma mujer que antes dominaba los estrados ahora tenía dificultades para hablar en público, convencida de que no tenía nada que ofrecer.

Esta es una de las razones por las que la cultura empresarial es tan importante. El entorno en el que pasas la mayor parte del tiempo te va fortaleciendo o debilitando poco a poco. Una cultura tóxica puede reconfigurar tu cerebro, dejándote unos archivos que nunca elegiste y que, sin embargo, ahora te encuentras consultando constantemente.

Pero lo contrario también es cierto.

Cuando estás rodeado de personas que ven tus capacidades y tu potencial, y te lo dicen, ocurre algo increíble. La confianza que depositan en ti te inspira a aspirar a más y a superar lo que creías imposible.

Las investigaciones han demostrado que cuando los directivos ponen unas altas expectativas en sus equipos (y las refuerzan con ánimos, apoyo y elogios), estos tienden a estar a la altura de las circunstancias. Apuntan más alto, trabajan más duro y consiguen más cosas.[9] El mismo fenómeno ocurre en las aulas. Cuando los profesores creen de verdad en sus alumnos, estos suelen destacar y obtener mejores notas.[10] Este es el poder del «efecto Pigmalión». Cuando los demás ven lo mejor de nosotros, reflejan lo que quizás aún no somos capaces de ver. Nos recuerdan nuestras capacidades y nos dan la confianza necesaria para que también creamos en ellas.

El problema es que muchos de nosotros no tenemos a nadie que haga eso. Y ahí es donde nuestra propia mente puede ayudarnos… o perjudicarnos.

Tu mente funciona como el algoritmo de YouTube. Selecciona contenido basándose en tu historial de visualizaciones, es decir, en aquello a lo que ya prestas atención, gracias al guardián de tu cerebro (el filtro interno que decide qué te llama la atención y qué no, basándose en patrones que has aprendido). Si tu lista de reproducción interna es un resumen de tus fracasos, eso es lo que se reproduce una y otra vez. Pero la buena noticia es que puedes cambiar de canal. Empieza a revisar tus archivos mentales. Busca aquellos que ya no te sirven. Añade otros nuevos que refuercen tus habilidades. Cuando surjan momentos que pongan en jaque la confianza en ti mismo o te hagan cuestionar si realmente tienes lo que se espera de ti, estos nuevos archivos te recordarán todo lo que eres capaz de hacer.

Me gusta considerarlo un resumen mental (y real) de momentos memorables. Piensa en las veces que has tenido éxito en algo, ya sea grande o pequeño: momentos de valentía, resolución de problemas o resiliencia. Todo el mundo ha triunfado en algún momento de su vida. Anota esos momentos en un diario o en una carpeta del escritorio de tu ordenador. Con los clientes (y conmigo mismo), voy un paso más allá: recopilo pruebas reales. Puede ser un correo electrónico de agradecimiento de tu mejor cliente, la tarjeta donde tu jefe ha escrito «Buen trabajo» o un compañero de equipo diciéndote «Lo has hecho muy bien». Guárdalo todo. A veces, los demás ven en ti puntos fuertes que tú ya no percibes. [11] Incluso puedes preguntar a un amigo o mentor de confianza qué es lo que creen que se te da mejor y añadir sus comentarios a tu colección.

Esto se convierte en tu lista de reproducción favorita cada vez que necesitas darle un empujón tu capacidad de actuar. Cuanto más te recuerdes lo que has conseguido hasta ahora, más confianza tendrás en lo siguiente que quieras lograr. Estás creando, con toda la intención, un nuevo archivador mental que esté repleto de pruebas de tu capacidad, listo para abrirse la próxima vez que la inseguridad intente apoderarse de ti.

Eso es exactamente lo que le pasó a Elaine. Cuando volvimos a vernos, le recordé lo poderosa que solía ser; lo natural que siempre había sido la confianza para ella. Y, poco a poco, empezó a reorganizar sus archivos mentales y a crear esa lista de reproducción. Seis semanas después, me envió un correo electrónico:

«Tus palabras me llegaron al corazón. He estado recordándome a mí misma lo que hago bien, y eso está cambiando cómo me siento. Por primera vez en muchos años, vuelvo a sentirme un poco como mi antiguo yo».

La promesa de la actuación

La vida está llena de incertidumbre. Cuando tu sentido de la actuación es fuerte, no esperas ni necesitas tener todas las respuestas por adelantado. Simplemente confías en que podrás resolver lo que esté por llegar. Puede que aún no tengas todas las herramientas, pero crees que puedes aprender, adaptarte o encontrar a alguien que te ayude. Es la confianza que proviene de tener una actitud positiva y que está respaldada por el compromiso de actuar. Mientras que el atributo «aceptación» consiste en creer que eres digno del éxito, la actuación te permite creer que puedes hacer que el éxito se haga realidad, sean cuales sean tus objetivos en cada momento. Cuando la actuación es intensa, te sientes motivado, disciplinado y dispuesto a trabajar duro. Y como esperas tener éxito a largo plazo, emprendes más acciones, lo que aumenta las probabilidades de alcanzar el éxito. [12]

En el contexto de la actuación, tus habilidades reales importan, pero que creas en ellas es aún más importante. ¿Por qué? Porque la creencia lleva a la acción, y la acción crea resultados. No creer en tus habilidades conduce a la inactividad. Y la inactividad conduce a la falta de progreso.

La actuación no es un optimismo ciego. No se trata de decirte: «Voy a tener éxito a la primera». Creer en el éxito instantáneo no es confianza, sino una forma de autoengaño. La actuación es la capacidad de dar un giro a las circunstancias y crecer a partir de los contratiempos. Cuando las cosas se tuercen (y se torcerán), no te quedas paralizado ni tiras la toalla. Te reorganizas, te adaptas y encuentras nuevas formas de sortear los obstáculos, creando incluso un plan de juego completamente nuevo.

⚙ PRÁCTICA. Evalúa cómo se manifiesta en tu caso la actuación

Cuando comprendes el papel que desempeña la actuación en tu perfil de inseguridad, obtienes una idea más clara de cuánto confías en tus propias habilidades y en qué aspectos deberías reforzar esa confianza. Te proporciona la información necesaria para que empieces a actuar y reforzar la confianza que tienes en tus capacidades.

Revisa tu puntuación en «actuación» en el diagnóstico del perfil de inseguridad. ¿Cuál era?

Puntuación de «actuación»: _____ Zona: _____

(Para la zona, escribe «alerta roja», «obstáculo», «regular», «fuerza oculta» o «superpoder»).

Utiliza estas indicaciones para ir más allá. Quizás te interese anotar las respuestas en un diario:

¿Cuáles son tus puntos débiles en torno a la búsqueda de «actuación»?

- **Piensa en tus primeros años: ¿qué mensajes recibías sobre tus capacidades?** ¿Te animaban a intentarlo, fracasar y aprender? ¿O te enseñaban a ir sobre seguro y evitar cometer errores?

- **¿Cómo se manifiesta la incapacidad en tu vida?** ¿Dudas de ti mismo cuando te enfrentas a un contratiempo? ¿Evitas oportunidades porque no estás seguro de estar a la altura?

- **¿Cuándo fue la última vez que pasaste a la acción, aunque no te sintieras preparado del todo?** ¿Qué pasó? ¿Qué aprendiste sobre ti mismo?

- **¿Cómo cambiaría tu vida si confiaras en tu capacidad para resolver los problemas, incluso sin tener todas las respuestas?** ¿Qué puertas se te abrirían?

Cuando la actuación te parece imposible, ¿en qué fuerza puedes apoyarte?

- Si te cuesta actuar porque crees que no estás «preparado», apóyate en la **aceptación.** Date permiso para actuar antes de sentir que todo es perfecto o que estás completamente preparado. (Consulta el atributo «aceptación» para obtener más información).

- Si el miedo a los malos resultados te paraliza, recurre a la **autonomía.** ¿Qué acción puedes llevar a cabo que te demuestre que puedes escoger tu forma de reaccionar y que tienes influencia en lo que te sucede? (Aprenderás más sobre la autonomía cuando llegues al tercer atributo).

- Si el miedo te mantiene bloqueado, afiánzate en la **adaptabilidad.** ¿Qué acción inmediata (una inspiración profunda, una pausa, un cambio de perspectiva) puedes llevar a cabo para regular tus emociones y salir del bloqueo? (Aprenderás más sobre la adaptabilidad cuando llegues al cuarto atributo).

En los capítulos 10 a 12, veremos cuáles son las mayores amenazas para la actuación: el impostor interno que te susurra que eres un fraude; la trampa de compararte con los demás, que te hace creer que te estás quedando atrás, y el instinto de evitar la acción cuando no te sientes seguro del todo. Estos patrones se ven reforzados por hábitos mentales que minan la confianza que tienes en ti mismo. Pero esos hábitos se pueden cambiar.

Descubrirás herramientas prácticas y cambios de mentalidad que te ayudarán a crear nuevos patrones de pensamiento y comportamiento, que reforzarán tu sentido de la actuación y te ayudarán a tomar medidas valientes y significativas. Después, en el capítulo 13, nos sumergiremos en una idea que te abrirá la mente y te ayudará a reconstruir y fortalecer tu sentido de la eficiencia a largo plazo.

10

¿Soy un impostor?

Las explicaciones (y excusas)
son pensamientos, no verdades

Cuando Pauline Clance era pequeña, siempre estaba dudando de sí misma. Después de casi todos los exámenes que hacía (y que aprobaba con buena nota, por cierto), le decía a su madre: «Creo que he suspendido». Fue la primera de su familia en ir a la universidad y, finalmente, obtuvo un doctorado en Psicología. Pero incluso entonces, su persistente inseguridad la atormentaba, diciéndole que solo había engañado a la gente para que pensara que era inteligente.

Cuando Pauline conoció a Suzanne Imes, una compañera del Oberlin College, ambas conectaron porque tenían el mismo talento para dudar de sí mismas, a pesar de que eran personas muy competentes. Intrigadas, decidieron profundizar en el tema. Durante cinco años, entrevistaron a más de 150 mujeres de éxito (tenían doctorados, eran grandes profesionales o eran muy buenas estudiantes). La mayoría de ellas confesaron que se sentían unas «impostoras».[1] De hecho, formaban parte de la primera generación de mujeres que ocupaban su lugar en el actual mundo laboral o se preparaban para ello.

Lo que Clance e Imes descubrieron y publicaron en 1978 en un innovador artículo[2] fue tan fascinante como deprimente.

Muchas mujeres creían que su éxito se debía a que estuvieron en el lugar adecuado en el momento adecuado, a que conocieron a las personas correctas o, simplemente, a su encanto personal. ¿Atribuían su éxito al trabajo duro, a su inteligencia o a estar capacitadas? No, solamente a las casualidades.

Si alguna vez has creído que eras un impostor, como si no merecieras el éxito, ¡enhorabuena!, eres humano. Los estudios demuestran que hasta el 82 % de las personas han tenido estos sentimientos en algún momento. [3] Ni siquiera Einstein pudo escapar de ello. Una vez dijo: «La exagerada estima en la que se tiene el trabajo de mi vida me hace sentir muy incómodo. Me siento obligado a pensar en mí mismo como un estafador involuntario». [4]

Sí, ese Einstein. El hombre que cambió radicalmente nuestra forma de entender el universo. Si el genio que descubrió la relatividad creía que estaba fingiendo, no es de extrañar que el resto de nosotros también nos podamos sentir así. Cuando tu sentido de la actuación es fluctuante, hay mucho en juego o las cosas no salen según lo previsto, es fácil caer en la trampa mental de «no tengo lo que se espera de mí». No importa que todas las pruebas afirmen lo contrario.

Clance e Imes lo llamaron el «fenómeno del impostor» y lo describieron como la sensación de ser un fraude intelectual y profesional, y el convencimiento de no merecer aquello que se ha conseguido, a pesar de tener un buen historial de éxitos. Y esto también se aplica a los hombres. [5]

Cuando te sientes como un impostor

Con el tiempo, el fenómeno del impostor se popularizó como el «síndrome del impostor». Las palabras son poderosas, y este cambio de nombre también cambió la forma en que percibimos el concepto, convirtiéndolo básicamente en algo que suena como una afección médica. Las personas a menudo se «autodiagnostican» el síndrome del impostor, porque puede ser reconfortante tener una etiqueta para este aspecto de nuestra inseguridad. ¿Pero esconderse detrás de ella? Ahí es cuando se interpone en tu camino.

En esencia, el fenómeno del impostor significa que se tiene una percepción distorsionada de uno mismo y la creencia de que no se poseen las habilidades, la inteligencia o las cualificaciones que los demás creen que tenemos. El profesor y psicólogo organizacional Adam Grant lo resume maravillosamente con esta poderosa paradoja: «Si dudas de ti mismo, ¿no deberías también dudar de la opinión que tienes sobre ti mismo? Si varias personas creen en ti, tal vez sea el momento de creer en ellas». [6]

Las señales de que te sientes como un impostor incluyen restar importancia a lo que consigues («No es gran cosa; cualquiera podría haberlo hecho») y exaltar tus defectos («Sí, conseguí el ascenso, pero soy pésimo hablando en público, así que no cuenta»). [7] Esto distorsiona la forma en que te ves a ti mismo y puede llevarte a hacer un enorme esfuerzo para demostrar tu valía. Intentas compensar en exceso («Si trabajo el doble que los demás, nadie notará que no encajo»). Sin embargo, lo irónico es que esta despiadada necesidad de trabajar en exceso [8] y rendir siempre por encima de lo normal [9] ni siquiera inclina la balanza a tu favor. En un metaanálisis en el que se estudiaron los datos de 97 personas, los investigadores descubrieron una verdad impactante: quienes trabajan en exceso pueden dedicar más horas que sus compañeros, pero su rendimiento no es mejor. [10]

Tu impostor interno también puede llevarte a evitar el riesgo de «exponerte». Tu voz interior te susurra: «Ni lo intentes; fracasarás estrepitosamente y todos descubrirán que eres un fraude». Así que te callas en las reuniones o rehúyes los nuevos desafíos. Es posible que evites dar pasos decisivos en tu carrera porque, si no lo intentas, no hay riesgo de fracasar. Es posible que reacciones de forma exagerada a los comentarios (viéndolos como un intento de «delatarte») o que dudes en pedir ayuda porque no quieres parecer un incompetente.

El actor Jason Segel es conocido principalmente por su papel en *Cómo conocí a vuestra madre,* pero en los preparativos para su debut como director de la serie *Desde otro lugar,* se sentía angustiado por la sensación de que estaba allí por error. En lugar de ocultar su ansiedad, la aceptó y dijo: «Es la primera vez que dirijo, así que si hay algo que os molesta, decídmelo. No es intencionado; es la primera vez que hago esto». Más tarde dijo al respecto: «Aquello me liberó. Lo dices en voz alta y se rompe el hielo». [11]

PRÁCTICA. Reconsidera los pensamientos de tu impostor interno

Los pensamientos de tu impostor interno parecen auténticos, pero no son más que creencias distorsionadas. Está demostrado que si reconsideras tus pensamientos, sin intentar eliminarlos, podrás sustituir las viejas historias por otras más constructivas que favorezcan la acción, el aprendizaje y la confianza en ti mismo. [12]

Paso 1. Detecta el pensamiento

Observa las historias que tu impostor interno te cuenta una y otra vez: «No pertenezco a este lugar». «Se darán cuenta de que no soy tan inteligente como creen». «Todo el mundo sabe lo que hace, excepto yo».

Paso 2. Reconsidéralo

Ahora, vuelve a escribir la historia con una perspectiva de crecimiento, curiosidad y veracidad. Aquí tienes algunos ejemplos de cómo puedes reconsiderarlo:

- «No pertenezco a este lugar». → «Esta es una oportunidad para crecer como persona en un espacio que me he ganado».

- «No tengo ni idea de lo que estoy haciendo». → «Estoy en proceso de averiguarlo, como todos los demás en su momento».
- «No soy tan inteligente como ellos creen». → «Ellos ven potencial en mí, y yo también estoy aprendiendo a verlo».
- «Tuve suerte». → «Puede que la suerte me haya abierto una puerta, pero yo la crucé y me presenté aquí».

Paso 3. Dilo en voz alta (o escríbelo)

El replanteamiento funciona mejor cuando se le da algo de tiempo al nuevo pensamiento. Dilo. Escríbelo. Deja que tu cerebro escuche la verdad de tu boca. La repetición reconfigura tu mente.

Consejo adicional: Utiliza la palabra «todavía» para adoptar una mentalidad de crecimiento. Cuando creas que te estás quedando corto, intenta añadir la palabra «todavía» al final de la frase: «No me siento seguro al hablar… todavía». «No entiendo este concepto… todavía». «No lo he descubierto… todavía». Esta estrategia, aparentemente sencilla, proviene de la reconocida psicóloga Carol Dweck,[13] cuyas investigaciones sobre la mentalidad de crecimiento demuestran que creer que se puede mejorar con esfuerzo es uno de los motores más poderosos del éxito. «Todavía» indica que el crecimiento aún es posible. Mantiene la puerta abierta y le recuerda a tu cerebro que tu actual lucha no es tu destino final.

Recuerda: los pensamientos de tu impostor se nutren de creencias, pero las creencias se pueden reescribir. Y replanteárselo es el punto de partida.

Elevar la experiencia oculta

Nos sentimos atrapados en la sensación de que somos unos impostores cuando toda nuestra atención se centra en cómo nos ven los demás. Nos fijamos en lo que no podemos hacer, o juzgamos nuestras habilidades de forma negativa; o al menos más negativa que las personas que nos rodean, que estamos convencidos de que creen que somos más inteligentes o capaces de lo que realmente somos. Creemos que los demás son más competentes, más rápidos, más eficientes o que «lo entienden» de una manera que nosotros no hacemos. Esto no solo suele ser erróneo, sino que también pasa por alto todas las capacidades únicas que aportamos.

En un estudio publicado en 2022, un investigador del Instituto Tecnológico de Massachusetts descubrió que quienes se creen unos impostores suelen ser considerados personas que tienen mejores habilidades interpersonales y sociales, como la empatía, la capacidad de escuchar y la capacidad de relacionarse con los demás. [14] Básicamente, es posible que te sientas un fraude mientras los demás piensan que es fantástico trabajar contigo. Esto fue cierto en mi caso, aunque no me di cuenta en ese momento.

Cuando llevaba unos años en el sector bancario, sobre todo cuando empezaron a ofrecerme puestos de mayor responsabilidad, me sentía como una impostora, como si una sola pregunta fuera a desenmascararme. Pero también sabía que se me daban muy bien las relaciones interpersonales. Era una comunicadora segura y excelente para gestionar conflictos, cooperar, animar a los demás y relacionarme con personas de todos los niveles, y estas habilidades eran muy valoradas. En cierto modo, intentaba sobrecompensar a un nivel interpersonal. La ventaja era que esas habilidades que me salían de forma natural también me hacían destacar por las razones adecuadas, aunque internamente estuviera sumida en el caos. Y esa fortaleza es algo a lo que ahora suelo recurrir para superar mis inseguridades.

Me encanta contar una anécdota sobre la legendaria diseñadora gráfica estadounidense Paula Scher, que en 1998 fue contratada para rediseñar el logotipo de Citibank tras su fusión con Travelers Insurance Company. Scher dijo: «Después de la primera reunión, dibujé el logotipo de Citibank en una servilleta y me fui». Cuando se levantó para salir de la sala, alguien del equipo de Citi le preguntó: «¿Cómo es posible que lo haya hecho en cuestión de segundos?». Sin perder los nervios, Scher respondió con total confianza: «Lo he hecho en un segundo y 34 años». Y añadió: «Lo he hecho en un segundo y con toda la experiencia y todo lo que hay en mi cabeza». [15]

La sorpresa de ese cliente coincide con el desprecio que la sociedad suele mostrar hacia la experiencia, creyendo que lo que se ha tardado años en conseguir toma tan solo unos minutos. Y esto es algo que hacemos la mayoría de nosotros: infravaloramos las habilidades, las cualidades, las noches de trabajo, las lecciones que hemos aprendido y los atributos que hemos desarrollado con el tiempo. Boicoteamos nuestra propia actuación. La lección aquí es que, al igual que el diseño del logotipo de Scher (por el que le pagaron 1,5 millones de dólares), tus habilidades van mucho más allá de lo que se ve a simple vista. Y, sin embargo, solemos quitarles importancia o desestimarlas. Si nos resulta fácil hacer algo, pensamos que no debe de tener mucho valor («¿Esto? No es nada»). No reconocemos que son todos los años de aprendizaje y esfuerzo los que nos convierten en personas competentes, y no solo el resultado de ese preciso momento. Esta es la trampa del síndrome del impostor: nos dice que, a menos que nos esforcemos al máximo todo el tiempo, nuestras habilidades no servirán de nada. O, peor aún, que hemos «tenido suerte» en lugar de habérnoslo ganado.

No solo eso, las habilidades que desarrollas en un ámbito pueden transferirse a otros de formas que ni imaginas. Así es como un arquitecto corporativo se convirtió en uno de los mejores diseñadores de calzado de Nike. En 1985, Nike necesitaba nuevo talento creativo, por lo que organizó un concurso de diseño de calzado que duró 24 horas. Tinker Hatfield, que no tenía ninguna experiencia en el diseño de calzado, se presentó y ganó.

Para hacer su primer diseño oficial de calzado, Hatfield se inspiró en un edificio que había estudiado en la escuela de arquitectura:

el Centro Pompidou de París. Se trata de un edificio que está «del revés», pues todos sus sistemas estructurales y mecánicos están a la vista. Hatfield pensó: «¿Por qué no hacer lo mismo con un zapato? Hagamos un agujero en el lateral y mostremos lo que hay dentro». Y así, sin más, nació la Air Max 1. Acabó siendo un gran éxito y se convirtió en una de las zapatillas más emblemáticas de Nike. Hatfield afirma: «Hoy en día, Phil Knight sigue diciendo que yo salvé a Nike». Y añade: «Cuando te sientas a crear algo, lo que creas es la culminación de todo lo que has visto y hecho hasta ese momento».[16]

La lección que podemos sacar aquí es que, incluso cuando no tienes ninguna experiencia en un nuevo puesto o sector, las habilidades que has desarrollado en otro pueden resultarte muy útiles. Hatfield no se echó atrás por que antes no hubiera sido diseñador de calzado. Utilizó su experiencia en la arquitectura para aportar una nueva perspectiva a su nuevo sector.

Si te sientes como un impostor porque no tienes todas las habilidades de tu actual puesto de trabajo, recuerda que puedes utilizar las que has desarrollado en otros ámbitos con muy buenos resultados. No subestimes el valor de tu experiencia, aunque sobre el papel no parezca que encaje a la perfección.

El éxito no exige experiencia

Tanto si eres un profesional experimentado como si no, llegará un día en que te enfrentarás a situaciones en las que no contarás con todos los conocimientos técnicos. Un nuevo trabajo, un proyecto complejo o incluso montar unos muebles de IKEA sin maldecir a los suecos son momentos que pueden sobrepasarte. En nuestro propio trabajo y con nuestros clientes, Fayçal y yo aplicamos lo que llamamos una filosofía de «la esencia por encima de la experiencia». La idea es sencilla: tus «cualidades esenciales», como la resiliencia, la adaptabilidad y la curiosidad, son más importantes que las habilidades técnicas que tengas en ese momento. Estas son las cualidades que te ayudarán a aprender, resolver problemas y lidiar con la incertidumbre.

Por supuesto que tu experiencia es importante. También lo es que seas una persona competente. Estas cualidades se pueden desarrollar. Pero la «esencia» de quién eres, tu carácter y cómo te comportas es más importante a la hora de triunfar. [17]

Estas cualidades básicas son fortalezas que solemos pasar por alto. Durante mis estudios universitarios, trabajé durante un tiempo en Recursos Humanos, haciendo miles de entrevistas telefónicas para la selección de personal, sobre todo para el puesto de maquinista de tren. Entre las decenas de miles de solicitantes, no había ninguno que hubiera sido antes maquinista de tren. Pero no buscábamos que tuvieran experiencia, sino lo que se denomina «potencial de aprendizaje»; es decir: ¿la persona tiene capacidad de adaptación? ¿Podría resolver un problema sin que descarrilara el tren? Estas cualidades esenciales son las que te conducirían al éxito; nunca mejor dicho.

Lo mismo ocurre con cualquier nuevo proyecto que vayamos a emprender. Ya sea lanzando un nuevo producto, cambiando de sector o asumiendo un rol más importante en la empresa, la creatividad, el ingenio y la determinación suelen llevar más lejos que la mera experiencia técnica.

Cuando te concentras en lo que ya tienes (tu carácter, tu determinación, tu capacidad para mejorar), te conviertes en una persona que no necesita todas las respuestas antes de empezar. Fortalece tu actuación, es decir, la creencia de que puedes manejar cualquier cosa, incluso en áreas en las que tu experiencia o habilidades actuales aún se están desarrollando. Ya tienes lo que necesario, aunque todavía esté tomando forma.

PRÁCTICA. Utiliza las «cualidades esenciales» para desarrollar tu experiencia

Todos tenemos el potencial de cambiar nuestra relación con la inseguridad y aumentar nuestra actuación aprovechando nuestras cualidades esenciales. Prueba este ejercicio de tres pasos que yo utilizo con aquellos clientes que se enfrentan al síndrome del impostor.

Paso 1. Reflexiona sobre tus logros e identifica tus cualidades esenciales.

Haz una pausa para disfrutar de tus triunfos (sí, tus triunfos). Piensa en lo que has conseguido hasta ahora, ya sea a nivel personal o profesional, grande o pequeño. Ahora, concéntrate en las cualidades esenciales que te llevaron hasta allí. Olvídate de los excelentes resultados que, probablemente, crees que no te merecías. Céntrate en el proceso, el esfuerzo y las cualidades que aplicaste para conseguirlo.

Aquí tienes algunos ejemplos:

- ¿Lideraste con éxito un equipo que acabó un proyecto importante a tiempo y dentro del presupuesto? Tus cualidades esenciales podrían ser el liderazgo, la perseverancia y la resolución de problemas.
- ¿Aprendiste a utilizar una nueva herramienta de *software* que mejoró tu productividad? Tus cualidades esenciales podrían ser la curiosidad, la flexibilidad y la persistencia.

- ¿Has sabido organizar un evento de voluntariado en un refugio de animales? Tus cualidades esenciales podrían ser la creatividad, la colaboración, la empatía y la iniciativa.

Recuerda que estas cualidades forman parte de tu «kit de herramientas personales». No desaparecen solo porque estés inseguro. Siempre están ahí, esperando a que las utilices en el mundo real.

Paso 2. Detecta tus carencias.

A continuación, identifica tus «lagunas», es decir, aquellas habilidades o competencias que crees que te faltan o que necesitas desarrollar, y que suelen contribuir a que te sientas como un impostor. Recuerda esos momentos en que te sentiste un incompetente. ¿Fue durante una reunión en la que alguien soltó una retahíla de términos técnicos como si hubiera nacido en una diapositiva de PowerPoint? ¿O fue cuando te sentiste incapaz de llevar a cabo una tarea porque no estabas preparado del todo? ¿Qué habilidades o conocimientos creíste que te faltaban? Anota esas carencias.

Paso 3. Salva tus carencias aplicando cualidades esenciales.

Esta es la parte divertida. Aquí, vinculas tus cualidades esenciales del paso 1 con las carencias que has identificado en el paso 2, para recordarte que puedes aprovechar tus actuales cualidades para suplir tales carencias. Esto no solo refuerza la confianza en ti mismo, sino que también crea un plan práctico para que puedas mejorar. Para cada carencia, piensa qué cualidades esenciales del paso 1 pueden ayudarte a abordarla. A continuación, escribe las acciones que puedes llevar a cabo.

Por ejemplo:

- «Para mejorar mis habilidades en el análisis de datos, utilizaré mi perseverancia y curiosidad para investigar nuevas herramientas de datos y dedicaré más tiempo a practicar con ellas».
- «Para abordar mis carencias en el conocimiento del sector, aprovecharé que me encanta aprender para leer informes sobre el sector y mi curiosidad para asistir a conferencias y seminarios web del sector».

Ahora tienes un plan personalizado para mejorar. Estás reconociendo la variedad de cualidades esenciales que te han ayudado a llegar donde estás y que seguirán impulsándote hacia delante. Considera que es tu «portafolio de logros», similar al resumen de momentos memorables que ya empezaste a hacer. Es una colección cada vez mayor de pruebas que refuerzan tu actuación: tu capacidad para aprender, adaptarte y crecer. Además de aumentar la confianza en ti mismo, también se convierte en una buena referencia a la hora de hacer entrevistas, tener conversaciones sobre ascensos laborales o en aquellos momentos en los que te invade el síndrome del impostor. Y lo más importante: te recuerda que tu valor no está ligado a un título o un puesto de trabajo. Reside en tus capacidades y cualidades, las cuales te llevas contigo, vayas adonde vayas.

El éxito no está reservado para aquellos que lo tienen todo planeado. Pertenece a quienes siguen esforzándose, incluso cuando dudan de sus propias capacidades. Si te sientes un impostor, tu mente intentará convencerte de que tus triunfos se deben a la buena suerte o a la casualidad, pero no te olvides de la verdad: eres una persona competente. Has trabajado para ello. Has mejorado para ello. No eres fruto de la casualidad. Eres el resultado de la perseverancia, el coraje y la voluntad de aprender. No necesitas saberlo todo ahora mismo. Tan solo tienes que confiar en que saldrás adelante.

11

¿Por qué todo el mundo es mejor que yo?

La maldición de la «comparitis»

Nathan estaba agotado. Incluso con una pantalla de por medio, yo podía ver la agotada mirada de una persona que creía que siempre se quedaba atrás. Apenas cinco semanas después de asumir su nuevo cargo como director de proyectos en una empresa tecnológica que se estaba expandiendo rápidamente, ya estaba quemado.

Había conseguido el trabajo tras un agotador proceso de selección con cinco rondas de entrevistas, respaldado por la excelente recomendación de un antiguo compañero. Pero, a pesar de ello, su inseguridad salió a la luz en la primera sesión virtual que tuvimos juntos.

Nathan me habían pedido ayuda para asumir su nuevo puesto, pero quedó claro que se sentía muy perdido cuando me dijo: «Todos los demás parecen tenerlo todo claro. ¿Por qué no puedo aprender más rápido?».

Mientras hablábamos, me di cuenta de la importancia que le daba a los comentarios de sus compañeros y jefes. Se lo tomaba todo muy a pecho, lo interiorizaba y dejaba que eso le definiera. Cuando intenté resaltar los aspectos positivos que había mencionado, los descartó al instante, como si no contaran o no fueran lo bastante importantes.

Entonces le dieron la puntilla a Nathan. Un viejo amigo suyo del instituto se había mudado a Nueva York en busca de nuevas oportunidades, y Nathan vio en LinkedIn que había conseguido un contrato con un cliente importante y que lo habían ascendido. «Solo han pasado unos meses», dijo Nathan, «y ya siento que me estoy quedando atrás».

La comparación lo tenía atrapado. No solo en el trabajo, sino también en la vida personal. Cuando salía con sus amigos, se sorprendía comparando sus logros (ascensos, inversiones, grandes viajes) con los suyos. Al principio, se sentía feliz por ellos. Pero luego, casi automáticamente, las dudas se apoderaban de él. ¿Por qué no viajo tanto como ellos? ¿Debería ganar más dinero o invertir en bienes raíces como ellos? ¿Por qué no tengo la vida tan resuelta como la tienen ellos?

Esa es la trampa de la «comparitis»: el destructivo hábito de comparar nuestra vida con los momentos memorables de otras personas. [1] Quizás sea la foto de un amigo relajándose en la Costa Azul, o la noticia de que tu primo acaba de comprarse una casa de cuatro dormitorios con piscina, mientras tú sigues buscando en Google «formas baratas de insonorizar un apartamento».

La verdad es que no se puede alcanzar la confianza en uno mismo midiendo los resultados.

«Estar a la altura» es el objetivo equivocado

Compararnos con los demás tiene una función. Desde una perspectiva evolutiva, nos ayudaba a descubrir cuál era nuestro lugar en la tribu. ¿Lo estamos haciendo bien? ¿Estamos a salvo? El psicólogo Leon Festinger lo denominó «teoría de la comparación social». La idea es que, en ausencia de marcadores objetivos, instintivamente utilizamos a otras personas como un espejo para evaluar nuestras propias habilidades o progresos. Este hábito de compararse con los demás suele ser una parte instintiva de nuestra vida cotidiana.

El problema es que, cuando ya estás bregando con la inseguridad y te preguntas si tienes lo necesario para manejar tu carrera profesional y tus objetivos, tu cerebro no busca hacer comparaciones justas. Busca la confirmación. Busca pruebas que respalden tus creencias. ¿Y qué mejor prueba que encontrar todas las formas en las que te quedas corto en comparación con los demás?

No solo mides tus logros por sus propios méritos, sino que los comparas con los logros de todas las personas que te rodean. Tu amigo del instituto cuya *start-up* acaba de salir a bolsa. El gurú del *fitness* que tiene unos abdominales marcados y un trabajo a jornada completa. Esto no hace más que agravarse en el trabajo. Estás bajo un escrutinio constante. Estás sujeto a las evaluaciones de tu rendimiento, los indicadores clave de tu desempeño, los comentarios de tus compañeros y la supervisión de la pantalla de tu ordenador con rastreadores de actividad; todo ello diseñado para evaluarte una y otra vez. Esto puede convertir el trabajo en una competición entre los «mejores empleados» y el resto. Si te cuesta tomar decisiones, esta comparación constante solo consigue una cosa: que pongas el foco en todo lo que te falta. [2]

Dos estudios, uno de 1995 [3] y el otro de 2021, [4] revelaron que los medallistas olímpicos que consiguen el bronce en las competiciones individuales, como la natación, suelen ser más felices que los medallistas que consiguen la plata. ¿Cómo es posible? ¿Cómo puede alguien que ha entrenado tanto sentirse mejor por acabar tercero que segundo?

El cómico Jerry Seinfeld lo explicó de forma memorable en uno de sus monólogos: «Piénsalo», dijo. «Si ganas el oro, te sientes bien. Si ganas el bronce, piensas: "Bueno, al menos he conseguido algo". Pero si ganas la plata es como: "¡Enhorabuena!

Has estado a punto de ganar. De todos los perdedores, has quedado primero en ese grupo. Eres el perdedor número uno. Nadie ha perdido por delante de ti"».[5]

Esta tendencia de los medallistas de plata (los «casi ganadores») a compararse con los mejores es similar a lo que nos ocurre a todos cuando nos centramos en lo que podría haber sido o en lo que nos hemos perdido. El «si tan solo» hace más grande el arrepentimiento, la decepción y la autocrítica.[6] Se denomina «pensamiento contrafactual ascendente».

Hay un problema evidente en intentar siempre «estar a la altura», en intentar ser «el mejor» o «el medallista de oro». Te condena a una vida de estrés y agotamiento. ¿Por qué? Porque, por mucho que logres, siempre habrá alguien que haya logrado más. Y tienes que seguir esforzándote, seguir logrando cosas, solo para mantener cualquier sensación de éxito. Si sigues logrando cosas, entonces eres «exitoso», un «campeón», un «ganador». Pero, ¿en el momento en que dejas de hacerlo? Ya no eres exitoso. Eres un perdedor. Un fracasado.

Esto es con lo que Nathan estaba luchando, y por eso sus dudas eran tan implacables. Ahí es donde empezaron a surgir los pensamientos negativos: «No soy lo bastante bueno, estoy muy atrasado, no puedo seguir el ritmo». Y así comienza el ciclo de ansiedad, dudas y comparaciones sin fin.

La confianza no viene de sumar victorias o asegurarte de que tienes más medallas de oro que los demás. Viene de tener confianza en tu propio camino, incluso cuando no se parece en nada al de los demás.

Corre tu propia carrera

Cuando los atletas de pista compiten, no desperdician su energía mirando a sus rivales. Mantienen la vista en la línea de meta, concentrados en su propia estrategia para la carrera.

Cuando le conté a Nathan esta analogía con el atletismo, asintió con la cabeza antes de que pudiera terminar la frase. Resultó que había sido atleta en sus años de universidad, por lo que la metáfora le resultó muy familiar. «En una carrera», le pregunté, «¿cómo te mantendrías concentrado en tu carril y no te distraerías con lo que ocurre a tu alrededor?».

«Me concentraría en mi forma física, mi ritmo y mi respiración, y bloquearía todo lo demás», respondió.

«Exacto», respondí. «¿Y si aplicaras ese mismo enfoque a tu nuevo trabajo, concentrándote en tus propios progresos?». Nathan comprendió este principio gracias a sus años de experiencia como corredor.

La misma mentalidad de que corras tu propia carrera se aplica a cualquier entorno de alta presión, incluido el agua. El nadador olímpico Michael Phelps, uno de los mejores atletas de todos los tiempos, nunca gastó su energía preocupándose por el nadador del carril contiguo. No se motivaba imaginando que era mejor que sus competidores, pues no se centraba en ellos en absoluto. [7] Por el contrario, se esforzaba por prepararse para lo inesperado. Durante sus horas de entrenamiento, visualizaba todo lo que podía ocurrir durante la competición: que se le rompieran las gafas, que se le soltara el gorro o que saliera tarde, y desarrollaba un plan para cada escenario. Cada una de estas situaciones indeseables estaba «programada en su sistema nervioso», de modo que, si ocurría, no se asustara ni se distrajera por lo que hacía el nadador de la pista contigua. Simplemente ejecutaba su plan.

Phelps entendía que las comparaciones eran una distracción. La mejor oportunidad de éxito no viene del intento de eclipsar a otra persona. Viene de estar tan centrado en tu propia preparación que nada te perturbe.

Nathan no competía en una piscina olímpica, pero se aplicó el mismo principio. Su confianza no tenía por qué venir de igualar a sus compañeros. Tenía que venir de centrarse en su propio carril, en su propio ritmo y en prepararse para lo que tenía por delante. Para Nathan, enfrentarse al estrés y al ambiente competitivo de su nuevo trabajo le hacía aún más difícil mantener los pies en la tierra. Pero cuanto más intentaba practicar esta mentalidad, más se daba cuenta de lo rápido que su cerebro entraba en modo comparativo. Era casi como un tic muscular de inseguridad. ¿Un compañero compartía un gran logro? El tic se activaba. ¿Un jefe elogiaba el trabajo de otra persona? Se activaba. ¿Un amigo mencionaba su nueva inversión financiera? Se activaba.

Pero ahora tenía un plan. En lugar de darle vueltas a todo sin parar, Nathan comenzó a recuperar su concentración, volviendo a enfocarse en su propio trabajo, sus propios progresos y su propio ritmo. No luchó contra el hábito de compararse; simplemente decidió que no iba a angustiarle.

Tan solo un mes después de adoptar su enfoque de «mantente en tu carril», Nathan se sentía más centrado, más seguro y, lo más importante, menos reactivo. Durante una reunión de equipo, mientras sus compañeros explicaban sus novedades, sintió que esa familiar punzada de comparación empezaba a invadirle. Era un desencadenante habitual en su caso. Sus pensamientos comenzaron a acelerarse: «¿Por qué yo no he hecho algo así? ¿Me estoy quedando atrás?».

Pero esta vez se contuvo. Respiró hondo, se centró en su propio trabajo y se mantuvo en su carril.

Cuando le tocó hablar, Nathan no intentó exaltar sus logros ni eclipsar a nadie. Simplemente compartió con sus compañeros los avances de un proyecto del que se había encargado. Y, como era de esperar, nadie cuestionó sus capacidades. A nadie le importó cómo se veía su trabajo en comparación con el de los demás. Al centrarse en su propio trabajo, Nathan pudo contribuir al equipo con confianza, sin dejar que sus inseguridades echaran a perder el momento.

Esta es la belleza de centrarse en uno mismo: el progreso no tiene nada que ver con igualar el ritmo de otra persona. Se trata de dar el siguiente paso. O como mi madre solía recordarme: «La única persona con la que deberías compararte es la persona que eras ayer».

⚙ PRÁCTICA: Reenfocar la gratitud

Las comparaciones limitan tu enfoque y hacen que te concentres en lo que no tienes. Para regresar a tu camino, cambia tu mirada hacia lo bueno que ya tienes en tu vida; siempre hay algo que agradecer. Tal vez sean unos compañeros que te apoyan, un trabajo que te apasiona, el sueldo que financia tus viajes de aventura, o las personas que te quieren de forma incondicional. Incluso podría ser algo tan simple como apreciar un café caliente en una mañana fría o el sonido del viento entre los árboles. Las investigaciones han demostrado que la gratitud aumenta la confianza en tu capacidad para alcanzar tus objetivos profesionales. [8]

Así que cada mañana completa esta frase: «Estoy agradecido por _____».

Sea lo que sea lo que te venga a la mente, deja que esa gratitud te mantenga con los pies en la Tierra. La gratitud te ayuda a evitar las comparaciones, te devuelve a tu propio camino y te recuerda que debes aceptar lo que ya es tuyo.

Menos comparación, más imitación

Cuando te mantienes en tu carril y no estás ocupado mirando de reojo a los demás, puedes correr tu propia carrera. Y a veces, si lo haces de forma intencionada, mirar el carril de otra persona puede incluso ayudarte a correr mejor.

Cada vez que ves triunfar a alguien, sobre todo si es alguien parecido a ti o alguien a quien admiras y quieres imitar, te enfrentas a una elección. Puedes dejar que ese éxito boicotee la confianza que tienes en ti mismo, resaltando todo lo que crees que te falta, o puedes utilizarlo como combustible, dejando que te motive.

Si esa persona a la que respetas lo ha conseguido, ¿por qué no lo harías tú? Las investigaciones lo respaldan: ver a personas que consideramos similares a nosotros alcanzar sus objetivos puede aumentar nuestra motivación y reforzar nuestro sentido de la actuación. [9] Esta es la razón por la que los grupos de expertos y los círculos de mentores son tan poderosos: te rodean de personas que te recuerdan todo lo que es posible conseguir.

Cuando Nathan comenzó a ver los éxitos de los demás como un modelo a seguir en lugar de una forma de criticarse, algo cambió en su interior. Cambió la pregunta «¿por qué estoy tan atrasado?» por esta otra: «¿cómo lo han conseguido y qué puedo aprender?». Esa es la magia de convertir la comparación en imitación.

Compararte con los demás puede poner de relieve todas tus carencias y minar la confianza en ti mismo. En lugar de dejar que la envidia te corroa y pensar «Nunca seré tan hábil/exitoso/rico/lo que sea como ellos», piensa: «Su éxito me demuestra lo que es posible y me motiva para mejorar a mi manera».

Aprender de los demás resulta muy valioso (y los estudios científicos demuestran que funciona), pero recuerda algo importante: tú no eres los demás. La clave es la intencionalidad. Tu camino tiene sus propios desafíos, hitos y desvíos. Los caminos ajenos pueden enseñarte, claro, pero no define lo que tú eres capaz de hacer. Cuando lo enfocas de esta manera, obtienes lo mejor de ambos mundos: el aprendizaje y la inspiración proveniente de los demás, junto con la concentración en lo que realmente es importante: el desarrollo personal siguiendo tu propio camino.

PRÁCTICA. Mantente en tu carril: prepárate, no te compares.

Cuando te comparas con los demás, es fácil que te distraigas con lo que hacen: cómo se comportan, qué cosas consiguen o cómo triunfan. Por el contrario, si te quedas en tu carril, estarás concentrado en tu propio viaje, no en el de ellos. Se trata de superarte a ti mismo en lugar de compararte con los demás. Y una de las formas más eficaces de centrarse en un objetivo es preparándose para él. Cuanto más preparado estés, menos necesitarás compararte. Esto conduce a un mayor sentido de la actuación, con el que la ansiedad que conlleva la comparación comienza a desaparecer.

Como dice el escritor, productor y director Aaron Sorkin, famoso por la serie *El ala oeste de la Casa Blanca*: «Antes de poder escribir una sola escena, necesito saber cuáles son las intenciones y los obstáculos. Ese punto de fricción (alguien quiere algo, algo se interpone en su camino para conseguirlo) es el motor del drama. Y luego, las tácticas utilizadas para superar ese obstáculo o serie de obstáculos que se interponen en su camino; eso es lo que sostiene a tu personaje».[10]

Al igual que en un relato, mantenerte en tu carril significa que sabes lo que quieres (tu intención) y anticipas lo que podría salir mal (los obstáculos). Al hacerlo, no te desvías ni te distraes con el carril de otra persona.

Así que, tanto si te estás preparando para una presentación, una entrevista, una negociación importante o cualquier situación en la que quieras rendir al máximo, la preparación es tu mejor herramienta para mantener la concentración. Esto es lo que debes hacer:

Paso 1. Anticipa los obstáculos y los «escenarios desafortunados».

Pregúntate: «¿a qué dificultades se han enfrentado otros? ¿Y a cuáles es probable que tenga que enfrentarme yo? ¿Qué podría salir mal?». Aquí podríamos encontrar el rechazo de tu familia o compañeros de trabajo, el síndrome del impostor o incluso quedarte atrapado en la procrastinación. Por ejemplo, si te preocupa mucho que una presentación salga mal, intenta imaginar que se te queda la mente en blanco, que el PowerPoint no funciona o que tu jefe no parece nada impresionado.

Paso 2. Elabora tu plan de recuperación.

Una vez que hayas identificado los obstáculos, piensa en cómo te recuperarías de ellos. Para cada escenario hipotético, piensa en una respuesta clara del tipo «Entonces haré…». Estos son tus planes de contingencia, o lo que los investigadores del comportamiento denominan «intenciones de implementación». Por ejemplo:

- «Si se me queda la mente en blanco durante la presentación, haré una pausa, respiraré hondo y consultaré mis notas».
- «Si me equivoco en la introducción, haré una broma al respecto y seguiré adelante».

Anótalos. Las investigaciones demuestran que tener estos planes «si… entonces» mejora el rendimiento porque no te ves obligado a improvisar en el momento, ya que tienes un plan preparado y listo para ejecutar. [11]

Paso 3. Visualiza.

Aquí es donde empieza lo divertido. Repasa mentalmente los desafíos que has identificado y practica tu respuesta. Imagina el momento en el que tu jefe arquea una ceja o se corta el wifi en mitad de una llamada de Zoom con tus inversores. A continuación, imagínate a ti mismo manejando la situación con calma. De esta forma, cuando te enfrentes a un problema, podrás decir: «Ya he pasado por esto antes y sé lo que tengo que hacer». Este ensayo mental (tanto del momento difícil como de la recuperación) puede ayudarte a programarlo en tu sistema nervioso para que sientas que tienes más control sobre la situación. Puede mantenerte en tu carril.

Cuando las gafas de Michael Phelps se llenaron de agua en los Juegos Olímpicos de 2008 durante la final de 200 metros mariposa, él mantuvo la calma. No dejó que el momento lo afectara porque estaba preparado. No comparó su situación con la de los competidores de los otros carriles ni dejó que la inseguridad se apoderara de él. Se mantuvo en su carril, tanto en sentido literal como figurado, confió en su entrenamiento y, como él mismo dice, «nadó a ciegas 175 metros de los 200 metros mariposa, ganó el oro y batió el récord mundial». [12]

La comparación es inevitable, pero lo importante es cómo la utilizas. Puedes dejar que te deprima, haciendo que cada éxito que se produce a tu alrededor te parezca una prueba de que te has quedado atrás. O puedes utilizarla como combustible. Si ellos lo han conseguido, ¿por qué no lo harías tú?

En el momento en que dejas de compararte con los demás, liberas energía para concentrarte en lo que realmente es importarte: tu desarrollo personal. Porque el éxito no es una carrera con una sola línea temporal o un único ritmo. Cada uno tiene una línea de salida y unos obstáculos diferentes que superar. La única carrera que debería importarte es la tuya.

Así que respira hondo, vuelve a concentrarte y recuerda: tu trabajo no es mantener el ritmo. Es seguir adelante.

12

¿Solo necesito tener más seguridad en mí mismo?

«Estar preparado» está sobrevalorado

Payam Zamani ni siquiera se había conectado nunca a Internet cuando su hermano lo llamó en 1994 con una idea que cambiaría su vida.

«Honda ni siquiera tiene página web», le dijo su hermano. «¿Y si creamos una página en la que la gente pueda buscar coches y ponerse en contacto con los concesionarios?» [1]

Zamani no tenía conocimientos tecnológicos. Tampoco tenía experiencia en crear negocios. No tenía un plan con el que llevar a cabo su idea. Pero esta tenía algo que le cautivó. Internet era todavía un territorio virgen, ¿por qué no podían explorarlo ellos? Sin dinero para un logotipo, pintó el garaje de un diseñador gráfico a cambio de que le hiciera uno. Su hermano creó el sitio web en su tiempo libre, mientras Zamani salía a la calle para venderles a los concesionarios una oportunidad que no entendían.

«No tenemos ni idea de lo que nos estás hablando», le dijeron. No creían que la gente quisiera ver coches en Internet.

Después de más de 150 rechazos, la mayoría de la gente habría tirado la toalla. Zamani no lo hizo. Al contrario; redobló sus esfuerzos. Estudió ventas, escuchó Guns N' Roses a todo volumen para motivarse y siguió presentándose a potenciales clientes. Cuando firmó finalmente con su primer concesionario, supo que si uno decía que sí, otros lo seguirían.

Cinco años más tarde, en 1999, su empresa AutoWeb salió a bolsa con una valoración de 1.200 millones de dólares. No está mal para alguien que había llegado a Estados Unidos tan solo nueve años antes como un refugiado y 75 dólares en el bolsillo.

La mentira de «estar preparado»

Ahora, supongamos que pudiera darte dos opciones sobre cómo vivir tu vida. La primera es actuar cuando te sientas seguro, motivado o cuando el momento te parezca adecuado. La segunda opción es actuar sin importar cómo te sientas, estés preparado o no.

¿Cuál elegirías?

Si eliges la opción 1, te comprometes a llevar una vida de espera, atrapado en el limbo. Cuando tienes dificultades con la actuación, esta falta de confianza en tus habilidades puede afectarte tanto que te lleve a una especie de rigidez o inflexibilidad que no llegas a comprender. Dudas. Esperas. Te dices a ti mismo que empezarás cuando lo tengas todo claro. Pero he aquí que nunca te sientes preparado, siempre es «mañana». Y mañana se convierte en la semana que viene, la semana que viene se convierte en el año que viene y, antes de que te des cuenta, te has retrasado hasta caer en el olvido.

Por otro lado, si eliges la opción 2, has elegido una receta para el progreso y el éxito. La acción, cualquier acción, genera impulso. Incluso si tropiezas, estás aprendiendo, avanzando y generando confianza en ti mismo. Al igual que las vidas de tantas personas exitosas que admiramos, como Zamani y su hermano, las personas con actuación son capaces de actuar antes de sentirse preparadas o de tenerlo todo claro.

SI PASAS A LA ACCIÓN CUANDO LO TIENES TODO CLARO

PROGRESO Y ÉXITO

TIEMPO

SI PASAS A LA ACCIÓN AHORA

PROGRESO Y ÉXITO

TIEMPO

De hecho, para muchas personas, la preocupación de no tener todo lo que se necesita para triunfar puede que ni siquiera sea el verdadero problema. ¿El verdadero culpable? La creencia (o, seamos sinceros, la excusa) de que necesitas sentirte seguro antes de poder actuar («Cuando me sienta preparado, empezaré»).

Eso es mentira. La confianza no es un requisito previo para la acción, sino el resultado de ella.[2] La confianza hay que ganársela. ¿Y cómo se gana? Pues haciendo el trabajo. Si quieres hacer algo «con confianza», tienes que empezar. Las investigaciones lo respaldan. Los pasos son sencillos, pero inevitables:

1. Actúa.
2. Desarrolla tus habilidades y mejora tus competencias.
3. Aumenta la confianza en ti mismo (¡hola, actuación!).
4. Déjate llevar por esa maravillosa ola de confianza que te has ganado.

La palabra «confianza» proviene del latín *con* ("con") y *fides* ("fe"). Por lo tanto, la confianza puede considerarse un acto de fe. Confiamos en nosotros mismos. Por tanto, esa confianza hace que sea más fácil emprender aún más acciones. Y, de repente, has creado un ciclo de crecimiento que se perpetúa a sí mismo.

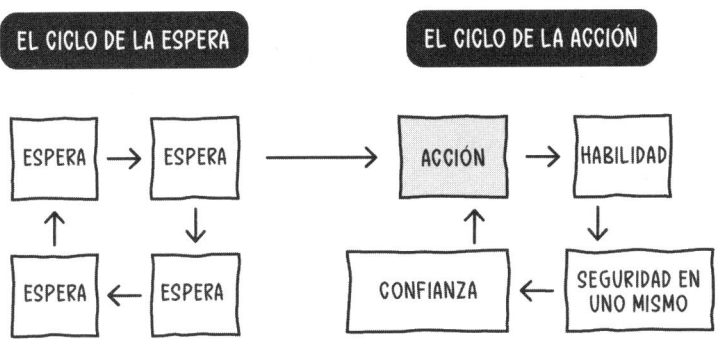

Reducir el riesgo

En su clásico libro *Drawing on the Right Side of the Brain*,[3] Betty Edwards comparte esta entrañable anécdota del profesor de arte Howard Ikemoto. «Cuando mi hija tenía unos siete años», explica, «un día me preguntó qué hacía yo en el trabajo. Le dije que trabajaba en la Universidad, que mi trabajo consistía en enseñar a dibujar. Ella me miró con incredulidad y dijo: "¿Quieres decir que se han olvidado de hacerlo?"».

Esa pregunta es muy profunda porque es cierta. En algún momento, la mayoría de nosotros olvidamos. Olvidamos cómo jugar, cómo explorar sin miedo y cómo confiar en nuestra creatividad natural. Cambiamos nuestra curiosidad infantil por la necesidad de mostrarnos competentes. Y lo que consideramos «competente» es difícil de alcanzar. Si carecemos de iniciativa, casi nunca nos sentiremos preparados.

En sus memorias, el cofundador de Pixar, Ed Catmull, escribe que «al principio, todas nuestras películas son malas...».[4] Él llama a estos primeros bocetos «feos bebés». Explica que todas las películas de Pixar, por muy buenas que sean al final, empiezan siendo un desastre total. «Necesitan cuidados, en forma de tiempo y paciencia, para poder crecer».

Esto es válido para la mayoría de las cosas en la vida. Crecer como persona lleva tiempo. Desarrollar habilidades requiere paciencia, práctica y, sí, una alta tolerancia para cometer errores que resulta muy incómoda. Sin embargo, cuando te invaden las dudas, sobre todo cuando están relacionadas con la actuación, es fácil dejar que tus «bebés feos» se marchiten porque no quieres ser un principiante. Como hemos visto en capítulos anteriores, puedes llegar a evitar los riesgos para no sentirte como un impostor, o las comparaciones pueden desanimarte hasta tal punto que no quieras ni intentarlo y, en cambio, quieras ir siempre sobre seguro. Es posible que te ciñas a las cosas que crees que haces bien y encuentres razones para frenarte en todas las áreas en las que tienes inseguridades. El problema es que, cuando evitar la incomodidad se convierte en tu actitud, acabas cerrando la puerta al desarrollo personal. Te pierdes personas, ideas y oportunidades que podrían haber ampliado tus horizontes, simplemente porque no te diste la oportunidad de intentarlo.

La falta de confianza en uno mismo que está provocada por la falta de iniciativa te mantiene estancado en la inactividad. Es como intentar conducir con un pie en el freno comprobando tu progreso y el otro pie en el acelerador mientras intentas avanzar, avanzar y avanzar. No vas a ir a ninguna parte.

A Juan Pedro, uno de los participantes en nuestro programa de desarrollo profesional en línea, le encanta pintar, o al menos solía hacerlo. Le costaba mucho volver a intentarlo. Cada vez que pensaba en coger un pincel, se quedaba bloqueado pensando en el resultado final. Ya no pintaba por pintar, sino que juzgaba su trabajo antes incluso de que existiera. Esperaba sentirse preparado, sentirse seguro, sentir que podía garantizar una obra maestra antes de empezar. Como sabéis, la creatividad y la vida no funcionan así.

Cuando Juan Pedro me contó que tenía dos hijas pequeñas, sus ojos se iluminaron. Se notaba que quería a esas niñas más que a nada en el mundo. Así que le propuse un reto: ¿y si abordara la pintura como sus hijas abordaban el juego, con curiosidad, experimentación y sin preocuparse por el resultado final? Quería que disfrutara del acto de pintar en sí mismo y que encontrara su pasión en el acto de «hacer» en lugar de hacerlo en el «resultado final». Quería que se centrara en el momento presente.

Los niños no piensan demasiado. Son maestros en el «¡probemos y veamos qué pasa!». Tienen un entusiasmo desenfrenado y no se ven limitados por «la forma correcta» de hacer las cosas. Aunque no sepan cómo, se lanzan, hacen un desastre (a veces muy grande) y lo van descubriendo sobre la marcha. Aprenden jugando, sin miedo.

Este poder del juego es la razón por la que los niños de cinco años suelen superar a la mayoría de los adultos en un ejercicio llamado «el desafío del malvavisco». En un experimento compartido por Tom Wujec, miembro de Autodesk, en su charla TED,[5] explica cómo se da a unos pequeños grupos espaguetis crudos, cinta adhesiva, cuerda y un solo malvavisco. El objetivo es construir en dieciocho minutos la estructura independiente más alta que pueda sostener todo el malvavisco en la parte superior. Los adultos tienden a dedicar la mayor parte del tiempo a establecer una jerarquía de dominio, elaborar estrategias y consultar, y luego se ponen a construir cuando solo quedan unos seis minutos. ¿Y los niños? Se lanzan directamente a la tarea. Construyen, desmontan, vuelven a construir y se ríen cuando las cosas salen mal. Y, como resultado, obtienen mejores resultados que la mayoría de los adultos.

¿Por qué? Porque para ellos todo es un juego; una serie de experimentos para ver qué funciona y qué no lo hace. Los niños de cinco años adoptan una mentalidad de «prueba y aprendizaje», no de «prueba y error». Cada estructura inestable es solo otra oportunidad para probar, ajustar y volver a intentarlo. Ven sus «bebés feos» como oportunidades para crecer.

Juan Pedro se tomó muy en serio el reto del juego. Abandonó la idea de crear obras maestras y empezó a pintar solo para divertirse. Cuanto más se centraba en el juego, menos presión sentía y más espontáneo y creativo se volvía su trabajo. Empezó a cuidar sus «bebés artísticos feos» y, al hacerlo, redescubrió la alegría de crear.

PRÁCTICA. El reto diario

El juego es una de las herramientas que menos se tienen en cuenta a la hora de mejorar el rendimiento y la mentalidad. Es cierto que estimula la creatividad, pero también reduce el estrés, aumenta la productividad y ayuda a alcanzar ese estado de flujo tan difícil de alcanzar (en el que el máximo rendimiento se consigue sin esfuerzo). [6] Además, puede fortalecer tu actuación y hacerte mejor en tu trabajo. En un estudio realizado con más de 500 científicos ganadores del Premio Nobel, los investigadores descubrieron que eran casi tres veces más propensos que el científico medio a dedicarse regularmente a aficiones creativas como pintar, tocar música o escribir. Aún más sorprendente es que eran 22 veces más propensos a ser artistas aficionados, desde actores y bailarines hasta magos. [7] Muchos de ellos atribuían a estas actividades lúdicas el mérito de ayudarles a pensar de forma diferente, detectar conexiones que otros pasan por alto y resolver mejor los problemas.

Así que aquí tienes tu experimento:

- **Reserva aunque sean diez minutos al día para una actividad creativa y lúdica en la que el resultado no importe.** Haz garabatos. Juega con arcilla. Toca la guitarra. Escribe el peor poema jamás escrito. El objetivo no es impresionar a nadie, sino recordarte a ti mismo que está bien desordenar, no ser perfecto, explorar sin presión. Te estás desensibilizando ante el «bebé feo», reprogramando tu cerebro para aceptar la experimentación y diversificando tus intereses.
- **Al final de la semana, reflexiona.** ¿Te resultó más fácil intentarlo sin juzgar? ¿Disfrutaste siendo un principiante? Si es así, sigue adelante. Si no, prueba algo nuevo. Incluye el juego en tu práctica de confianza en ti mismo.

Utiliza el juego para encontrar lo que «te encaja»

Uno de los beneficios del juego es que nos ayuda a explorar. Nos da permiso para probar cosas nuevas; sin juzgar, sin presión y sin la necesidad de conocer el resultado.

Ese espíritu de experimentación es precisamente lo que falta cuando las personas se sienten estancadas o perdidas en sus carreras profesionales. Por ejemplo, muchas personas llegan a ser increíblemente hábiles en lo que hacen, pero acaban encerrándose en una definición de éxito que empieza a parecerles pequeña, limitante y restrictiva.

Puede que tengan capacidad de acción para una tarea concreta («¿Otro informe? Fácil»), pero su capacidad de acción generalizada es débil («No estoy seguro de que haya nada más en lo que sea bueno»). Amber, por ejemplo, había trabajado como analista de negocios durante más de una década. Era excelente en su trabajo, con evaluaciones de rendimiento increíbles, y era conocida como la persona a la que se podía acudir para cualquier cosa que estuviera relacionada con los modelos financieros. Pero con el tiempo, empezó a estancarse, sintiéndose inquieta, frustrada y sin inspiración.

Algunos investigadores llaman a esto «aburrimiento crónico»:[8] sentirse aburrido todo el tiempo y poco estimulado por un trabajo que ya no resulta gratificante o que no permite el desarrollo personal. Lo irónico era que Amber ni siquiera se daba cuenta de que estaba estancada porque no se había dado la oportunidad de probar nada más. Su trabajo ya no encajaba con ella, pero era incapaz de verlo.

No siempre se sabe desde el principio cuál es el trabajo adecuado para ti, y además puede cambiar. Fayçal y yo hablamos a menudo de lo trágico que sería que alguien tuviera un talento innato y no lo descubriera porque nunca lo intentó. ¿Qué pasaría si yo tuviera un talento increíble para el *snowboard,* pero no lo descubriera porque nunca me molesté en subirme a una tabla? (Al menos descubrí que se me da bien el baile latino y que tengo habilidad para elaborar presentaciones estratégicas que influyen en los ejecutivos).

La cuestión es que no descubres en qué eres bueno sentándote a pensar en ello. Como escribe el periodista estadounidense David Epstein en su libro *Range*: «Primero actúa y luego piensa. Descubrimos las posibilidades haciendo, intentando». Puede que tengas talento para contar historias, aptitudes para el liderazgo o el potencial para ser un programador increíble, pero nunca lo sabrás a menos que lo pruebes. Tienes que probar cosas para ver dónde aprendes más rápido, dónde están tus talentos naturales y qué te da energía. Así es como se obtiene la evidencia de que tienes lo que se espera de ti.

Se trata de una parte fundamental para maximizar tus ventajas. Sin experiencia en el mundo real en la que puedas basarte, tu conocimiento sobre ti mismo será limitado. Piensa en ello como si fuera un bufé. No puedes saber cuál es tu plato favorito hasta que no los pruebas todos.

Este mismo enfoque de prueba y aprendizaje se aplica a las grandes preguntas: «¿cuál es mi pasión?» o «¿cuál es mi propósito?». La verdad es que la pasión no se encuentra, se desarrolla. Es activa, no pasiva. Es a través del acto de intentar, esforzarse, ganar impulso y dominio, que tu curiosidad, interés y pasión comienzan a crecer. La confianza también se fortalece. Y, a medida que esa confianza crece, también lo hace tu sentido de la actuación; la creencia de que puedes hacer cosas nuevas y crecer en nuevos roles.

Esta es una de las mayores ventajas que nos ofrece el espíritu lúdico: el permiso para intentarlo. Si no me hubiera dado permiso para intentarlo, nunca habría dejado el mundo corporativo. Nunca habría pisado un escenario. Nunca habría asesorado a un cliente, publicado ese primer vídeo en las redes sociales o lanzado mi propio negocio. No le habría pedido a Fayçal que se casara conmigo (sí, lo hice), no habría empezado un doctorado y, desde luego, no habría escrito este libro.

Pregúntate a ti mismo: «¿cómo puedo saber realmente cómo debo hacer algo antes de haberlo hecho?». Es como ser padre. He visto a mi hermano y a mi cuñada traer al mundo a tres preciosos hijos y las dudas nunca los detuvieron. Una amiga me dijo hace poco: «No tenemos ni idea de lo que estamos haciendo como padres». Luego hizo una pausa, sonrió y añadió: «¡Y es increíble!». ¿Por qué no aplicamos esa mentalidad al resto de nuestras vidas?

Las personas más exitosas (y felices) creen que pueden hacerlo y, si objetivamente carecen de la experiencia o las habilidades necesarias, están dispuestas a pedir ayuda, buscar recursos o probar un enfoque diferente. La vida se trata de expandirse, de asumir nuevos roles, de aprender haciendo y de convertirse en la persona que estás destinado a ser. El juego es el puente que puede ayudarte a llegar hasta allí.

PRÁCTICA. Crea una «práctica de juego» con misiones secundarias

En los videojuegos, suele haber una misión principal, que es la misión que debes completar para terminar la partida y utilizando las herramientas que ya has reunido como jugador. Sin embargo, en muchos juegos, el verdadero secreto para subir de nivel son las misiones secundarias. Estos retos opcionales te permiten explorar nuevas áreas, reunir herramientas adicionales y obtener recursos que facilitan la misión principal. Para desarrollar tu sentido de la actuación en la vida real, piensa en establecer tus propias misiones secundarias, es decir, formas de ampliar intencionadamente tus habilidades y crear un conjunto de recursos. Toma el control de tu aprendizaje creando tu propia «práctica de juego», en la que seas libre de asumir riesgos, experimentar y probar cosas nuevas. Hay cuatro pasos: elegir, jugar, reflexionar y ajustar.

Paso 1: Elige tu aventura: establece tu misión secundaria.

Elige algo que implique poco riesgo y sea algo emocionante. Podría ser un proyecto creativo, una nueva responsabilidad en el trabajo o algo que has pospuesto durante mucho tiempo («Algún día, tal vez...»).

Algunos ejemplos de misiones secundarias:

- Inventa un nuevo método de lluvia de ideas para tu equipo.
- Escribe un artículo, una publicación en LinkedIn o un blog sobre un tema que aún estás investigando.
- Apúntate a un proyecto comunitario, como ayudar en un banco de alimentos o participar en la limpieza del barrio.

Amber, una analista de negocios «aburrida» que se encontraba bloqueada en la zona de estancamiento, se fijó una misión secundaria de bajo riesgo: ofrecerse como voluntaria en el equipo de *marketing* para desarrollar un modelo financiero que sirviera para el lanzamiento de un nuevo producto. ¿Fue un gran salto? La verdad es que no, pero la empujó a entrar en un entorno nuevo y la obligó a pensar con rapidez.

Paso 2: Juega, sumérgete y experimenta.

Aquí es donde aparece la diversión (y, a veces, un poco de pánico). Sumérgete en tu misión secundaria con curiosidad y empieza a experimentar. Recuerda que no hay mucho en juego, por lo que no hay resultados correctos o incorrectos.

Amber trató su misión secundaria como una pequeña aventura. Se concentró en conocer gente nueva, aprendió cómo funcionaba un equipo diferente y absorbió todo lo que pudo sobre un mundo ajeno a sus habituales hojas de cálculo.

Paso 3: Reflexiona sobre la experiencia.

Después de la misión secundaria, tómate un minuto para mirar atrás. ¿Cómo te sentiste al empezar algo sin sentir que estabas preparado del todo? ¿Cuál era tu estado mental antes, durante y después?

Amber se sorprendió por lo llena de energía que se sentía. Aprendió algunas habilidades básicas en investigación de mercados, comportamiento del consumidor y estrategia creativa, cometió algunos errores (porque eso es parte del proceso) y descubrió que tenía un don para convertir los números en historias convincentes que el equipo de *marketing* podía utilizar en su campaña.

Paso 4: Ajusta y perfecciona.

Ahora modifica tu proceso para la siguiente misión. ¿Qué ha funcionado? ¿Qué no lo ha hecho? ¿Cuál es tu próximo experimento? A continuación, vuelve al paso 1 y vuelve a hacerlo todo con una nueva misión secundaria, pero fija una fecha.

Amber salió de su misión secundaria con una nueva perspectiva: «Esta experiencia ha cambiado por completo mi punto de vista. Sinceramente, ha hecho que el trabajo vuelva a parecerme emocionante. Incluso estoy pensando en hacer unas prácticas a corto plazo en el equipo de *marketing* y quizás me cambie allí en el futuro».

Las misiones secundarias te liberan de la presión de hacerlo bien y te ayudan a exponerte a nuevas experiencias sin necesidad de que hagas una planificación meticulosa. Amplías tus habilidades y mejoras tus herramientas, al tiempo que aprendes a aplicar lo que has aprendido en retos nuevos y desconocidos. ¿Y quién sabe? Quizás descubras un talento oculto o desarrolles una nueva pasión mientras tanto. Establece hoy mismo tu propia misión secundaria y date diez días para completarla. Sin excusas.

La acción genera capacidad de acción, y la capacidad de acción genera confianza. Así que deja de esperar la certidumbre. Deja de esperar a sentirte «preparado». Hazlo, aunque dudes de ti mismo. La única forma de llegar a donde deseas es empezar.

13

El don de la autoridad interior

La actuación aquí y ahora

La actuación no se consigue esperando. Se consigue actuando. Por un lado, puedes acallar la voz de tu impostor interno, salir de la trampa de la comparación y lanzarte a hacer lo que deseas, incluso si aún no tienes toda la confianza. Y eso es muy poderoso. Pero también hay un camino más profundo y expansivo. Aprovecha algo que ya tienes: el don de tu autoridad interior. Solo tienes que recordarlo y honrarlo.

George, un estudiante de doctorado en Berkeley, llegó tarde un día a su clase de Estadística. En la pizarra había escritos dos problemas. Pensando que eran deberes, los copió y rápidamente centró su atención en el profesor. Más tarde, cuando se sentó a resolverlos, George se dio cuenta de que no eran los típicos problemas de los libros de texto. Eran más difíciles que cualquier otro que hubiera resuelto antes. Pasaron los días. Le costó mucho esfuerzo, pero siguió adelante. Finalmente, los resolvió. Satisfecho, entregó el trabajo a su profesor, disculpándose por el retraso.

Excepto que no eran los problemas de unos deberes. Eran dos de los teoremas sin resolver más famosos de la Estadística, que habían desconcertado a los matemáticos durante años. El profesor de George se quedó atónito.

Sin embargo, George, sin saber que los problemas eran «imposibles», los resolvió. [1]

No se trata de una anécdota que me haya inventado para animaros. Esta historia es totalmente real. George Bernard Dantzig revolucionó el mundo de las matemáticas. Inventó la programación lineal, que utilizaba un nuevo enfoque matemático para resolver problemas del mundo real. Gracias a su trabajo, sectores como la logística y el transporte se volvieron mucho más eficientes. Las rutas de reparto, los horarios de las aerolíneas e incluso las cadenas de suministro se optimizaron gracias a él.

Y esta es la lección: la falta de confianza en nosotros mismos nos frena. La voz de nuestro impostor interno nos hace dudar. Las comparaciones nos hacen sentir que nos hemos quedado atrás. El miedo a no estar preparados nos mantiene estancados. Pero Dantzig, sin saberlo, esquivó todo esto. No se paró a analizar si estaba «cualificado» para resolver esos problemas. No se comparó con los grandes matemáticos que habían fracasado antes que él. Y no esperó hasta estar seguro de tener la respuesta correcta; simplemente siguió trabajando.

Esta es la esencia de la autoridad interior, que es el antídoto contra la ineficacia. Es esa confianza tranquila e inquebrantable que proviene de confiar en lo que sabes y dar lo mejor de ti, incluso cuando no sabes cómo van a salir las cosas.

Honrar tu autoridad interior

Esta es la esencia de honrar tu autoridad interior: *confía en tus propias habilidades y capacidad para aprender, aléjate de las comparaciones y las dudas, y concéntrate en lo que puedes hacer con confianza y autenticidad.*

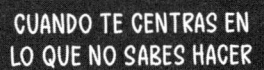

NO PUEDO...
NO SÉ QUÉ HACER

TENGO HERRAMIENTAS, EXPERIENCIA E INSTINTO A LOS QUE RECURRIR

El mundo real no te lo pone fácil para que confíes en ti mismo. Te presenta dificultades todo el tiempo que parecen estar más allá de tus capacidades. En esos momentos, es fácil mirar a tu alrededor, evaluar a los demás y asumir que ellos lo tienen todo claro. Y, cuando la comparación se apodera de ti, también lo hacen las dudas. Empiezas a preguntarte: «¿por qué debería intentarlo si voy a fracasar?».

Por supuesto, siempre habrá otros que parezcan estar mejor equipados, más cualificados, más inteligentes, más brillantes, más algo. La verdadera diferencia entre las personas que hacen las cosas difíciles y las que no las hacen no es el talento, y normalmente tampoco es la habilidad. Es la creencia. En el centro de la actuación (y de la confianza profunda que surge de ella), está la creencia en tu autoridad interior. Es la capacidad de volver a sentir una confianza inquebrantable en tus propias capacidades, incluso cuando la inseguridad está haciendo todo lo posible por sacarte de tu camino.

Como sabéis, yo misma he estado en esa situación, atrapada en un bucle de inseguridad que me hacía cuestionar mi valía (por mi baja autoestima) y poner en duda mis capacidades (debido a mi irregular capacidad para actuar). En mis primeros tres meses trabajando en el sector bancario, tras haber hecho un gran cambio desde el derecho corporativo, caí directa en esta trampa. Estaba convencida de que no encajaba allí. Un día, me senté frente a mi mentora, Mel, y dejé que mis dudas salieran a la luz: «No creo que tenga las habilidades necesarias para triunfar aquí. No domino el modelado financiero. Soy pésima con Excel. ¿Y si alguien descubre que NO PUEDO hacer esto?».

Mel sonrió. Me dejó divagar y luego me dijo algo que nunca olvidaré: «Shadé, no estás aquí por lo que NO SABES hacer. Estás aquí por lo que SÍ SABES hacer. Deja de centrarte en lo que te falta y empieza a buscar formas de sacar partido a tus puntos fuertes».

Mel no me estaba diciendo que pasara por alto aquello que necesitaba. Me estaba diciendo que dejara de obsesionarme con eso. Que redirigiera mi atención a lo que sí aportaba. Cualidades como mi entusiasmo, mi pasión por resolver los problemas, mi curiosidad y mi capacidad para aprender rápido. Esa conversación me dio las claves de mi autoridad interior: el permiso para confiar en mí misma y apoyarme en la esencia que ya estaba ahí.

Esa conversación marcó un punto de inflexión en mi vida. Impidió que me alejara del sector cuando la inseguridad me decía que saliera pitando de allí. Aguanté. Persistí. Aprendí. Desarrollé habilidades. Y, en el proceso, empecé a confiar más en mí misma. Esa es la esencia de honrar tu autoridad interior. Te permite ver más allá del estorbo de tu inseguridad y centrarte en las cualidades que ya tienes, aquí y ahora, sabiendo que no harán más que crecer.

Recordando lo que aportas

La autoridad interior no te da nuevos superpoderes. No crea habilidades, destrezas o talentos por arte de magia. Lo que hace es liberar el potencial que ya hay en ti. La realidad es que la mayoría de nosotros somos mucho más competentes, fuertes, sabios y capaces de lo que creemos. El problema es que estamos tan ocupados obsesionándonos con lo que no podemos hacer que no aprovechamos lo que sí podemos hacer.

Así es como podría ser la autoridad interior para ti:

- Entras en una reunión con inversores. Los otros fundadores tienen títulos universitarios prestigiosos, hacen presentaciones brillantes y sus discursos son impecables. Te sientes fuera de lugar. **Tu autoridad interior te recuerda:** tu poder no reside en imitar su elegancia, sino en que muestres una convicción sincera y directa. Habla con esa mentalidad.
- Estás navegando por las redes sociales y ves que el lanzamiento del producto de tu competidor está provocando un gran revuelo. Su marca parece impecable y tienen muchos seguidores. La inseguridad se apodera de ti. **Tu autoridad interior te recuerda:** tu creatividad no reside en las comparaciones. Tus ideas son audaces y tu visión es única. Mantén la concentración en lo que haces bien y en lo que diferencia a tu marca.
- Estás en una reunión. En la sala de juntas se habla con una jerga técnica que no entiendes del todo. Entras en pánico. **Tu autoridad interior te recuerda:** aplica la fortaleza de tu curiosidad. Ata cabos de formas que los demás no imaginan. No tienes que fingir que lo sabes todo. Confía en esa parte de ti que siempre ha estado dispuesta a aprender y ha tenido el valor de preguntar.

Cuando confías en tus habilidades y en tu capacidad para resolver las cosas, los contratiempos no te parecen insuperables. No te sientes angustiado por el alcance de la tarea ni paralizado por el «¿y si es demasiado difícil?». Al contrario, te centras en lo que sí es posible, y en ese espacio la inseguridad no tiene cabida.

Pero seamos realistas. La mayoría de nosotros no solemos vivir en esa zona. Lo más habitual es que dejemos que la inseguridad se apodere de nosotros, dándole vueltas a todas las razones por las que no somos lo bastante buenos. Aumenta cada defecto, cada carencia, cada inseguridad, hasta que nos convencemos de que ni siquiera deberíamos intentarlo. El desafío parece demasiado grande. Las habilidades parecen inalcanzables. Seguro que hay alguien más adecuado. Y así, sin más, nos echamos para atrás.

Cuando conectas con tu autoridad interior tus inseguridades se reducen y la confianza en ti mismo empieza a sustituirlas. El éxito de otra persona no lo sientes como una amenaza, sino como una inspiración. No ves sus logros como una prueba de que te estás quedando atrás, sino como una prueba de lo que es posible. Esa es la esencia de la autoridad interior: mantenerte anclado en tu propio camino y en tu propio progreso, y mostrarte tal y como eres.

Honrar tu autoridad interior no garantiza que todos los días sean un éxito. Algunos días son complicados. Pero te da el valor para seguir adelante de todos modos. Es lo que te permite seguir el consejo de Richard Branson: «Si alguien te ofrece una oportunidad increíble, pero no estás seguro de poder hacerlo, di que sí y luego aprende a hacerlo».[2]

Cuando honras tu autoridad interior, afirmas que «Estoy abierto a las oportunidades». Permites que tú, Dios, Jehová, Alá, el Creador, el Universo, la Gran Fuerza Cósmica, lo que sea en que creas, sepa que estás preparado. Preparado para actuar. Preparado para crecer. Preparado para afrontar lo que tenga que venir.

Puede que aún no tengas todas las respuestas, pero confías en encontrarlas por el camino.

TÓMATE UN MINUTO

Imagina lo que podrías lograr si aceptaras sin reservas la actuación y honraras tu autoridad interior hoy, esta semana y en adelante.

El tercer atributo

AUTONOMÍA

14

¿Importan mis decisiones?

La pregunta fundamental de la autonomía

Bruno, uno de mis primeros clientes de *coaching*, era una fuerza de la naturaleza. Era encantador, carismático y rápido a la hora de tomar decisiones. Sin embargo, a pesar de ser tan brillante, tenía una extraña habilidad para encontrarle defectos a todo.

En nuestra primera sesión, entró impecablemente vestido con un traje a medida y, cuando le estreché la mano para darle la bienvenida, empezó a lanzar una letanía de frustraciones: «El tráfico era horrible. Las obras en la carretera eran una pesadilla. Intenté tomar un café antes de la sesión, pero entre los retrasos y la cola interminable que había en la cafetería, tuve que saltármelo. ¡Vaya! ¿Por qué hace tanto calor aquí?».

Ni siquiera se había sentado.

Bruno era el fundador de una empresa tecnológica que se estaba expandiendo rápidamente en el sector hotelero. Se había puesto en contacto conmigo porque tenía problemas para gestionar la expansión de su empresa. Debería haber sido una etapa emocionante, pero no podía dejar de quejarse.

«Los nuevos empleados no entienden en qué consiste nuestro negocio. ¿Y mi equipo directivo? La mitad del tiempo me complican el trabajo, cuando deberían hacerme quedar bien ante los inversores». Antes de que pudiera decir nada, ya estaba con su siguiente queja.

Mientras se desahogaba, me di cuenta de que había un patrón. Todo le estaba pasando a él, y todo parecía estar fuera de su alcance.

Le interrumpí con delicadeza: «Parece que tienes mucho entre manos». Solo podía imaginar lo pesada que debía de ser su carga de frustración.

«Por supuesto que sí», respondió. «Me siento como si estuviera luchando todo el tiempo contra cosas que no puedo controlar. Es agotador. No debería ser tan difícil».

Ahora tenía toda mi atención. «¿Por qué dices que no debería ser tan difícil?», le pregunté.

Bruno soltó un profundo suspiro de exasperación. «Porque siento que todo se pone en mi contra. Es como si, hiciera lo que hiciese, siempre hubiera algo o alguien que lo estropeara todo. Simplemente creo que, después de todo este trabajo, debería ser más fácil mantener las cosas en marcha. A veces me pregunto si todo esto sirve para algo. Quizás todo sea inútil».

Podía percibir la tristeza en su voz. Bruno no solo estaba angustiado por los contratiempos que afrontaba la empresa, sino que lidiaba con algo más profundo: la duda, cada vez mayor, de que ninguno de sus esfuerzos sería suficiente. Se sentía impotente y se planteaba si realmente tenía algún control sobre su vida y su trabajo, o si se estaba dejando llevar sin más.

Por qué es importante asumir la responsabilidad

El desafío que caracteriza a la autonomía, el tercer atributo de nuestro perfil de inseguridad, es recuperar la responsabilidad de nuestras propias decisiones. En el fondo, todos deseamos tener la capacidad de controlar nuestras propias vidas.[1] Queremos sentir que tenemos voz y voto en lo que vaya a pasar. Cuando la autonomía es una debilidad, se vive en un estado de resignación.

Aunque comparte algunas similitudes con la falta de actuación (que está relacionada con dudar de tus propias capacidades), la lucha por la autonomía está relacionada con preguntarte si tus esfuerzos sirven para algo. Crees que la vida simplemente te sucede, en lugar de ser algo sobre lo que tienes influencia.

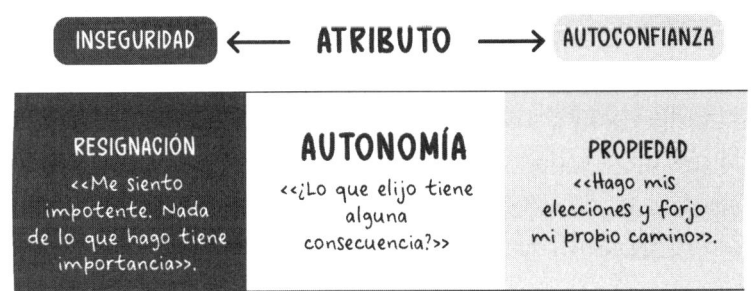

INSEGURIDAD ← ATRIBUTO → AUTOCONFIANZA

RESIGNACIÓN	AUTONOMÍA	PROPIEDAD
«Me siento impotente. Nada de lo que hago tiene importancia».	«¿Lo que elijo tiene alguna consecuencia?»	«Hago mis elecciones y forjo mi propio camino».

De nuestros encuestados, el 40 % no creía que sus acciones sirvieran de algo. Otro 20 % se mostraba indeciso, sin estar ni de acuerdo ni en desacuerdo con que tuvieran el control. Eso significa que tres de cada cinco personas dudaban o no estaban seguras de su capacidad para influir en sus propios resultados.

Si tienes problemas con la autonomía, empiezas a creer que las fuerzas externas determinan más tus éxitos que tus propias acciones. Dudas, no porque te falte el deseo o la ambición, sino porque, en el fondo, no crees que lo que tú hagas vaya a marcar ninguna diferencia. ¿Por qué hablar si eso no va a cambiar nada? ¿Por qué solicitar ese puesto si las probabilidades ya están en tu contra? Incluso si presentas unos altos niveles de aceptación o actuación, no servirán de nada si no crees que tienes el derecho o el poder para actuar. El resultado es la resignación. Cuando no confías en ti mismo o en tu capacidad para sobreponerte a las circunstancias, es más probable que renuncies a luchar, pues no querrás arriesgarte a fracasar.

Esto es lo que veía en Bruno. Tenía una mente brillante y una sólida trayectoria. Pero, como muchas personas que están bajo presión, se había quedado estancado mirando el mundo a través de una estrecha lente: todo estaba fuera de su control. El tráfico le arruinó toda la mañana, el clima era insoportable, los nuevos empleados «no le entendían» y su equipo ejecutivo seguía sin dar en el blanco. Ni siquiera sus inversores estaban «al tanto de la situación».

Y, sin embargo, ahí estaba él, dirigiendo una empresa de éxito, rodeado de un equipo que le había ayudado a levantar algo importante. Pero nada de eso le importaba.

Esto ocurre más a menudo de lo que crees. Cuando la autonomía disminuye, sobre todo en momentos de estrés, dejas de creer que tienes alguna influencia. En lugar de dar un paso adelante y asumir la responsabilidad, te quedas paralizado o te retiras del juego. Te hundes aún más en las dudas, repitiéndote historias que te mantienen estancado, viendo cómo te sucede la vida en lugar de dar un paso adelante para cambiarla. Para sobrellevarlo, es posible que recurras a tus familiares hábitos de quejarte, resentirte o darle infinitas vueltas a las cosas.

1. **El hábito de quejarse.** Desahogarse es algo que sienta bien en el momento. Es una forma de liberar tensiones, buscar la aprobación de los demás y expresar nuestras frustraciones. [2] Pero las investigaciones demuestran que, cuando te quejas, lo que haces es revivir esa experiencia negativa en tu mente, reproduciéndola una y otra vez con todo lujo de detalles. [3] Cada vez que recuerdas esa reunión horrible o ese camarero grosero, tu cerebro aporta más información que confirma lo horrible que fue.

El psicólogo Travis Bradberry advierte que «quejarse repetidamente reconfigura tu cerebro para hacer más probable que te quejes en el futuro». [4] Cuanto más lo haces, más fácil se vuelve, hasta que te conviertes en un imán de la negatividad. Y esto te hace sentir impotente respecto a tu propia vida.

Peor aún, es un mal hábito que se propaga con rapidez. La negatividad es contagiosa. Antes de que te des cuenta, habrás creado una cámara de resonancia tóxica [5] en la que la frustración reverberará entre tú y los demás, y se hará más fuerte con cada intercambio. En lugar de liberarte de esa sensación de impotencia, la harás más fuerte. Y lo irónico es que eso alejará a las personas que más podrían apoyarte, por lo que te sentirás aún más aislado.[6]

2. **El hábito del resentimiento.** El resentimiento es un combustible de acción lenta para la inseguridad. Tal vez sea un ascenso que no conseguiste o un colega al que se le premia por algo que crees que no merece. Tu mente se fija en las supuestas ventajas que tienen los demás: fueron a una universidad más prestigiosa o los contrataron porque tuvieron los contactos adecuados. Y así, sin más, te has convencido de que las cosas buenas les pasan a ellos, no a ti.

Esta mentalidad, llamada de «mejora del otro»,[7] te lleva a pensar que la vida está en tu contra. Aunque puede aplacar tu ego durante un tiempo, estás tan ocupado repitiendo lo injustas que son las cosas que olvidas que tienes el poder de cambiar algunas de ellas.[8]

Mi abuela solía decir en farsi: *Khoon-e to masmoom nakon*, es decir, «No envenenes tu sangre». Pero el resentimiento hace precisamente eso. Nubla tu mente, agota tu energía y te concentra tanto en los éxitos de los demás que pierdes de vista tus propias oportunidades.

3. **El hábito de obsesionarse.** Como vimos en el capítulo 1, tu cerebro anhela la certidumbre. Y a veces el pasado, por muy doloroso que sea, parece más seguro que lo desconocido. Así es como comienza el hábito de obsesionarse. Sacas a relucir viejas heridas. Repites viejas conversaciones en tu cabeza. Revives momentos que desearías que hubieran sido diferentes. Te convences a ti mismo de que solo lo estás «procesando», pero lo que realmente estás haciendo es practicar la impotencia.

La obsesión es un intento de encontrarle sentido a por qué las cosas no han salido como tú querías. Crea una historia:

que el juego está amañado y que, hagas lo que hagas, nada va a cambiar. Así que, en lugar de actuar, lo analizas todo en exceso. En lugar de seguir adelante, te quedas estancado en lo que ya ha sucedido.

No es que el dolor no fuera real. La traición, la oportunidad perdida, el momento que todavía te revuelve el estómago son cosas importantes y duelen. Pero, cuando te obsesionas con ellas, dejas que se vuelvan más poderosas de lo que deberían ser. Construyes tu presente, y a veces tu futuro, en torno a ellas. Poco a poco, dejas de buscar lo que podría ser diferente porque estás demasiado ocupado reviviendo lo que fue injusto. Sigues pensando: «¿Por qué siempre me pasa esto a mí?».

Cuando tu sentido de la autonomía es débil, la vida empieza a parecerte una gran conspiración en tu contra. Y tu cerebro (o, más concretamente, el guardián interno que filtra la información que recibes) desea confirmar esa creencia por todos los medios. Descarta todo aquello que la contradice y fortalece la narrativa mental de «me siento impotente».

Por supuesto, hay una gran diferencia entre tener una mentalidad de «¿por qué yo?» y vivir una situación de auténtica injusticia, una opresión generalizada o vivir en un lugar donde la autonomía es prácticamente inexistente. Quienes se sienten impotentes de verdad necesitan soluciones y apoyo reales, no simples palabras de ánimo.

Pero en el caso de las personas y situaciones en las que sí tenemos opciones (sobre dónde vivimos, para quién trabajamos, cómo respondemos a los inevitables contratiempos de la vida), las barreras suelen ser autoimpuestas.

La verdad es que no debes sentirte impotente respecto a tu propia vida. Incluso si no puedes cambiar una situación, siempre tienes el poder de cambiar cómo reaccionas ante ella y cómo configura tu futuro.

Todos tenemos un locus de control

Tanto si eres consciente de ello como si no, tienes una idea sobre cuánto controlas tu propia vida. Los investigadores de Psicología llaman a esto tu «locus de control».[9] La palabra «locus» proviene del latín *loci,* que significa "lugar" o "ubicación". En este contexto, se refiere al lugar donde se sitúa el control: dentro de uno mismo o en manos externas. El locus de control se forma con el tiempo, a partir de nuestras primeras experiencias, los mensajes que recibimos de las personas del entorno y la cultura en la que crecemos.[10]

- Cuando crees que lo que te sucede es resultado de tus decisiones, tienes un locus de control interno. Crees que tus acciones determinan tu futuro y te concentras en aquello en lo que tienes influencia, como tu esfuerzo, preparación y reacción ante los desafíos. Esta creencia refleja que tienes una relación saludable con la autonomía.
- Cuando crees que tu vida está determinada por la suerte, las circunstancias o las decisiones de otras personas, tienes un locus de control externo. Te centras en aquello en lo que no tienes ninguna influencia. Crees que la vida simplemente te sucede y, cuando las cosas van mal, crees que no puedes hacer nada.

Piensa en tus días de colegio. Si sacabas una nota excelente en un examen y pensabas «Es porque he estudiado», o si suspendías y pensabas«No me he preparado bien», estabas aprendiendo que con esfuerzo obtienes unos resultados. Pero si trabajabas duro y, aun así, te sentías ignorado por unos profesores injustos, se metían contigo los acosadores de la clase o los adultos no te apoyaban, empezaste a pensar «¿Para qué tengo que esforzarme? Las cosas no van a cambiar». De esta forma va arraigando en ti la sensación de impotencia.

Caer en un estado de impotencia no siempre es tan evidente. Puede infiltrarse en nuestra psique sin que nos demos cuenta y, a veces, es necesaria otra persona para que nos lo muestre.

El mariscal de campo Tom Brady, leyenda de la NFL, se enfrentó a esto al principio de su carrera deportiva. En su segundo año jugando al fútbol americano universitario con los Michigan Wolverines, Brady se quedó sentado en el banquillo. Apenas jugaba y se sentía ignorado. «Me quejaba constantemente», admitió, [11] pensando sin cesar en lo injusto que le parecía y que otros tenían más tiempo de juego, más oportunidades, más atención.

Su entrenador acabó llamándole la atención: «Brady, deja de preocuparte por lo que hacen los demás jugadores del equipo. Lo único que tienes que hacer es preocuparte por lo que hace el titular, lo que hace el segundo jugador en la tabla de posiciones y lo que hacen todos los demás».

Siguiendo el consejo de su entrenador, Brady comenzó a trabajar con Greg Harden, el psicólogo deportivo de Michigan. Durante su primera sesión, Brady se desahogó: «Nunca tendré una oportunidad en este equipo. Solo me dan dos repeticiones». Con esas «dos repeticiones» se refería a las pocas oportunidades que tenía para jugar: tan solo dos jugadas durante los entrenamientos con el equipo. Su mente lo había atrapado en una narrativa de injusticia.

Harden le dio a Brady un consejo que marcaría su carrera. «Simplemente ve ahí, concéntrate en las dos repeticiones que tienes y hazlas lo más perfectas que puedas».

Brady se dio cuenta de que, aunque no podía controlar el número de repeticiones que le asignaban, sí podía controlar cómo las realizaba. Y eso fue precisamente lo que hizo. En lugar de centrarse en lo que hacían los demás miembros del equipo o en lo «injusto» que le parecía, se centró en lo que podía controlar. Puso todo su entusiasmo y energía en esas dos oportunidades. Con el tiempo, las dos repeticiones se convirtieron en cuatro, y luego en diez. Brady dijo: «Con esta nueva mentalidad que Greg me inculcó (centrarme en lo que puedo controlar, centrarme en lo que tengo, no en lo que tienen los demás, tratar cada repetición como si fuera el Super Bowl), acabé me convirtiéndome en el titular».

Esto lo llevó a convertirse en uno de los mejores mariscales de campo de todos los tiempos. [12] ¿Qué había cambiado? No fueron las repeticiones, ni la política del equipo. Fue que su locus de control había cambiado hacia dentro. Dejó de dedicar energía a lo que no podía cambiar y asumió plenamente la responsabilidad de lo que sí podía.

Sí, existen barreras reales en el mundo, como la clase social, el género, la raza, la salud, la capacidad o la discriminación. La autonomía no significa que tengamos que fingir que no existen. Pero en casi todas las situaciones hay algo que puedes controlar, y quizás lo más importante sea cómo te sientes contigo mismo. ¿Te están venciendo las dudas? ¿Estás atrapado en la idea de que tus decisiones y acciones no sirven para nada?

No necesitas tener un gran plan ni hacer grandes avances para empezar a cambiar tu sentido del control. De hecho, suele empezar con algo pequeño, como el lenguaje que utilizas para describir tu situación. Las palabras que pronuncias, ya sea en voz alta o en tu cabeza, determinan cómo te ves a ti mismo y lo que crees que es posible. Una mentalidad de baja autonomía suele sonar así: «tengo que» o «no puedo». Estas frases refuerzan silenciosamente la idea de que no tienes elección, de que la vida simplemente te sucede.

Reemplaza esas frases por «elijo», «quiero» o «estoy comprometido con». Los estudios demuestran que los cambios sutiles en el lenguaje pueden aumentar la motivación y restaurar tu sentido del control. [13]

«Tengo que levantarme temprano» se convierte en «Elijo hacerlo». «Tengo que terminar este trabajo antes de las cinco de la tarde» se convierte en «Me comprometo a terminarlo antes de las cinco de la tarde». Incluso en los momentos difíciles, existe la posibilidad de elegir. Por ejemplo, si estás de duelo y no estás preparado para levantarte de la cama, «No puedo levantarme de la cama» se convierte en «Elijo descansar». Este hábito de utilizar un lenguaje intencionado te ayuda a asumir la responsabilidad de tus acciones.

La promesa de asumir la responsabilidad

En el hecho de asumir la responsabilidad de tu comportamiento comienza tu poder. Cambia el enfoque de lo que no es controlable a lo que sí lo es.

En lugar de malgastar tu energía en las intrigas de la oficina, las crisis del mercado, las heridas que te han infligido o las malas decisiones de otras personas, centras tu energía en aquello sobre lo que sí tienes influencia: tus acciones, tu mentalidad, tus elecciones y los siguientes pasos que vayas a dar. Como escribió Viktor Frankl, que soportó unas dificultades inimaginables en los campos de concentración durante la Segunda Guerra

Mundial: «Cuando ya no somos capaces de cambiar una situación..., nos vemos obligados a cambiarnos a nosotros mismos».[14]

Las investigaciones demuestran que las personas que se centran en lo que pueden controlar padecen menos estrés, se mantienen más motivadas y rinden mejor;[15] no porque la vida les resulte más fácil, sino porque dejan de librar batallas que no pueden ganar. Utilizan su energía donde realmente es importante.

Una de las ventajas más poderosas de la autonomía es que, si algo no funciona en tu vida, no te quedas sentado con tu frustración, quejándote o sumido en las dudas, sino que haces algo al respecto. ¿Y cuando no puedes cambiar la situación? Cambias tu forma de relacionarte con ella.

Cuando sabes que siempre tienes una opción, te sientes poderoso. Sientes que tienes más control sobre tu propia vida. Y, cuando tienes eso, se convierte en un poderoso amortiguador contra la inseguridad y un elemento clave para desarrollar la confianza profunda. Así es como recuperas tu poder.

PRÁCTICA. Evalúa cómo se manifiesta la autonomía en tu vida

Cuando comprendes el papel que desempeña la autonomía en tu perfil de inseguridad, empiezas a ver a qué has estado cediendo tu poder, ya sea personas, circunstancias o historias que te has contado sobre ti mismo. Pero también empiezas a darte cuenta de que sigues teniendo la posibilidad de elegir. Con esta conciencia, puedes dar pequeños pasos en la buena dirección.

Revisa tu puntuación en «autonomía» en el diagnóstico del perfil de inseguridad. ¿Cuál era?

Puntuación de «autonomía»:_____ Zona: _____

(Para la zona, escribe «alerta roja», «obstáculo», «regular», «fuerza oculta» o «superpoder»).

Tómate un tiempo para reflexionar sobre las siguientes preguntas. Quizás te interese anotar las respuestas en un diario:

¿Cuáles son tus debilidades en torno a la búsqueda de autonomía

- Piensa en tu infancia: ¿cuánta libertad tenías para tomar decisiones? ¿Sentías que tus elecciones eran importantes u otros tomaban las decisiones por ti? ¿Cómo ha influido esto en tu forma de abordar el control y la responsabilidad actualmente?

- ¿Cómo se manifiesta la inseguridad cuando te sientes impotente? ¿Culpas a las circunstancias externas por ponerte obstáculos? ¿Te encuentras atrapado en el resentimiento, la evitación o la espera de las condiciones perfectas para actuar?

- ¿Cuándo fue la última vez que recuperaste el control en una situación incierta? ¿Cómo te ayudó centrarte en lo influenciable para salir de la impotencia y dar un paso adelante?

- ¿Cómo cambiaría tu vida si estuvieras convencido de que tienes influencia sobre tus resultados, incluso cuando las fuerzas externas no son las ideales? ¿Qué dejarías de posponer? ¿Qué empezarías a crear?

Cuando la autonomía parece inalcanzable, ¿en qué fuerza puedes apoyarte?

- Si te sientes atrapado en la impotencia, recurre a la **aceptación**. ¿Qué creencia limitante sobre ti mismo podría estar impidiendo que confiaras en tu capacidad para hacer cambios? ¿Cómo podría ayudarte la autoaceptación a liberarte de eso?

- Si estás esperando el momento «adecuado» para actuar, recurre a la **actuación**. ¿Qué habilidades, experiencia o cualidades personales puedes aprovechar ahora mismo para pasar a la acción y recordarte a ti mismo que el progreso viene del movimiento, no de la espera?

- Si emociones como la frustración o el desánimo están nublando tu capacidad para actuar, recurre a la **adaptabilidad**. ¿Qué estrategia de regulación emocional podría ayudarte a despejar tu mente y concentrarte en lo que puedes controlar en este momento?

En las páginas siguientes, analizaremos cómo reduce tu mundo el desgaste de la autonomía, manteniéndote atrapado en una «maceta» demasiado pequeña, demasiado segura y, en última instancia, demasiado limitante. Veremos que, cuando la vida te presenta dificultades (y lo hará), tener un sentido interno del control puede proporcionarte una nueva y poderosa forma de capear el temporal. Luego, en el capítulo 17, daremos un paso atrás y presentaremos una fuerza más grande que cambia la perspectiva; algo que aumenta la sensación de que tienes posibilidades y te ayuda a reconectar con tu capacidad para influir en lo que esté por llegar. Es un cambio que refuerza tu autonomía y te ayuda a sentar las bases para la confianza profunda (el conocimiento profundo y arraigado de que tienes influencia sobre tu futuro).

15

¿Por qué la vida no puede ser más fácil?

Elige tu nivel de «dificultad»

A los 39 años, tras 23 años como profesora de ciencias en un instituto, Sonya tuvo la necesidad de hacer algo nuevo. La planificación urbana y el diseño sostenible siempre le habían atraído, dado que le gustaba mucho el tema del urbanismo que hacía los barrios más habitables. Llevaba muchos años soñando despierta con cambiar de carrera. Pero, cada vez que pensaba en dar el paso, se topaba con un muro de dudas y miedos.

Su rutina diaria era predecible: despertarse, dar clase, volver a casa y repetir lo mismo al día siguiente. Era segura, familiar, cómoda. La idea de cambiar de carrera le aterrorizaba, porque significaba adentrarse en lo desconocido y alejarse de algo que había tardado muchos años en construir. En parte la frenaba la sensación de que dejar la enseñanza supondría, de alguna manera, «desperdiciar» todo el tiempo y el esfuerzo que había invertido. Se trataba de la falacia del coste irrecuperable en plena acción, que se produce cuando las inversiones pasadas dictan las decisiones para el futuro, incluso cuando ya no te sirven de nada. Pero para Sonya también había algo más profundo que la mantenía atrapada en la comodidad: la creencia de que no sería capaz de gestionar la incertidumbre que conlle-vaba el cambio.

Y aquí está la ironía. Su zona de confort no era tan cómoda. Estaba llena de resentimiento. Sonya se sorprendía a sí misma quejándose de su trabajo, culpando al sistema educativo por sen-tirse tan estancada o envidiando a los colegas que parecían satis-fechos. Esto la mantenía atada a su zona de confort, donde le resultaba más fácil quedarse que enfrentarse a la incómoda ver-dad de que cambiar era su responsabilidad. Y, seamos sinceros, no le hacía ningún favor a sus alumnos quedándose en el aula mientras por dentro bullía de resentimiento, pues era incapaz de transmitirles el entusiasmo y la energía que merecían.

La zona de confort de Sonya no solo afectaba a su vida labo-ral. Se mantenía fiel a los mismos círculos sociales y evitaba las nuevas experiencias. La idea de conocer gente nueva en el mundo del urbanismo o de probar suerte asistiendo a eventos del sector le sobrepasaban. Sin embargo, cada vez que se echaba atrás, sus du-das se acentuaban, lo que le hacía sentir aún menos capaz de diri-gir su vida.

El alto precio de la comodidad

Preferimos la comodidad al desarrollo personal porque, como tantas otras cosas, nuestro cerebro está programado para ser de este modo. Todos tenemos una zona de seguridad psicológica y emocional desde la que minimizamos el riesgo y el estrés. [1] Esta nos empuja hacia lo «fácil» en lugar de lo «difícil», hacia lo «fa-miliar» en lugar de lo «desconocido». Es nuestra zona de confort. En ella nos sentimos seguros. Protegidos.

Tu zona de confort puede parecerte parecida a aferrarte a la seguridad de una rutina familiar. Es evitar nuevos desafíos, como encargarte de un proyecto importante, porque te angustia aprender nuevas habilidades o trabajar con personas desconocidas.

Es elegir una maratón de series en Netflix en lugar de tener esa conversación difícil con tu pareja, o quedarte en un trabajo que te ha quedado pequeño porque lo desconocido te da más miedo que la insatisfacción en la que estás atrapado.

Sea cual sea tu zona de confort, ten en cuenta que pagas un alto precio por ella.

Si no desarrollas estrategias para tolerar el dolor y la incomodidad que acompañan a las nuevas experiencias, limitas tu capacidad para vivir con plenitud. Si eres un escritor que teme el rechazo, nunca mostrarás tu trabajo y te perderás la alegría de conectar con los lectores. Si eres un directivo pero no eres capaz de tomar decisiones difíciles, nunca pondrás a prueba tu capacidad para liderar a otras personas.

Lo peor de tu zona de confort es que te silencia. Sonya tenía grandes sueños. Pero mientras permaneció estancada, esos sueños siguieron siendo solo eso: sueños.

La inseguridad y la zona de confort son cómplices. Te convencen de que actuar no cambiará nada, así que ni siquiera te molestas en intentarlo. Pero si no aceptas la incomodidad, no crecerás como persona y nunca sabrás de lo que eres realmente capaz.

Permanecer en la seguridad de la zona de confort puede tener un efecto secundario inesperado: el aburrimiento. Pero no se trata de un aburrimiento del tipo «Estoy aburrido, así que voy a mirar Instagram», sino de algo más profundo. Es esa sensación de hastío que te hace creer que nada de lo que podrías hacer merece la pena. El sociólogo Corey Keyes introdujo el concepto de «languidez» como un estado emocional situado entre la depresión y el bienestar, cuando no te encuentras mal mentalmente, pero tampoco sientes satisfacción, energía o propósito. La idea se hizo viral cuando Adam Grant habló de ella en un artículo del *New York Times* en 2021: «Hay un nombre para ese sentimiento de apatía que estás experimentando: "languidez"».[2]

Cuando crees que no tienes ningún control sobre los resultados de tu vida, caes en la mentalidad de «¿para qué molestarse?», que es propia de la languidez.

Sonya estaba sumida en esa mentalidad. Cuando le pregunté qué creía que era lo más importante para estar motivado, respondió lo mismo que la mayoría de la gente: «Supongo que tener un propósito, saber cuál es tu "porqué" y tener unos objetivos claros». Excepto que la ciencia no está de acuerdo con eso.

Sí, tú puedes... hacer lo difícil

De todos los factores que se relacionan con la motivación, el más poderoso es sentir, simplemente, que estás progresando.[3] Reflexionemos al respecto. El progreso mantiene altos nuestros niveles de motivación, no el propósito, porque el progreso te da una sensación de control. Es la consecuencia directa de tus acciones. Puedes verlo. Puedes seguirlo. Puedes sentirlo. Y esa sensación de control es lo que te ayuda a reforzar un sentido del propósito. Cuando nos quedamos estancados en nuestra zona de confort, el progreso se detiene en seco. En lugar de actuar, empiezas a obsesionarte con los factores externos, te convences a ti mismo de que todo está fuera de tu control y nada va a cambiar.

Cuando la inseguridad nos hace sentir estancados, es tentador que evitemos enfrentarnos a situaciones difíciles. Pero esta evitación es un mecanismo de defensa que refuerza los ciclos de inactividad.

Si me lo permites, hay una lección que podemos aprender de los bisontes y las vacas. Aunque estos animales están muy relacionados entre sí, sus formas de afrontar las tormentas (las reales) son diferentes.[4] Se sabe que las vacas se apiñan unas con otras y se alejan de la tormenta. Los bisontes, en cambio, han sido observados haciendo algo contrario a lo que dicta el sentido común. Se enfrentan a la tormenta. Cuando las vacas caminan en la dirección del viento de la tormenta, acaban recibiendo más lluvia. Los bisontes, al dirigirse hacia la tormenta, suelen salir de ella más rápidamente.

Aunque prefieras verte a ti mismo como un simpático perro labrador o una ágil gacela, esta imagen de vacas y bisontes es la mejor metáfora de cómo afrontamos la incomodidad los seres humanos.

Es más fácil quejarse del problema que buscar una solución. Es más fácil resentirse con las personas que parecen tenerlo todo más sencillo, o culpar al universo por tratarnos mal, que asumir nuestra responsabilidad. Es más fácil aferrarse a la comodidad de lo que conocemos que arriesgarnos a fracasar en algo nuevo. Evitas actuar, por lo que no ves resultados. No ves resultados, así que empiezas a creer que eres incapaz de cambiar nada. Y, antes de que te des cuenta, te has convencido a ti mismo de que la vida está en tu contra.

Algo que me hubiera gustado saber hace mucho tiempo sobre las creencias es la siguiente afirmación: «Tú eliges tu dificultad». Es clave para progresar y recuperar el control. Una publicación de Reddit de 2021 mostraba esta idea a la perfección:

El matrimonio es difícil. El divorcio es difícil. Elige tu dificultad.

Estar endeudado es difícil. Ser disciplinado con las finanzas es difícil. Elige tu dificultad.

Comunicarse es difícil. No comunicarse es difícil. Elige tu dificultad.

La vida nunca será fácil, pero podemos elegir nuestra dificultad.

Elige sabiamente. [5]

Aunque, por un lado, el mensaje simplifica mucho las cosas y carece de matices, por otro lado transmite la idea de que lo «difícil» suele ser inevitable. Sin embargo, el tipo de «dificultad» a la que te enfrentas depende, en cierta medida, de ti mismo.

Hacer algo puede ser «difícil». Pero no hacer nada también puede ser «difícil». Es una cuestión de perspectiva.

Como dice James Clear en *Atomic Habits* «cada acción que realizas es un voto a favor del tipo de persona en la que quieres convertirte».[6] Las pequeñas acciones que llevas a cabo te ayudan a «demostrarte» a ti mismo que tienes influencia sobre tus propios resultados. Y esto refuerza tu autonomía.

Para Sonya, empezar desde cero sería «difícil». Tendría que compaginar el trabajo con los nuevos estudios, crear una red de contactos en un nuevo sector, asumir riesgos financieros y luchar contra esa voz interior que le susurraría: «¿Quién te crees que eres para hacer este cambio?».

Pero quedarse estancada también sería difícil.

Una noche, mientras se sentaba a corregir otra pila de exámenes y su rotulador rojo se quedaba sin tinta, lo vio todo claro. Ambos caminos eran difíciles, pero uno ofrecía desarrollo personal y emoción, mientras que el otro prometía más de lo mismo, lo que sería aún más difícil de soportar con el paso del tiempo.

De hecho, lo «más fácil» a menudo conlleva un coste mayor más adelante. Llámalo el «impuesto de la zona de confort». Te convences a ti mismo de que debes seguir con lo que te resulta familiar y lo llamas «ser práctico». En realidad, no estás evitando lo «difícil»; tan solo estás eligiendo una versión que te mantiene pequeño. Es más fácil, al menos, a corto plazo. Sin embargo, la mentalidad de vaca acaba por alcanzarte y tienes que enfrentarte a lo peor de la tormenta. Pero no tiene por qué ser así.

La mentalidad del bisonte se enfrenta a la tormenta. Es el momento en el que renuncias a ir sobre seguro y apuestas por ti.

Eso es lo que acabó haciendo Sonya. Se matriculó en un máster en línea sobre diseño sostenible y asistió a clases nocturnas. Cuatro años más tarde, se graduó y consiguió un puesto en una empresa de planificación urbana que se centraba en la sustentabilidad. ¿Cómo consiguió el valor para hacerlo? Sacó fuerzas del resto de sus atributos. Se apoyó en la aceptación, sabiendo que se merecía un camino más satisfactorio, y recurrió a su actuación, confiando en que podía aprender nuevas habilidades y afrontar el reto. Dar esos primeros pasos le permitió recuperar su autonomía y tomar las riendas de su vida. «Si me hubiera quedado en el mundo de la enseñanza, sería muy infeliz y, probablemente, también estaría muy amargada», me dijo. «En el fondo, habría sabido que me estaba conformando con menos porque iba a ser lo más fácil. He encontrado una fuerza que ni siquiera sabía que tenía».

Para ser claros, la enseñanza no era «menos». Simplemente no era lo adecuado para ella. Otra persona podría dejar la planificación urbana para convertirse en profesor, y ese sería su salto hacia la satisfacción personal.

No se trata de carreras profesionales. Se trata de elecciones. La verdadera victoria es tener el valor de desafiarte a ti mismo y perseguir lo que te hace sentir vivo. Tu versión de «más» es solo tuya, y encontrarla significa que seas lo bastante valiente como para dejar atrás la comodidad y caminar hacia lo que realmente es importante para ti. También significa que debes crear tu propia suerte.

PRÁCTICA. El replanteamiento de los costes

Cuando dudas sobre algo, tu cerebro se centra en la incomodidad que le supone actuar a corto plazo, así como en la incertidumbre, el esfuerzo o la posibilidad de fracasar,[7] y pasa por alto el coste que conlleva no hacer nada a largo plazo. Esto se denomina «descuento temporal», y significa que preferimos la comodidad del presente a las ganancias futuras. A continuación te explicamos cómo puedes cambiar este guion mental cuando te encuentras en plena evitación:

En primer lugar, sé consciente de que estás dudando; por ejemplo, cuando estás mirando fijamente la solicitud a ese puesto de trabajo, la bolsa del gimnasio, la cita señalada en el calendario que quieres evitar...

A continuación, replantéate la situación preguntándote:

- «¿Qué gano si hago esto ahora?».
- «¿Cuánto me costará si ahora lo evito?».
- «¿Cuánto me costará dentro de seis meses? ¿Y dentro de doce meses?».

Por último, haz cualquier cosa. Aunque sea un pequeño paso. Envía la solicitud. Ponte las zapatillas de deporte. Programa la llamada. Cuando te enfocas en por qué es importante (el coste de no hacerlo), eliminas el sesgo que tiene tu cerebro y creas un camino hacia la acción.

Crea tu propia suerte

Salir de tu zona de confort no significa que te vuelvas inmune al dolor. Significa que aprendes a manejarlo mejor. No garantiza que todo vaya a salir bien, sino que estás más dispuesto a exponerte a lo desconocido y a superar tus actuales límites. Es el valor de intentarlo a pesar de las dudas y estar dispuesto a aceptar la frustración que siempre aparece cuando haces algo nuevo o impredecible. Con el tiempo, este hábito de elegir lo «difícil» te enseña a confiar en tus propias decisiones.[8]

Cuando aceptas que no puedes controlarlo todo, curiosamente, se gana más control. Empiezas a confiar en que serás capaz de manejar cualquier cosa que se te presente, incluso aquellas cosas que no habías planeado. Y esa es una forma poderosa de sentirse.

Por supuesto, juega el azar su papel en la vida de todas las personas. Un estudio publicado en 2023 reveló que el 60 % de los directivos tuvieron un momento decisivo en su carrera que estuvo marcado por la casualidad: estar en el lugar adecuado (o inadecuado) en el momento adecuado (o inadecuado). [9]

Pero la autonomía te da una ventaja. Aumenta tus probabilidades de experimentar el tipo adecuado de suerte u oportunidad, el tipo que te hace avanzar. El empresario tecnológico Jason Roberts lo llama tu «superficie de suerte». [10] Cuanto más te muestres, hables, asumas riesgos y te expongas, más oportunidades crearás para que la suerte te encuentre. Piensa en ello como ganarte la buena suerte. No te la dan, sino que ella te encuentra porque sigues apareciendo. Te has hecho visible. Te has hecho descubrible para las oportunidades.

Así es como el galardonado guionista y director Christopher Nolan aborda el cine. Tiene fama de ser «afortunado» con el tiempo meteorológico. Respecto al rodaje de películas como *Origen*, *Dunkerque* u *Oppenheimer*, dice: «Eso es completamente falso. Tengo muy mala suerte con el tiempo. Pero tomé la decisión desde el principio de que, con independencia del tiempo que hiciera, yo rodaría. Simplemente rodamos, tanto si llueve a cántaros como si hace sol. Y de ahí pueden surgir cosas preciosas». [11]

Hay una escena emblemática en *Oppenheimer* en la que el equipo estaba filmando una recreación de la primera prueba de una detonación nuclear. Lo que «realmente dio vida a la secuencia», dice Nolan, es que «esta tormenta llega con un dramatismo tremendo». [12] Esa tormenta no estaba prevista, pero hizo que la secuencia fuera inolvidable.

Nolan no esperó a que se produjera la magia cinematográfica. Él apareció de todos modos. Esta es la primera parte de crear tu propia suerte: tienes que estar presente constantemente, sin tener la certeza de cómo saldrán las cosas. Eso amplía tu superficie de suerte.

Pero hay una segunda parte importante. Nolan no aprovechó al máximo esa tormenta por casualidad. Estaba preparado para ello. Y lo estaba porque había practicado el hábito de estar presente, una y otra vez, a pesar de las incomodidades y la incertidumbre. No graba en condiciones impredecibles porque sea glamuroso. Lo hace porque es así como él y su equipo se han entrenado. Han desarrollado la capacidad de soportar las incomodidades de forma pequeña y constante, exponiéndose a condiciones meteorológicas impredecibles en un plató de rodaje, de modo que cuando surge una oportunidad, están preparados.

Tú también puedes hacerlo a tu manera, apoyándote en tu autonomía. Empieza por exponerte a pequeñas dosis de «dificultad»; esas fricciones cotidianas que te hacen mejorar, te entrenan y expanden poco a poco tus límites. Porque, si no buscas ni siquiera pequeñas dosis de «dificultad», no creces. Si siempre levantas los mismos 60 kg en el gimnasio, tus músculos no se volverán más fuertes. Si solo practicas una escala en la armónica, no mejorarás. Si evitas los proyectos difíciles, las conversaciones complicadas o los territorios desconocidos, tu confianza se quedará estancada. ¿Y si evitas por completo las situaciones incómodas? Reduces tu superficie de suerte.

Cada vez que decides hacer algo «difícil», incómodo o inconveniente, te estás enviando una señal a ti mismo: «Confío en mí mismo para actuar, incluso cuando es difícil». Cada pequeña decisión se convierte en una prueba: «Esto era difícil, pero decidí hacerlo de todos modos. Tengo el control».

Siente la incomodidad, acéptala y refuerza tu autonomía. Así es como creas tu propia suerte y te quitas las espinas de la inseguridad.

PRÁCTICA. Sé un bisonte: toma microdosis de dificultad

La mejor manera de mejorar en las cosas difíciles es seguir haciendo cosas difíciles. Pero no todas a la vez. El hecho de hacerlo de forma repetida acaba reconfigurando tus vías neuronales [13]. Creas una nueva base de referencia con la que te recuperas y adaptas más rápido de lo que nunca habías creído posible. Se llama «desensibilización sistemática». [14] La clave es empezar con la dosis más pequeña y manejable de lo «difícil»: una microdosis. Aquí tienes cinco pasos que te ayudarán a microdosificar lo difícil y a reeducar la relación que tu cerebro tiene con la incomodidad, como un bisonte en una tormenta.

Paso 1. Identifica lo que es difícil para ti.

¿Qué es lo que has estado evitando porque te resulta demasiado incómodo, intimidante o angustioso? ¿Iniciar conversaciones? ¿Presentar tu idea? ¿Publicar tu trabajo en Internet? ¿Hablar delante de otras personas? Escríbelo.

Paso 2. Desglósalo.

Reduce la tarea a la versión más pequeña y menos amenazante posible. Estas son tus microdosis. Si lo que te resulta «difícil» es empezar conversaciones, tal vez tu primera microdosis sea establecer contacto visual y sonreír. Si se trata de hablar en público, tal vez sea compartir una nota de voz con un amigo. Si estás aumentando tu visibilidad en Internet, tal vez sea comentar una publicación al día. Cuanto más pequeño, mejor. Tu objetivo es que los primeros pasos sean tan fáciles que no puedas decir que no.

Paso 3. Planifica la dosis.

Elige tu ritmo. ¿Diariamente? ¿Quizás tres veces por semana? Sé constante. Recuerda, los bisontes no corren a toda velocidad durante las tormentas, sino que las afrontan paso a paso.

Paso 4. Haz un seguimiento del cambio.

Anota cómo te sentías antes, durante y después de cada micro-dosis. Al final de cada semana, dedica un tiempo a reflexionar sobre tus experiencias. Estás creando pruebas. Cada experiencia «difícil» refuerza la idea de que puedes soportar más de lo que crees.

Paso 5. Aumenta la dosis cuando estés listo.

Cuando una microdosis ya no sea un reto para ti, sube el listón. Saluda y haz una pregunta. Publica tu trabajo y pide a la gente que te dé su opinión. Aumentar gradualmente la incomodidad también te garantiza que estás aumentando tu nivel de tolerancia de una manera gradual.

El objetivo no es eliminar por completo la incomodidad, sino desarrollar tu capacidad para manejarla. Estás aumentando tu zona de confort y, al mismo tiempo, ampliando tu superficie de suerte. Estás entrando en nuevos espacios, conociendo gente nueva, compartiendo nuevas ideas, ampliando tus habilidades. Y, con cada paso, estás dándole a la suerte más oportunidades de llegar. Antes de que te des cuenta, tendrás más confianza, un mayor sentido de la autonomía y perderás menos tiempo evitando las cosas que antes te asustaban.

Esto es la confianza profunda en acción. No es la ausencia de miedo, sino la decisión de que seguirás adelante de todos modos porque confías en tu capacidad para manejar cualquier cosa que se presente. Puedes hacer cosas difíciles.

Cuando decides ir a por retos que te empujan más allá de tus límites, que te obligan a adaptarte y evolucionar, te demuestras a ti mismo de lo que eres capaz. Así que sé como un bisonte:

enfréntate a la tormenta, concéntrate en lo que puedes contro-lar y escoge lo difícil. Actúa y observa lo que sucede cuando dejas de evitar y empiezas a adueñarte de tu autonomía.

16

¿Por qué me está pasando esto?

De adolescente, Fayçal era una fuerza de la naturaleza. Como triatleta que competía a nivel regional, se levantaba todos los días laborables a las 4.30 de la mañana para entrenar antes de ir al colegio. Después de clase, echaba una mano en la pequeña papelería y quiosco de su familia, atendiendo a los clientes, reponiendo estanterías y limpiando después del horario comercial, así como los fines de semana. En el terreno académico, estaba igual de motivado y consiguió una plaza en una de las mejores universidades de Australia. Con la intención de hacer algo positivo por los demás, se tomó un año sabático de la Universidad para hacer voluntariado en la remota isla de Pohnpei, en Micronesia. A los diecinueve años, se creía invencible. Pero, a los pocos meses, contrajo una infección por estafilococos que casi le costó la vida. Los médicos que le trataron, que aunque tenían buenas intenciones no tenían experiencia en eso, le recetaron antibióticos de amplio espectro durante varios meses. Estos destruyeron su microbioma intestinal. Perdió diez kilos y todo el pelo, y con ello, una parte de su identidad.

Esto marcó el comienzo de una batalla de casi treinta años contra una misteriosa enfermedad que ningún médico podía diagnosticar. Fatigado de forma crónica, con constantes problemas gastrointestinales y frecuentes episodios de confusión mental, los días malos le sobrepasaban.

«Ahí estaba yo», dice. «Había sido un atleta de élite y un chico trabajador, y ahora ni siquiera podía confiar en mí mismo. Tenía todas las razones para dudar de mí mismo y de lo que era capaz de hacer. Una semana estaba bien y la siguiente no podía levantarme de la cama. Y como los médicos no sabían decirme qué problema tenía, empecé a dudar de todo: de mi resistencia, de mi fuerza, incluso de si había algo mal en mi cuerpo o si todo estaba en mi cabeza».

Fayçal había pasado toda su vida creyendo que si trabajaba lo suficiente, podría controlar su futuro. Pero ¿qué ocurre cuando esa idea se hace añicos, cuando la vida no sale como habías planeado, por muy disciplinado que seas? La cruda realidad es que no puedes elegir las cartas que te tocan. No puedes elegir en qué punto vas a empezar, qué obstáculos se te presentarán o cuándo te noqueará la vida. Las dificultades no hacen discriminaciones.

Quizás creciste en una familia que no creía en ti. O, justo cuando estabas cogiendo impulso, sufriste un contratiempo enorme. Quizás la traición, la enfermedad, la pérdida o el fracaso te hicieron dudar de todo y te encontraste preguntándote:

«¿Por qué me está pasando esto?».

«¿Por qué tengo que esforzarme cuando los demás parecen tenerlo tan fácil?».

«¿Por qué las cosas no pueden salirme bien?».

La adversidad también puede ser implacable. En 2012 un trágico accidente de moto se cobró la vida del hermano pequeño de Fayçal. Tras varios meses lidiando con la herencia de su hermano y apoyando a sus padres con su dolor, Fayçal dedicó toda su energía a fundar junto con unos socios una *start-up* de electrónica de consumo que Apple y Porsche pusieron en su punto de mira. Pero entonces sus socios, que eran personas a las que siempre había considerado sus hermanos mayores, lo dejaron en la estacada y tuvo que empezar de cero. Como recuerda Fayçal: «La traición fue muy dolorosa, y volver a empezar sin nada fue una de las mayores batallas que he librado en mi vida, y todo ello mientras seguía lidiando con mi delicada salud. El estrés me provocó brotes de la enfermedad. Habría sido muy fácil caer en el papel de víctima y preguntarme: «¿Por qué yo? ¿Por qué me persigue la mala suerte? ¿Por qué no puedo tener un respiro?».

Con su ira, dolor y mala salud, Fayçal podría haber creído la mentira de que nada de lo que hiciera valdría la pena. Podría haber escuchado a esa voz interior que le decía que no tenía ningún poder para cambiar sus circunstancias. Podría haber dejado que esos momentos inexplicables acabaran con su determinación o convirtieran su corazón en una piedra. Pero eligió un camino más positivo y encontró fuerza en el mismo caos.

Como dijo Fayçal, hacerse la víctima «No habría cambiado en nada mi situación. Tuve que recordarme que la respuesta a la pregunta "¿por qué yo?" es en realidad "¿por qué no yo?"».

Convertirse en mejor persona

Los psicólogos denominan «crecimiento postraumático» al enfoque que Fayçal adoptó ante los retos que marcaron su vida. Se trata de los cambios psicológicos positivos que pueden surgir tras experimentar un trauma. Los estudios demuestran que alrededor del 53 % de las personas que sufren un trauma encuentran formas de hacerse más fuertes gracias a él. [1]

A nivel práctico, estas elecciones tienen que ver con cómo afrontamos los momentos «en los que lo difícil nos elige a nosotros». Pero, a un nivel más profundo, tienen que ver con quiénes nos convertimos durante el proceso. El asesor de escritores y guionistas Robert McKee escribe en su libro *Story*: «El verdadero carácter se revela en las decisiones que toma un ser humano...». Cuanto mayor es la presión, más profunda es la revelación y más fiel es la elección a la naturaleza del personaje». [2]

Los árboles de un bosque son la prueba de que la fuerza proviene de luchar. Los árboles jóvenes crecen en dirección al sol, convirtiendo su luz en energía para desarrollarse. Pero cuando la luz solar es constante y directa, cuando prosperar es demasiado fácil, los árboles crecen rápido, pero son débiles. Su madera es blanda y vulnerable a las enfermedades, el moho y la descomposición. El ingeniero forestal Peter Wohlleben, en *The Secret Wisdom of Nature*, explica que los árboles que crecen a la sombra, debido a que compiten por cada rayo de sol, desarrollan una madera más densa y resistente. ¿Por qué? Porque la resistencia genera resiliencia. «Desarrollar troncos poderosos», escribe, «precisa una gran cantidad de energía». [3] Requiere una ardua lucha.

Esto también se aplica a los seres humanos. Si las cosas te resultan demasiado fáciles, no desarrollas la resiliencia necesaria para enfrentarte a los problemas de verdad. Las dificultades, las incomodidades y el esfuerzo te moldean. Te hacen una persona capaz. Te dan la fortaleza mental necesaria para tomar las riendas de tu vida. Al igual que los árboles que compiten por la luz se hacen más fuertes, tú te haces más fuerte lidiando con fuerzas contrarias y perseverando ante los contratiempos.

La historia de Fayçal es testimonio de ello. En lo que respecta a su salud, comprendía sus limitaciones, pero se negaba a que estas le impidieran tener una vida plena. Por el contrario, se hizo una pregunta sencilla pero poderosa: «¿Cómo puedo sacar el máximo partido de lo que tengo?».

Cuando miramos de frente a nuestras limitaciones, ocurre algo increíble: nos volvemos más creativos. En 2019 se realizó una revisión de 145 estudios que trataron el papel de las limitaciones en la innovación, revelando que cuando las opciones son limitadas estamos obligados a pensar más, adaptarnos más rápido e innovar de forma más inteligente. [4] De hecho, se nos ocurren más y mejores soluciones.

Las limitaciones no tienen por qué ser negativas; pueden empujarnos a sacar lo mejor de nosotros mismos. Esta mentalidad es la que ha dirigido a Fayçal durante las tres últimas décadas, a pesar de que, según él mismo dice, «la mayor parte del tiempo me sentía fatal». Sin embargo, siempre se ha centrado en lo que puede controlar, con la inquebrantable convicción de que siempre hay una solución. Se pregunta todo el tiempo: «¿qué medidas podría tomar?», seguido de «¿qué medidas voy a tomar?».

Cuando fue víctima de un fraude y lo perdió todo, en lugar de sucumbir a la derrota, regresó a Australia y se hizo socio de un empresario que venía de un sector completamente nuevo para él: el de la energía solar, que se estaba expandiendo rápidamente. En solo seis meses, hizo crecer el negocio nueve veces más. En 2017, tan solo unos meses después, Fayçal y yo nos conocimos. Juntos, hemos creado no solo un proyecto de vida, sino también varios negocios que están ayudando a personas de todo el mundo.

PRÁCTICA. Haz listas de «podría» y «lo haré».

Cuando seas consciente de que te estás enfocando en lo injusto que te parece algo o en lo mal que te sientes, aprovecha la ocasión para hacer un cambio. Sustituye «¿por qué a mí?» por «¿y ahora qué?» para cambiar lo que pase a continuación. Aunque te sientas agotado o no tengas las ideas claras, interrumpe cualquier señal de culpa o frustración dando pequeños pasos hacia la autonomía.

Paso 1. Empieza con una lista de «podría...».

Piensa en todos los pasos posibles que podrías dar, por insignificantes que parezcan.

Paso 2. A continuación, crea tu lista de «lo haré».

Revisa tu lista, marca con un círculo las acciones que puedes controlar y comprométete a llevarlas a cabo.

Por ejemplo, si pierdes tu trabajo de forma inesperada, tu lista de «podría» debería incluir que te pongas en contacto con un mentor, conciertes entrevistas informales, actualices tu perfil de LinkedIn o busques eventos a los que asistir. A partir de aquí, tus acciones «lo haré» podrían consistir en enviar un correo electrónico a un mentor hoy mismo y actualizar tu perfil de LinkedIn antes de que termine la semana. Así es como recuperas el control, creando pequeños momentos de autonomía que pueden repetirse. Incluso en tiempos difíciles, puedes elegir seguir adelante. Y, con el tiempo, esto puede convertirse en un hábito, porque cada pequeña acción refuerza la creencia de que tienes influencia sobre lo que te suceda en el futuro.

La historia que te cuentas sobre tus «dificultades»

Las cosas difíciles que nos suceden, los errores que cometemos y las tragedias que nos rodean son reales y, a veces, devastadoras. Pero, como hemos visto, la historia que nos contamos a nosotros mismos para dar sentido a estas experiencias difíciles puede hacer más grande nuestro dolor, nuestros miedos y nuestras dudas. O puede ayudarnos a seguir adelante.

Cómo hablas de las cosas difíciles es más importante de lo que crees. Refleja lo que se denomina tu «estilo explicativo» [5] o la historia que te cuentas a ti mismo sobre lo que acaba de suceder y por qué. [6] Hay dos tipos. El estilo pesimista es aquel con el que explicas los reveses como algo personal y generalizado. No solo experimentas cosas difíciles, sino que estas se convierten en parte de tu identidad. Por otro lado, el estilo optimista consiste en explicar los reveses como algo temporal y específico. Crea una separación: ese momento fue difícil, pero no me define. Y esta separación te ayuda a afrontar la realidad sin dejar que dicte tu futuro. [7] Pregúntale a Peter Best.

A los diecinueve años, era el baterista de un pequeño grupo que tenía grandes sueños. Durante dos años, ensayó, actuó y planeó un futuro con ellos. Entonces, justo cuando el grupo estaba despegando, lo sustituyeron sin previo aviso, sin darle explicación alguna. Simplemente... tuvo que irse. ¿Y el tipo que ocupó su lugar? Un joven baterista llamado Ringo. Ese grupo eran los Beatles.

Luego ocurrió algo terrible. Peter cayó en la ira y la depresión, e incluso intentó suicidarse. Un día estaba viviendo su sueño y al día siguiente repartía pan mientras sus antiguos compañeros del grupo se convertían en estrellas de la música.

Pero Peter Best no dejó que ese momento lo definiera para siempre. Hoy cuenta una historia diferente. «Soy feliz. No tengo ninguna queja. He disfrutado de la vida. No cambiaría nada», reflexiona. [8] Finalmente dejó el mundo del espectáculo, trabajó en la administración pública e hizo las paces con la fama que podría haber alcanzado. Lleva más de cincuenta años felizmente casado, tiene dos hijas y varios nietos a los que adora, y se considera una persona feliz.

Sabe que su vida habría sido totalmente diferente si se hubiera quedado en el grupo. Así que, en lugar de eso, eligió darle un sentido: «Todas las cosas que me han pasado, buenas y malas, felices y tristes, me han convertido en lo que soy hoy en día».

Seamos o no conscientes de ello, reescribimos las historias que nos definen todo el tiempo: quiénes somos, qué nos ha pasado y qué significado tiene todo eso. Este proceso es lo que el profesor de psicología Dan McAdams denomina «identidad narrativa»; un concepto que lleva estudiando más de cuarenta años.

Cuando la autonomía es baja, esas historias se convierten en lo que McAdams describe como un «arco de contaminación»: «Lo tenía todo y me quedé sin nada». Se trata de una trama sin fuerza, donde el sufrimiento se convierte en la prueba de que no hay nada que salga bien.

Sin embargo, cuando desarrollas la autonomía, tus historias personales cambian. Empiezas a contar con «arcos de redención», es decir, narrativas en las que las luchas tienen sentido y dan paso a la fortaleza.

En 2024 se realizó una revisión de dieciséis estudios que reveló que el poder transformador de nuestras historias no proviene de cambiar los hechos. [9] Lo hecho, hecho está, y no se puede reescribir la historia. El poder proviene de cambiar el significado que le das a esos hechos. Tú decides cómo da forma el pasado a tu futuro.

Los padres argelinos de Fayçal tienen una historia que podría haberse convertido fácilmente en una historia de resentimiento, pérdida y decepción. Hubiera sido comprensible que hubieran enmarcado su viaje como una pérdida de oportunidades. Su padre, un ingeniero que había sido pionero en el sector del petróleo y el gas, y su madre, una profesora de francés altamente cualificada en los Emiratos Árabes Unidos, se vieron obligados a dejar atrás sus carreras cuando emigraron a Australia en busca de una vida mejor para sus hijos. Tan solo se reconoció una parte de sus titulaciones. Y, además, existía la barrera del idioma. En lugar de trabajar en sus campos profesionales, se arriesgaron a abrir un pequeño negocio los siete días a la semana, sin experiencia previa y en una comunidad que no era precisamente acogedora con los inmigrantes.

Sin embargo, no se contaron una historia de pérdida. La reescribieron como una historia que tenía un propósito. Su padre, que en su día se había dedicado sin descanso a sus estudios para escapar de la pobreza y las dificultades de su infancia, aplicó la misma mentalidad a esta nueva etapa: «cuando tomas una decisión, vas a por ella. Sin mirar atrás».

Poco a poco, invitaron a personas de todos los orígenes a formar parte de sus vidas. Hicieron amigos. Incluso cuando se enfrentaron al racismo y a la hostilidad, lo afrontaron con fuerza y compasión.

Reescribieron su propia historia en tiempo real, pasando de una narrativa marcada por la pérdida a otra de amor y resiliencia. Esto es lo que Fayçal llevaba consigo cuando se enfrentó a los problemas que cambiarían su vida. Las personas más sobresalientes con las que hemos trabajado sabían que esto puede darles un gran poder. Lejos de negar su dolor, han aprendido a utilizarlo. Han convertido la lucha en fuerza, y así convertirse en versiones mejoradas y más sabias de sí mismos. Como bien expresan los escritos bahá'ís: «Cuanto más se ara y se cava la tierra, más fértil se vuelve. Cuanto más se podan las ramas de un árbol, más alto y fuerte crece. Cuanto más se pone el oro al fuego, más puro se vuelve. Cuanto más se afila el acero al pulirlo, mejor corta». [10]

La identidad narrativa te recuerda que, con independencia de dónde comiences o de lo impotente que te sientas, siempre puedes reescribir tu historia. [11]

Cada obstáculo al que te enfrentas es una de dos cosas: una razón para crecer o una razón para rendirte.

La elección siempre es tuya.

PRÁCTICA. Reescribe tu historia

Esta práctica se basa en unos principios que te ayudarán a ganar lucidez, exteriorizar el alcance de tus retos y remodelar tu historia para convertirla en una historia de fortaleza y crecimiento. [12] Cuando te enfrentas así a tus dificultades, recuperas la sensación de que controlas tu vida. Y ese control te da la fuerza necesaria para influir en un futuro que esté impulsado por la intención y el propósito.

Paso 1. Comparte tu historia actual.

Piensa en un momento doloroso pero decisivo de tu vida; algo que haya dado forma a tu sentido de la identidad. Puede haber sido algo importante, como perder a un ser querido, enfrentarte a un desastre natural, quedarte estancado en un trabajo que odiabas, ser traicionado, cometer un grave error o enamorarte de la persona equivocada. O puede haber sido algo más pequeño, pero igual de impactante, como escoger una carrera universitaria solo para complacer a tus padres, rechazar una buena oportunidad o quedarte en una empresa con un ambiente de trabajo tóxico. Pon el temporizador cinco minutos y escríbelo todo como se lo describirías a otra persona. Si escribir te resulta demasiado formal, grábalo como una nota de voz.

¿Recuerdas a Bruno, el director ejecutivo que conociste en el capítulo 14 y que estaba atrapado en la culpa y la queja constantes? Cuando Bruno estuvo listo, hicimos este ejercicio durante una de nuestras sesiones. Él no escogió un momento concreto, sino el hilo conductor de su infancia. Me dijo lo siguiente:

> Nadie creyó en mí mientras me hacía mayor. Mi hermana era la hija «favorita» y a mí siempre me dejaban de lado. Mis padres nunca me apoyaron y, como siempre me sentí diferente, creía que debía demostrar mi valía constantemente. La vida me resultaba muy difícil y todavía me lo parece. Por eso ahora estoy tan motivado: tengo la imperiosa necesidad de hacer algo con mi vida.

Si revivir ese momento decisivo aún te resulta doloroso o angustioso, tómate un poco más de tiempo antes de pasar al paso 2. Prueba hacer esto: durante cuatro días seguidos, dedica seis minutos al día a escribir sobre la misma experiencia. Déjalo salir todo; cada pensamiento, cada sentimiento y cada reacción espontánea, con el mayor detalle posible. No te preocupes por la gramática o la estructura; incluso puedes escribir exactamente lo mismo cada día. Más de doscientos estudios confirman que este tipo de escritura puede ayudarte a procesar la experiencia y aliviar el estrés emocional. Puede que te resulte intenso, pero no pasa nada. Después de los cuatro días, date al menos un mes de tiempo para que las cosas se calmen antes de ir al paso 2.

Paso 2. Externaliza tu historia.

Tu historia no te define; es solo algo que te ha sucedido. Puedes desligarte de ella, y esta separación te permite retocar o editar esa historia. No estás negando la realidad, simplemente estás decidiendo qué significado quieres sacar de la experiencia. Pregúntate:

- ¿Cuál es la historia que preferiría contar?
- ¿Cómo preferiría verme a mí mismo manejando esa situación?

El gran avance de Bruno se produjo en su siguiente sesión. Reflexionando sobre la historia que preferiría contarse a sí mismo y cómo prefiere verse afrontando la situación, Bruno me dijo:

Siempre me he sentido como un extraño, pero eso no es lo que soy. Esas primeras experiencias no definen mi identidad; tan solo son cosas que he vivido. Ya no soy ese niño. La historia que quiero contar es que me enfrenté a situaciones difíciles, pero crecí gracias a ellas. Hice que valieran la pena. Esos retos tenían un propósito y me han hecho más fuerte. Me enseñaron a confiar en mí mismo.

Paso 3. Reescribe tu historia.

Reflexión 1: ¿Quién eras antes?
Piensa en quién eras antes de ese momento decisivo.

- ¿Cuáles eran tus valores, creencias e identidad en ese momento?
- ¿Cómo te veías a ti mismo y tu lugar en el mundo?

Para Bruno, esto era algo muy duro:

No tenía un lugar en el mundo. Tenía que esforzarme por todo. Era muy difícil. De niño no tenía ningún poder, así que creo que mi tendencia a quejarme de las cosas era una estrategia de defensa que había aprendido. Había tantas cosas que escapaban de mi control que quejándome sentía que tenía un poco más. Me daba una sensación de liberación.

Reflexión 2. ¿Quién eres ahora?

Piensa en qué tipo de persona te convertiste después de esa experiencia, es decir, quién eres ahora.

- ¿Cómo influyó esa experiencia en tu identidad y en quién eres hoy en día?
- ¿Qué recursos internos te ayudó a desarrollar?
- ¿Qué lecciones importantes aprendiste y cómo han influido estas en tu forma de afrontar la vida y los retos futuros?
- ¿Cómo te ves ahora?

Utiliza un lenguaje que refleje tu percepción, como «esta experiencia me enseñó que», «he aprendido», «la razón por la que», «me llamó la atención que», «ahora me doy cuenta de que».

Bruno reformuló su experiencia de esta manera:

Esa experiencia me enseñó que soy más fuerte de lo que creía. Mientras crecía, sentía que todo era más difícil para mí, pero esas dificultades me obligaron a ser resiliente e ingenioso. He aprendido a afrontar la adversidad y salir fortalecido de ella. Me he dado cuenta de que esos momentos difíciles demostraban que yo podía aguantar la bofetada y seguir adelante, y no que estuviera desamparado en el mundo. Sí, la vida puede ser cruel, pero me he demostrado a mí mismo que puedo soportarla. Ya no me veo como un perdedor. Ahora confío en mí mismo. Sé que puedo resolver pase lo que pase.

Bruno no necesitaba que el mundo cambiara, sino cambiar la forma en que se veía a sí mismo dentro de él. Y este proceso de exteriorizar y reescribir su historia le ayudó a conseguirlo. Con este cambio, Bruno pudo reconocer que no tenía que cargar con todo el peso él solo. Contrató a un *coach* para que le ayudara a mantenerse enfocado, reestructuró su equipo ejecutivo y se centró en aquello en lo que podía influir.

Aunque no se puede reescribir la historia, sí se puede reescribir su significado. Lo que te cuentas sobre ti mismo puede mantenerte atrapado en los mismos patrones de siempre o darte la libertad de avanzar. Debes dejar atrás una identidad que ya no te sirve y aceptar esa versión más fuerte y sabia que ha sobrevivido. Así es como recuperas tu autonomía personal y desarrollas la confianza profunda.

La vida te planteará retos. La pregunta es: ¿dejarás que estos te definan o serás tú quien lo haga?

17

El don de la esperanza

La autonomía aquí y ahora

En un mundo en el que hay tantas cosas que escapan de nuestro control, recuperar tu autonomía comienza por aceptar lo que no puedes controlar, sin olvidar que siempre hay algo que puedes hacer. Por un lado, puedes centrarte en aquello en lo que tienes influencia, desarrollar tu capacidad para soportar la incomodidad y reescribir las historias que te mantienen atado a tu sufrimiento. Pero, por otro lado, también hay un camino más profundo hacia la confianza profunda: «la esperanza» Es una convicción interior y una sensación de que las cosas pueden ser diferentes.

Cuando repaso las encuestas de nuestras investigaciones, las notas de los clientes y las transcripciones de las entrevistas, encuentro algo que destaca sobre lo demás. Las personas que siguieron adelante, a pesar de los contratiempos y las «cosas difíciles», no siempre eran las más inteligentes, las más talentosas o las más hábiles. Lo único que parecía diferenciarlas realmente era una cosa: creían que había una salida. Tenían algo más profundo que la confianza: tenían esperanza.

Lo vi una y otra vez en sus palabras:

«No sé cómo, pero sé que encontraré la manera de salir de esto».

«Siempre se puede llamar a otra puerta».

«Solo tengo que averiguar cuál es el siguiente paso y luego el siguiente».

Charles R. Snyder, difunto profesor de psicología clínica de la Universidad de Kansas, dedicó toda su carrera a estudiar la esperanza. Llegó a definirla como un estado cognitivo que sustenta la vida; una forma de pensar. Utilizó esta hermosa analogía para explicarlo: «Un arcoíris es un prisma que envía fragmentos de luz multicolor en varias direcciones. Ilumina nuestro espíritu y nos hace pensar en lo que es posible. La esperanza es lo mismo: un arcoíris personal de la mente».[1]

En otras palabras, la esperanza es saber que el futuro que deseas es posible, aunque aún no sepas cómo llegar hasta él. Es el combustible que te impulsa a seguir adelante, la luz que te ayuda a navegar en la oscuridad.

Honrar la esperanza

Esta es la esencia de la esperanza:
pon tu atención en lo que puedes controlar
y da los pasos necesarios hacia delante,
impulsado por una fuerte creencia en tu capacidad
para dar forma a un futuro mejor.

Cuando la vida te patea, el rechazo te duele, la enfermedad se cierne sobre ti o la pérdida te deja sin aliento, la esperanza es lo que te impide ahogarte en la inseguridad. Te ayuda a acabar con la ilusión de que puedes controlarlo absolutamente todo y te recuerda que no eres la fuerza más poderosa del universo. Que incluso en los peores momentos, la historia no ha terminado.

En el caso de muchas personas, la fe puede ayudarles a tener esperanza o un propósito que dé sentido a los desafíos que la vida les pone delante. La esperanza se convierte en una historia, el arco de un arcoíris, que nos ayuda a reconciliarnos con el pasado, a hacernos responsables del presente y a encontrar la fuerza necesaria para avanzar hacia un futuro mejor.

La esperanza es creer en el aprendizaje antes que en los lamentos

La esperanza no elimina el dolor. No hace que las dificultades desaparezcan. Lo que hace es transformarlas. Toma la lucha y la convierte en combustible. En lugar de rendirse a la desesperación, Anthony Ray Hinton, que pasó treinta años en el corredor de la muerte por un crimen que no había cometido, se aferró a la esperanza. Leyó, entabló amistades y creyó que la justicia llegaría algún día. Finalmente, se le revocó la condena y ahora lucha por la reforma de la justicia penal.[2] La Dra. Tererai Trent, que nació en una zona rural de Zimbabue y se vio privada de educación, aprendió a leer por su cuenta, emigró a Estados Unidos y se sacó un doctorado. Hoy en día, trabaja para ampliar el acceso a la educación de las niñas en África.[3]

En lugar de pensar «¿por qué me ha pasado esto a mí?», la esperanza les ayudó a preguntarse «¿qué puedo hacer con esto?». Ese es el poder de la esperanza. Convierte el dolor en un propósito. Convierte los contratiempos, los fracasos y las dificultades en sabiduría.

Como dice la investigadora y autora Brené Brown: «Algún día contarás tu historia sobre cómo superaste lo que estás afrontando ahora, y formará parte de la guía de supervivencia de otra persona».[4] Sé que hay momentos difíciles en mi vida de los que todavía no estoy preparada para hablar, pero se hicieron más llevaderos cuando me di cuenta de que podría escribir y hablar sobre ellos en el futuro para ayudar a otras personas. Sé que ese día llegará. Y sé que lo mismo te sucederá a ti.

La esperanza es creer en tu presente y en tu futuro

La esperanza no solo reescribe aquello que te ha sucedido en el pasado, sino que también te ancla en el presente. La esperanza elimina tus inseguridades al concentrar tu mente en acciones, decisiones y soluciones, en lugar de darle vueltas a lo que está fuera de tu control. La esperanza también significa que no vives en el arrepentimiento, sino en la realidad.

Si un camino sigue siendo importante para ti, escógelo ahora mismo. Si ya no es lo que quieres, déjalo ir. En cualquier caso, deja de estar parado en la encrucijada. Toma una decisión. Sigue adelante.

Lo importante no es la magnitud de la acción, ni ser imprudente o dejarse llevar por quimeras. Lo importante es actuar.

Deja que la esperanza te dé fe en lo que es posible y la convicción de que puedes tomar las riendas de tu vida.

Créeme: los beneficios de confiar en ti mismo y tomar medidas con decisión se acumulan más rápido de lo que crees. Cuando haces las paces con tu pasado y te haces responsable de tu presente, se produce algo poderoso: el futuro deja de parecer algo que te sucede y comienza a parecer algo que estás construyendo. Empiezas a confiar en que tus decisiones son importantes. Que el cambio es posible.

Actuar en tu propio nombre requiere autonomía. Y la autonomía depende de la esperanza. Cuando decides actuar, ningún revés es definitivo, ningún sufrimiento es en vano y ningún futuro está ya establecido.

¿Y si la esperanza fuera más simple de lo que pensamos? Así es como podría ser:

- **Para el pasado:** recuérdate a ti mismo que nada se desperdicia, ni siquiera los momentos que desearías que hubieran sido diferentes. Tus experiencias te han moldeado, fortalecido y preparado para más cosas de las que crees. Permítete creer que lo bueno puede llegar tras lo difícil. Has superado todos y cada uno de tus momentos más difíciles.
- **Para el presente:** busca una pequeña cosa sobre la que puedas influir ahora mismo. Puede ser una conversación, una elección, un pequeño acto de valentía. A cada paso que das, sobre todo cuando el camino no está muy claro, haces una declaración: «Sigo aquí. Sigo construyendo». No hace falta ver todo el cielo para saber que va a aparecer el arcoíris. Solo hay que seguir caminando hacia la luz que sí puede verse.
- **Para el futuro:** mantén la esperanza de que las cosas pueden mejorar. No porque esté garantizado, sino porque tu próximo paso sigue siendo importante y tú eres quien lo va a dar.

Sean cuales sean tus objetivos, lo que quieras cambiar o mejorar en tu vida, tanto si quieres superar tus inseguridades como, simplemente, encontrar más alegría, tienes que aceptar tu autonomía.

Cada vez que te mueves en la vida en lugar de dejar que la vida te mueva, accedes a la confianza profunda, donde dejas atrás las inseguridades y te haces dueño de la vida que estás creando. Y la esperanza es el catalizador que te ayuda a hacerlo.

TÓMATE UN MINUTO

Imagina lo que podrías lograr si abrazaras plenamente la autonomía, canalizaras la esperanza y tomaras la decisión de avanzar hoy, esta semana y más adelante.

El cuarto atributo

ADAPTABILIDAD

18

¿Puedo controlar mis emociones?

La pregunta fundamental sobre la adaptabilidad

Mira, una profesional independiente de 38 años que se dedicaba a la comunicación, estaba un día en una cena con clientes; de esas en las que técnicamente estás «fuera del horario», pero donde sigues promocionándote discretamente para conseguir futuros trabajos. A mitad de la cena, uno de los altos ejecutivos hizo un comentario sutil sobre que los profesionales independientes eran «afortunados por tener trabajo en estos tiempos». Mientras lo decía, señaló hacia ella.

«Sentí un nudo en el estómago», me contaría más tarde. «Se me calentó la cara, el corazón se me aceleró y tuve, al menos, tres respuestas sarcásticas preparadas».

Pero en lugar de responder con rudeza o cerrarse en banda, Mira respiró hondo, se recordó a sí misma el panorama general y simplemente sonrió. «Tienes razón, es un sector competitivo. Por suerte, me encantan los retos». Después, reflexionó: «Sentí de todo: rabia, enfado, actitud defensiva, vergüenza, pero no dejé que eso se apoderara de la conversación».

Mira terminó la cena con toda la calma, siguió mostrándose participativa e, incluso, consiguió una reunión de seguimiento con otro ejecutivo que había en la mesa. No pasó por alto sus emociones. Fue consciente de ellas, pero no dejó que tomaran el control.

Eso es lo que la adaptabilidad hace por ti. Mira fue capaz de dejar a un lado sus inseguridades y mantener los pies en la Tierra, incluso ante el desdén. Le ayudó a responder con compostura en lugar de reaccionar. Y valió la pena.

¿Recuerdas que al principio del libro analizamos la diferencia entre la «buena» inseguridad (aquella que aumenta tu concentración, fomenta la exploración y te empuja a crecer como persona) y la «mala» inseguridad (aquella que te paraliza, te hace sentir inferior y te mantiene estancado)?

La emoción es el único factor que diferencia estas dos experiencias.

Piénsalo. Cada momento de duda que has vivido ha estado cargado de algún tipo de sentimiento. Pueden ser los nervios que sientes en el estómago antes de una entrevista de trabajo, el aumento de tu ritmo cardíaco cuando estás a punto de decir algo importante o la opresión que sientes en el pecho cuando te mueves por LinkedIn y de repente te sientes atrasado, inferior, insuficiente.

No es la duda en sí misma lo que define tu experiencia, sino cómo te sientes respecto a ella. Y, lo que es más importante, lo bien que puedes mantener los pies en la Tierra en medio de esa emoción. Y eso es una elección.

Por qué es importante el anclaje

INSEGURIDAD	⟵ ATRIBUTO ⟶	AUTOCONFIANZA

ANGUSTIA	ADAPTABILIDAD	ANCLAJE
«Esto es demasiado para mí».	«¿Puedo lidiar con mis emociones?»	«Confío en mi capacidad para controlar mis emociones».

La búsqueda de anclaje es el desafío que caracteriza a la adaptabilidad, el cuarto atributo. En el contexto de la confianza profunda y el perfil de inseguridad, la adaptabilidad refleja la capacidad que tienes para regular tus emociones y mantener la estabilidad de tu estado interno, sobre todo durante los momentos y experiencias que resultan desafiantes.

Cuando la adaptabilidad es débil, la inseguridad parece un maremoto: te arrastra hacia abajo, hace que te tomes cada contratiempo como algo personal y te angustian los desafíos. En lugar de superar tus emociones, te quedas atrapado en ellas. Cuando bregas con la adaptabilidad, no cuestionas tu valor (eso es aceptación), tus habilidades (eso es adaptabilidad) o la influencia que tienes sobre la situación (eso es autonomía). Una baja adaptabilidad te está diciendo: «No puedo manejar cómo me siento sin venirme abajo».

Y, cuando las emociones toman el control, te vuelves reactivo. Te enfadas, te retraes y empiezas a darle vueltas a todo. Todo se vuelve urgente. Parece que no puedes manejar nada a tu propio ritmo.

Si esto te suena familiar, no estás solo. Nuestras investigaciones demuestran que el 52 % de las personas se encuentran en las zonas de «alerta roja» u «obstáculo» en cuanto al atributo de la adaptabilidad, lo que significa que más de la mitad tienen dificultades para mantener la calma cuando las cosas se tuercen. Otro 17 % se encuentra en la zona «regular», gestionando sus emociones en ocasiones, pero no de forma habitual. [1]

En la primera sección del libro, «La mente insegura», hemos tratado el propósito evolutivo de las emociones y cómo nuestros perfiles de inseguridad y las historias que nos contamos sobre nosotros mismos favorecen o dificultan que podamos utilizarlas a nuestro favor.

Las emociones tienen un papel fundamental. Nos mantienen vivos. Nos alertan de posibles peligros, nos preparan para la acción y nos ayudan a lidiar con las complejidades propias del ser humano. Pero, en el mundo actual, esas mismas emociones pueden llevarnos a preocuparnos sin motivo o a volvernos tan inseguros que acabemos en una crisis existencial. Como dice el psicólogo Daniel Goleman en su libro *Working with Emotional Intelligence:* «Las emociones descontroladas pueden volver estúpidas a las personas inteligentes».[2]

Las emociones que están asociadas a la inseguridad pueden traer consigo toda una serie de sentimientos: vergüenza, ansiedad, estrés, miedo, resentimiento, decepción y más, dependiendo del atributo con el que más estés lidiando en ese momento. Todas estas emociones están relacionadas con la forma como percibes las amenazas. Y estos estados emocionales no solo reflejan tus inseguridades, sino que también las hacen más grandes. Cada uno estimula al siguiente, metiéndote en un círculo vicioso de dudas y emociones que no te dejan avanzar.

CÍRCULO VICIOSO DE DUDAS Y EMOCIONES

Piensa en cuántas veces te has visto atrapado en ese bucle, en el que tus inseguridades desencadenan emociones intensas y esas emociones solo hacen que sientas más reales tus inseguridades. Como cuando:

- **Dejas que un mal momento te arruine todo el día,** repitiéndolo en tu cabeza y sintiéndote frustrado o humillado hasta que lo sientes más grande de lo que realmente ha sido.
- **Te esfuerzas por separar las emociones de la realidad,** asumiendo que, como te sientes incapaz, lo eres.
- **Evitaste los retos que te hacían sentir incómodo,** no porque te faltaran habilidades, sino porque temías el desgaste emocional que conlleva la incomodidad, el fracaso o las críticas.
- **Te sentías consumido por el estrés o la ansiedad,** porque no sabías cómo procesarlos o creías que preocuparte sin cesar significaba, de alguna manera, que te importaba lo suficiente.

El verdadero reto de la baja adaptabilidad no es tanto el momento en sí mismo como que confíes o no en ti mismo para manejar las emociones que la acompañan.

El impulso hacia el equilibrio emocional

Como seres humanos, estamos programados para tener un equilibrio emocional. Tu cerebro y tu cuerpo trabajan constantemente para mantener el equilibrio a través de un proceso llamado «homeostasis emocional». Es ese estado interno estable en el que nos sentimos equilibrados y en control de la situación. Lo anhelamos de forma natural. Y, cuando se altera, nuestro sistema se apresura a restaurarlo, a veces a través de patrones inútiles como la evasión, los ataques verbales o el bloqueo.

Buscamos ese equilibrio de una forma que viene determinada por años, incluso décadas, de reacciones que hemos acabado asimilando. Si creciste pasando por alto las decepciones, reprimiendo la frustración o andando con pies de plomo para mantener la paz, esos hábitos siguen ahí. Se convierten en tus respuestas habituales cuando la vida se vuelve incómoda. Si creciste en un hogar donde los arrebatos emocionales eran la norma, es posible que hayas aprendido que la única forma de sentirte visto o escuchado era explotar. Con el tiempo, ese tipo de reacción puede parecer la vía más rápida para recuperar la sensación de control o la dignidad. Y, cuanto más reaccionas así, más habitual se vuelve.

Lidiar con las emociones puede parecer algo muy personal y angustiante, porque a menudo sentimos que simplemente nos suceden, en lugar de que sucedan con nosotros. Podemos sentir que están fuera de nuestro control y eso aumenta nuestra inseguridad. En mis investigaciones, descubrí que la dificultad para gestionar las emociones suele ir de la mano con la sensación de impotencia.[3] Cuanto menos control crees que tienes sobre tus emociones, más difícil te resultará creer que puedes escoger tu reacción, y esto limita tu autonomía.

Algunas personas son biológicamente más estables a nivel emocional que otras, debido a diferencias en el temperamento y la sensibilidad de nuestros sistemas nerviosos. Pero, para todos nosotros, la adaptabilidad emocional es algo que se aprende en gran medida. La absorbemos de la forma en que se manejan las emociones en nuestros hogares, las reacciones que aparecen a nuestro alrededor y las reglas tácitas con las que hemos crecido.[4]

Esas reglas suelen estar determinadas por el género y la cultura. Cuando eras pequeño, tal vez te enseñaron que los niños no deben llorar o que las niñas no deben ser demasiado asertivas o «difíciles». Quizás te dijeron que debías «ser amable», «ser fuerte» o «no montar un escándalo». Ya fuera de forma directa o indirecta, el resultado fue el mismo: aprendiste que algunas emociones son aceptables y otras no. Cuando las expectativas culturales entran en juego, las reglas emocionales se vuelven aún más complicadas. En algunas culturas, las emociones se afrontan con paciencia y una mente abierta, lo que fomenta la resiliencia. En otras, expresar las emociones se considera un capricho, una debilidad o incluso algo vergonzoso. Quizás te dijeron que «dejases de ser tan dramático» o que «te hicieras más duro», y así lo hiciste. Y en algún momento empezaste a creer que tenías un problema porque sentías demasiado.

Como persona adulta, esas primeras lecciones se manifiestan en el trabajo, en los conflictos personales, en situaciones de estrés y, en general, cuando nos enfrentamos a algo difícil.[5] En esos momentos, no solo estás reaccionando al presente, sino que estás reaccionando con toda una vida de respuestas condicionadas, impulsadas por un sistema nervioso que simplemente intenta protegerte de la única manera que sabe hacerlo.

Y, por si eso no fuera ya suficiente desafío, las investigaciones están empezando a demostrar que la forma en que nuestro cerebro está programado para manejar las emociones intensifica nuestras inseguridades e interfiere en nuestra capacidad para tranquilizarnos.

1. Caos metaemocional. Encontrar el equilibrio emocional se vuelve mucho más difícil porque nuestras emociones se juzgan entre sí.[6]

Estás ansioso y luego te sientes ansioso por estar ansioso. Sientes inseguridad y luego te frustras por dudar de ti mismo.

Estás estresado… y luego te estresas por estar tan estresado.

Y no olvidemos el clásico: te preocupas… y luego te preocupas por lo mucho que te preocupas.

Esto es lo que podría suceder. Te estás preparando para hacer una presentación importante y te asalta una pequeña duda: «¿Y si lo estropeo todo?». Es totalmente natural. Pero entonces piensas: «No debería estar tan nervioso, soy un alto directivo. ¿Qué diablos me pasa?». Ahora no solo estás bregando con la inseguridad, sino que te estás ahogando en la vergüenza y la autocrítica. Este es el ciclo que se alimenta a sí mismo de las metaemociones. Cuanto más te enfrentas a lo que sientes, más difícil se vuelve.

2. «Grandes emociones». Dado que algunas personas tienen un sistema nervioso más sensible, es posible que sientas que tus emociones están a todo volumen mientras los demás tararean alegremente. De hecho, es posible que seas una «persona altamente sensible» (PAS), un término acuñado por los destacados psicólogos e investigadores Elaine y Arthur Aron. Los Aron estiman que entre el 20 y el 30 % de las personas entran en esta categoría. [7]

Si te encuentras en algún punto del espectro PAS, procesas las emociones con más intensidad, notas sutilezas que otros pasan por alto y absorbes la energía de los demás como si fueras una esponja. [8] Cada emoción negativa es más intensa. [9] Sientes las cosas más profundamente que los demás. Eres más reactivo por naturaleza y te estresas con mayor facilidad, por lo que las cosas pueden angustiarte mucho más rápidamente. Tu cerebro está programado para la hiperconciencia, lo que los científicos denominan «sensibilidad al procesamiento sensorial». Esto significa que puedes analizar en exceso, preocuparte en exceso y sí… dudar en exceso. [10]

Si esto te suena familiar, es muy probable que uno de tus padres o abuelos haya experimentado la misma sensibilidad (en mi caso, gracias, mamá). [11] Si creciste escuchando «eres demasiado sensible» o «deja de pensar tanto», probablemente empezaste a cuestionarte cada emoción que sentías. El resultado es la inseguridad. Mucha. Pero, aun así, puedes aprender a utilizar la conciencia de tu sensibilidad para crear distancia entre lo que sientes y cómo respondes a ello.

3. **La trampa del arreglo.** Tu cerebro está programado para ayudarte a evitar amenazas y buscar recompensas. Eso significa que escanea constantemente tu entorno (y tu mundo interior) en busca de señales de peligro, incluyendo el malestar emocional. Cuando detecta algo desagradable, como ansiedad, miedo, vergüenza o inseguridad, intenta «resolverlo» rápidamente para devolverte la sensación de seguridad. Pero esto se convierte en un reflejo que «arregla» las emociones en lugar de comprenderlas. Por eso buscamos de forma instintiva un alivio rápido: eliminamos el malestar, nos distraemos con una dosis de dopamina o lo extinguimos con sensatez. Hemos sido condicionados para tratar el malestar como si fuera un fallo en el sistema.

Sin embargo, cuando reprimes o te resistes a pensamientos y sentimientos incómodos, tu guardián (el sistema de filtrado de tu cerebro) puede seguir calificándolos como importantes y trayéndolos de vuelta a tu conciencia. Los psicólogos lo denominan «efecto rebote».[12] Cuanto más intentas evitar la incomodidad, más te concentras en ella y la experimentas. Con el tiempo, tu cerebro interpreta tu resistencia como una señal de que tienes un problema. Que si no eres feliz todo el tiempo, estás fracasando en la vida. Pero tratar de vivir así es agotador.

Sí, la auténtica insatisfacción merece tu atención. Pero el malestar emocional no siempre es señal de que algo vaya mal. A veces, tan solo es una señal de que eres humano.

Las emociones no tienen por qué ser perfectas. Sin embargo, tienes que detectarlas antes de que se conviertan en inseguridades y puedas aprovecharlas para que te sirvan de guía.

La promesa de la adaptabilidad

Cuando estás equilibrado a nivel emocional, eres capaz de regular tus reacciones y sentir que tienes el control de tus sentimientos. No te dejas llevar por cada emoción que aparece. No tienes un arrebato de ira, no caes en la ansiedad ni te encierras en la tristeza. Por el contrario, reconoces qué es lo que desencadena tus emociones. Haces una pausa. Analizas. Eliges cómo vas a reaccionar.

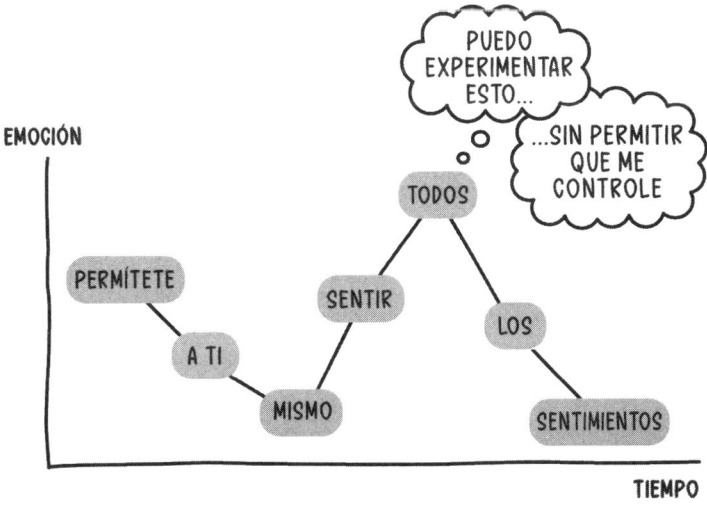

Cuando tienes una buena capacidad de adaptación, te mantienes conectado contigo mismo a través de las emociones. Puedes sentir incomodidad y miedo sin perder el equilibrio y sentirte impotente. Puedes sentir el dolor del rechazo sin que eso signifique para ti que no vales nada. Aunque experimentas las emociones totalmente, no te dejas abrumar por ellas.

Esto te permite gestionar el estrés con serenidad y confianza, lo que provoca un mejor rendimiento en el trabajo. [13] La adaptabilidad está estrechamente relacionada con la inteligencia emocional, [14] ya que te ayuda a expresar lo que sientes de una forma más clara, constructiva y fácil de entender para los demás. Este tipo de lucidez emocional fortalece tus relaciones, ya sea con tu pareja, amigos o compañeros de trabajo. Y, cuando la vida se vuelve caótica, la adaptabilidad es lo que te ayuda a mantener la calma y la lucidez, lo cual es un poderoso motor para la felicidad a largo plazo. [15]

Como demostró Mira, la estabilidad emocional se puede aprender y practicar, incluso cuando tu sistema nervioso está en estado de máxima alerta. Puedes experimentar tus emociones, conectar con tu confianza profunda y expresarlas. Y, cuando cometes un error, dices algo sin pensar o te invade una sensación angustiante, puedes recomponerte rápidamente y seguir adelante sin quedarte atrapado en las cavilaciones. Quizás lo más importante es que el equilibrio te aporta una sensación de seguridad interna. Como puedes gestionar tu mundo interior, eres capaz de confiar en ti mismo para manejar las cosas difíciles, sobre todo las emociones difíciles que acompañan a la inseguridad.

⚙ PRÁCTICA. Evalúa cómo se manifiesta tu adaptabilidad

Cuando comprendes el papel que desempeña la adaptabilidad en tu perfil de inseguridad, empiezas a intuir cómo influyen tus emociones en tus elecciones, reacciones e inseguridad. A partir de ahí, puedes empezar a crear hábitos que te ayuden a mantener los pies en la Tierra, regular tus emociones y reaccionar con tranquilidad, incluso cuando te asalten las dudas.

Revisa tu puntuación en «adaptabilidad» en el diagnóstico del perfil de inseguridad. ¿Cuál era?

Puntuación de adaptabilidad: _____ Zona: _____

(Para la zona, escribe «alerta roja», «obstáculo», «regular», «fuerza oculta» o «superpoder»).

Tómate un tiempo para reflexionar sobre las siguientes preguntas. Quizás te interese anotar las respuestas en un diario:

¿Cuáles son tus debilidades en relación con tu búsqueda de adaptabilidad?

- **Vuelve a tu infancia: ¿cómo se gestionaban las emociones en tu casa?** ¿Te animaban a expresarlas o te enseñaban a reprimirlas? ¿Cómo influyeron esos primeros mensajes en la forma en que gestionas hoy en día los sentimientos difíciles?

- **¿Cómo aumentan tus emociones las dudas?** ¿Empiezas a darle vueltas a todo sin parar cuando algo sale mal y crees que no puedes manejarlo? ¿Te cuesta separar tus sentimientos de tus acciones? ¿Te bloqueas cuando las emociones son demasiado intensas?

- **¿Cuándo fue la última vez que te sentiste angustiado pero encontraste una salida?** ¿Qué te permitió regular tus emociones en lugar de dejar que impusieran tus acciones?

- **¿Cómo cambiaría tu vida si tuvieras más confianza en tu capacidad para lidiar con las emociones difíciles?** ¿Qué te aportaría eso?

Cuando tu adaptabilidad se tambalea, ¿en qué fortaleza puedes apoyarte?

- Si te sientes sobrepasado por las emociones, puedes recurrir a la **aceptación**. Las luchas emocionales forman parte del ser humano, no son una prueba de que tienes un problema. ¿Cómo sería ofrecerte a ti mismo la misma amabilidad que le darías a un amigo en un momento difícil?

- Si estás atrapado en patrones reactivos, recurre a la **actuación**. ¿Qué estrategia de regulación emocional has utilizado antes y te ha ayudado a recuperar el control: ejercicios de respiración, ponerte en movimiento, escribir un diario u otra cosa? ¿Cómo puedes utilizar esa herramienta actualmente para recordarte que ya tienes la capacidad de gestionar lo que sientes (y confiar en la prueba de que ya lo has hecho antes)?

- Si las emociones te nublan el juicio, recurre a la **autonomía**. Recuérdate a ti mismo que no tienes por qué estar a merced de tus emociones. Concéntrate en lo que puedes controlar en ese momento y comprométete con una decisión que te ayude a avanzar, por pequeña que sea.

En los capítulos 19 y 20 veremos cómo puedes aprovechar tus emociones y convertirlas en combustible para la resiliencia en lugar de la resistencia. Aprenderás estrategias que te ayudarán a gestionar las oleadas de emociones que te desequilibran y formas de alcanzar una mayor estabilidad emocional. Luego, en el capítulo 21, descubriremos cómo puedes aprovechar una poderosa reserva emocional que no se puede fabricar; una que te ayuda a desarrollar una mayor adaptabilidad.

Cuando dejas de luchar contra tus emociones y empiezas a trabajar con ellas, tu autocrítica se reduce. La confianza que sientes por ti mismo se vuelve más fuerte. Tu rendimiento se vuelve más natural. Y el peso de la inseguridad se vuelve mucho más ligero.

19

¿Puedo creer en lo que siento?

Escucha el mensaje de tus emociones

Cuando tenía ocho años, mi canción favorita era «You Were Meant for Me» de Jewel. La escuchaba una y otra vez en mi discman de color rosa, sin saber que Jewel Kilcher, a la misma edad, había sido abandonada por su madre.

A los dieciséis años, se fue de casa para escapar de su padre maltratador. Vivió en un coche, sobrevivió haciendo pequeños trabajos en San Diego y luchó contra la ansiedad y el estrés que sufría constantemente. Sin embargo, desarrolló una mentalidad que le ayudó a sobrevivir.

Aprendió a ver sus emociones como mensajeras.

«Si como pescado en mal estado y me intoxico y vomito, no es que me pase algo malo, sino que me pasa algo bueno. Mi cuerpo funciona a la perfección», dijo una vez. «La ansiedad, el miedo, el estrés y la inseguridad son lo mismo. Son una señal luminosa que intenta decirme que estoy consumiendo algo (un comportamiento, un pensamiento o una forma de actuar) con lo que mi cuerpo no está de acuerdo».[1]

Incluso siendo adolescente, Jewel comprendió algo con lo que la mayoría de los adultos tienen problemas: las emociones no son defectos. Son mensajes. Tus emociones, sobre todo las que son confusas e incómodas, no son fruto del azar. Son «señales luminosas» de que debes prestar atención a algo importante.

Por tanto, estos sentimientos tan intensos señalan que se está cuestionando o ignorando algo que resulta fundamental para todos nosotros (la identidad, los valores o las necesidades). Un sentimiento de culpa puede significar que has cruzado una línea roja. Un arrebato de ira puede significar que alguien más lo ha hecho. Una sensación de inquietud puede ser tu cuerpo advirtiéndote: «Esto no está bien».

Cuando tienes dificultades con la adaptabilidad, interpretas mal la señal. No es algo que hagas de forma consciente. Tu sistema lo hace por ti. Aparece la incomodidad (una conversación tensa, un contratiempo, un momento de incertidumbre) y tu respuesta automática se apropia del significado. En lugar de interpretarlo como «esta situación es difícil», lo conviertes en «yo soy el problema». O, peor aún, pasas por alto la señal. La dejas de lado. La eliminas. La rechazas. Empiezas a darle vueltas a todo y pierdes tu equilibrio interno.

Pero hay otra forma de hacerlo. Gianpiero Petriglieri, profesor asociado de la escuela de negocios INSEAD, lo explica de una forma sencilla: «Las emociones son datos».[2] No son datos «buenos» o «malos», sino información que hay que procesar. En lugar de reaccionar ante cada pequeña cosa o sacar conclusiones precipitadas, el objetivo es descodificarla. Sea cual sea tu constitución emocional o tu punto de partida actual, puedes desarrollar el hábito consciente de preguntarte: «¿Qué me está intentando decir este sentimiento?».

Piensa en las emociones como si fueran las pequeñas notificaciones que aparecen en tu teléfono. Cada una de ellas (alegría, celos, ansiedad, tristeza) es un mensaje que te envía el cerebro: «¡Eh, fíjate en mí!». Al igual que con tu teléfono, tienes dos opciones. ¿Deslizas el dedo al instante, pulsas y te pierdes en la reacción? ¿O haces una pausa, respiras hondo y sientes curiosidad: «Interesante… ¿Qué me está intentando decir esto?».

Para responder a esta pregunta, necesitas saber qué sientes y darles nombre.

Da nombre a tus emociones

Cuando trabajo con equipos directivos, suelo oír decir a los participantes: «Estoy estresado». Es algo muy directo y, al principio de mi carrera como *coach,* me lo tomaba al pie de la letra. Les ofrecía herramientas para reservar bloques de tiempo, técnicas de *mindfulness* o estrategias de productividad. A veces funcionaban, pero la mayoría de las veces no lo hacían.

¿Por qué? Porque «estoy estresado» suele ser la punta del iceberg de un problema mucho más profundo. Bajo el estrés se esconden emociones que las personas no han nombrado, o no se sienten tan seguras como para nombrarlas. Cosas como:

«Me siento deprimido y atrapado en una carrera que no va a ninguna parte. Cada día me despierto con la angustiosa sensación de que me critican, me ignoran o me ven como un fracasado».

«No creo que vaya a encajar nunca. Me esfuerzo mucho por caer bien, por ser competente, por estar a la altura, pero siempre acabo sintiéndome como una extraña».

«Ya ni siquiera sé si mi vida tiene sentido. Siempre estoy ocupado, pero por debajo de las reuniones y los plazos de entrega, me siento perdido y casi aterrorizado».

Por mucho que optimices tu agenda, no vas a resolver tu angustia existencial. Susan David, psicóloga de la Facultad de Medicina de Harvard, se refiere a estas etiquetas emocionales generalistas (del tipo «estoy estresado») como «términos paraguas» que no captan los matices de lo que realmente sentimos. [3]

LO QUE SOLEMOS SENTIR

EL ICEBERG EMOCIONAL

ESTOY ESTRESADO

MI CARRERA ESTÁ ESTANCADA

MI RELACIÓN ESTÁ CONDENADA

¿QUÉ SENTIDO TIENE TODO ESTO?

ESTOY ANGUSTIADO

NO SOY SUFICIENTE

NO PUEDO HACERLO

¡AYUDA!

ANGUSTIA EXISTENCIAL

LO QUE REALMENTE SUCEDE POR DEBAJO

Me recuerda a uno de esos chistes de toda la vida que a mi padre le encantaba contarnos a mi hermano y a mí cuando éramos pequeños:

Un hombre entra muy angustiado en la consulta del médico. Se sienta y le comienza a explicar su peculiar problema.

Paciente: «Doctor, cada vez que bebo café, siento un dolor intenso en el ojo. He probado a cambiar de marca, a usar tazas diferentes, incluso a tomarlo descafeinado, pero nada me ayuda».

Doctor: «Explíqueme qué hace cuando prepara y bebe el café».

Paciente: «Bueno, echo agua hirviendo sobre el café molido en mi taza favorita, añado un chorrito de leche, lo remuevo bien y luego le doy un sorbo. Entonces siento ese dolor tan grande en el ojo».

Doctor: «Aquí tiene su receta: quítele la cucharilla a la taza».

Aquí entra la carcajada de mi padre

Sin lucidez, somos como ese hombre que se clava la cucharilla en el ojo y echa la culpa al café. Andamos por ahí con estrés, miedo o malestar, y creemos que la causa es algo que realmente no es. Decimos que es «estrés», «ansiedad» o «agotamiento», cuando en el fondo es miedo al fracaso. Rechazo. Vergüenza. Inseguridad.

Entonces, ¿cómo averiguamos lo que realmente sentimos? Miramos en otra parte y empezamos por nuestro yo físico, no por nuestro yo emocional. Aprendí que una de las preguntas más poderosas que podía hacerle a un cliente, sobre todo cuando se sentía angustiado, era: «¿En qué parte del cuerpo sientes esto?». No «¿por qué sientes esto?», sino «dónde». Porque, antes de que podamos distinguir las emociones, estas se manifiestan primero en nuestro cuerpo; son físicas antes que verbales.

«Siento opresión en el pecho, como si me estuviera hundiendo».

«Siento ardor en la garganta y me entran ganas de gritar».

«Se me forma un nudo en el estómago, como si me estuviera preparando para recibir un puñetazo en cualquier momento».

Cuando desviamos la atención de la historia que tenemos en la mente hacia las sensaciones físicas de nuestro cuerpo, la emoción pierde su control. La ansiedad se calma. La sensación de agobio se vuelve menos, bueno, agobiante.

Cuando te conectas con tu cuerpo, creas una pausa, y esa pausa abre un espacio para observar lo que sientes sin juzgarlo. Interrumpe el bucle de pensamientos automáticos que hacen que una emoción se sienta abrumadora y evita el caos metaemocional en el que tus emociones comienzan a juzgarse entre sí.

He aquí por qué ocurre esto: tu cerebro procesa las emociones a través de un sistema sensorial llamado «interocepción»,[4] que es tu capacidad para percibir las señales internas como los latidos del corazón, la tensión o la respiración. Cuando prestas atención a esas señales, empiezas a desarrollar lo que se conoce como «granularidad emocional»,[5] es decir, la capacidad de nombrar y distinguir lo que sientes.

Así que cuando te preguntas: «¿dónde siento esto en mi cuerpo?», estás sintiendo curiosidad por tu mundo interno. Y, con esa curiosidad, te resulta más fácil gestionar lo que sea que estés sintiendo.

Como sugiere el Dr. Daniel Siegel, hay que «nombrarlo para dominarlo».[6] Los estudios de neuroimagen muestran que, cuando experimentas una emoción desagradable, el simple hecho de nombrar lo que sientes reduce la reactividad de la amígdala, lo que disminuye la intensidad emocional.[7] El profesor de psicología de la Universidad de California Matthew Lieberman utiliza una fantástica analogía con el tráfico: «Del mismo modo que pisas el freno cuando conduces al ver una luz amarilla, cuando expresas tus sentimientos con palabras, parece que pisas el freno de tus reacciones emocionales».[8]

Cuando no podemos nombrar o diferenciar nuestras emociones, no podemos lidiar con ellas de una manera eficaz, ni pedir el tipo de ayuda que necesitamos. La emoción seguirá clavándose en un ojo simbólico, y tú seguirás preguntándote por qué la vida duele tanto.

Mapea tus sentimientos

Hace años conocí a Cait, una inversora de capital riesgo que tenía la curiosa costumbre diaria de programar el etiquetado de sus emociones. Esto suena mucho más complicado de lo que realmente era. Durante una charla que estaba haciendo por la tarde, su teléfono vibró con una notificación. Ella me explicó que todos los días a las 16 h, su teléfono le enviaba un recordatorio: «Reflexiona sobre ti misma». Entonces ella se detenía un momento para reflexionar sobre dos preguntas: «¿qué estoy sintiendo ahora mismo?», seguida de «¿me está sirviendo esta emoción?».

Por ejemplo, si se sentía tranquila y atenta durante una negociación, genial: sabía que estaba en el estado adecuado para tomar una decisión inteligente. Pero si se sentía impaciente o distraída, hacía una pausa para reflexionar: «¿qué puedo hacer para volver a concentrarme y prestarle la atención que merece?». A veces eso significaba tomarse un breve descanso o dar un paseo. Otras veces, hacer una respiración profunda de solo un minuto.

Este pequeño ritual diario la mantenía equilibrada emocionalmente y le aseguraba que no se dejaría controlar por sus sentimientos a la hora de tomar decisiones importantes.

Por supuesto, a veces es difícil saber exactamente lo que uno siente. Las emociones pueden ser así de escurridizas, sobre todo cuando van acompañadas del estrés, la presión o la confusión mental. Ahí es donde un autoanálisis más meticuloso puede marcar la diferencia. Piensa en tus emociones como si fueran una historia en dos partes; por un lado, está lo que sientes y, por otro, cómo lo interpretas. Según las investigaciones de la neurocientífica Lisa Feldman Barrett, tu cerebro es como la caja negra de un avión. Recopila señales de tu cuerpo constantemente: frecuencia cardíaca, respiración, tensión muscular. Luego, basándose en tus experiencias, intenta dar sentido a esas señales en el momento.[9] ¿Esa sensación en el estómago? Tu cerebro decide si es miedo, emoción o simplemente «pescado en mal estado». Y lo hace en dos actos:

Primer acto: *¿Qué intensidad tiene este sentimiento?* Esto es lo que los científicos llaman «excitación fisiológica». Es la pura energía que sientes en tu cuerpo. El torrente de sangre que te sube a la cara, el corazón acelerado, el nudo en el estómago, las palmas sudorosas o la sensación de calor que se extiende por todo el pecho. Estas sensaciones son mensajeros viscerales poderosos. Llegan antes de que el cerebro haya tenido tiempo de explicar lo que está pasando.

Segundo acto: *¿Es agradable o desagradable?* Una vez que tu cerebro ha tomado nota de tu excitación (o la intensidad de la emoción), aún necesita entender qué significa esto para ti. Esto es la «valencia». Está relacionada con cómo te sientes en ese momento.

¿Te sientes con energía o agotado? ¿Ligero o pesado? El contexto es importante aquí. ¿Dónde estás? ¿Quién está contigo? ¿Estás percibiendo algún riesgo? Un corazón acelerado puede ser emocionante si tu pareja está arrodillada proponiéndote matrimonio, pero realmente aterrador si te piden que le expliques un problema a tu jefe.

Cuando desglosas las emociones en estas dos sencillas dimensiones (excitación —lo intensa que se siente— y valencia —lo placentera que se siente—), resulta mucho más fácil comprender lo que está sucediendo en tu interior.

Aquí es donde entra en juego la matriz de estados emocionales. Es una forma sencilla de mapear cómo te sientes y comprender cómo puede estar aumentando la inseguridad tu estado emocional:

- **Parte superior izquierda: alta intensidad, desagradable.** Piensa en el miedo, la frustración y la ansiedad. Estás agitado, pero no de una forma positiva.
- **Parte superior derecha: alta intensidad, agradable.** Esta es tu zona de alegría, emoción y entusiasmo. La energía es alta y te sientes muy bien.
- **Parte inferior izquierda: baja intensidad, desagradable.** Emociones de tristeza, soledad o inseguridad. Te sientes decaído y abatido.
- **Parte inferior derecha: baja intensidad, agradable.** Aquí es donde te sientes satisfecho, sereno y tranquilo. Te sientes estable y centrado.

Esta idea de dar nombre a las emociones y dominarlas puedes integrarla en tu rutina diaria.

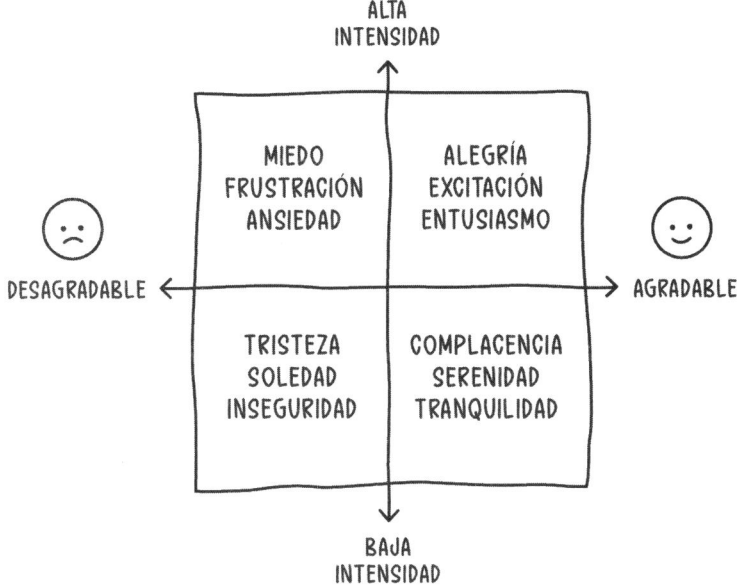

ALTA
INTENSIDAD

MIEDO
FRUSTRACIÓN
ANSIEDAD

ALEGRÍA
EXCITACIÓN
ENTUSIASMO

DESAGRADABLE

AGRADABLE

TRISTEZA
SOLEDAD
INSEGURIDAD

COMPLACENCIA
SERENIDAD
TRANQUILIDAD

BAJA
INTENSIDAD

PRÁCTICA: El autoexamen

Aquí tienes un sencillo hábito de dos pasos para aumentar tu adaptabilidad emocional en tiempo real. Darás nombre a lo que sientes, lo localizarás en la matriz de estados emocionales y decidirás qué vas a hacer luego, tal y como hizo Cait con su recordatorio diario de las cuatro de la tarde.

Paso 1. Dale nombre y mapéalo.

En cualquier momento del día (pon un recordatorio si te ayuda), haz una pausa y pregúntate: ¿qué estoy sintiendo ahora mismo? ¿Qué intensidad tiene? ¿Es agradable o desagradable? Utiliza la matriz de estados emocionales para mapear tu emoción:

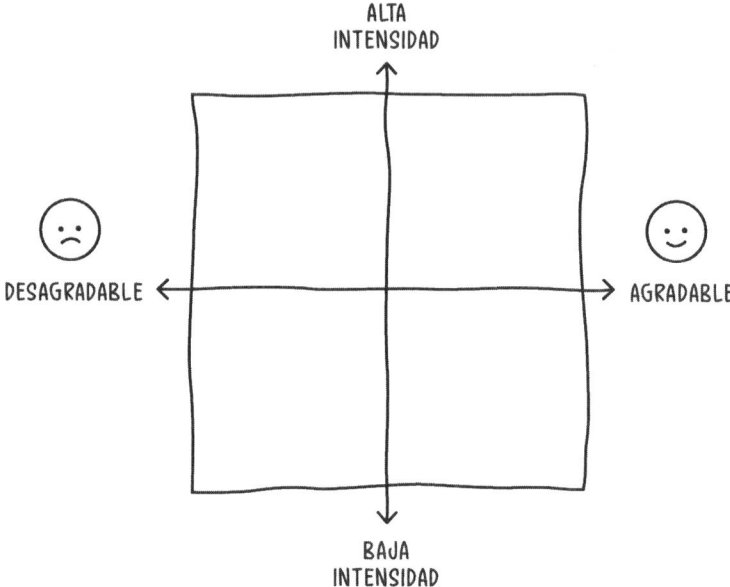

MAPEA TU ESTADO

ALTA
INTENSIDAD

DESAGRADABLE ←

→ AGRADABLE

BAJA
INTENSIDAD

Paso 2. Pregúntate: «¿Esta emoción me está ayudando (o ayudando a los demás)?».

No todas las emociones tienen que ayudarte solo a ti; a veces ayudan a los demás transmitiendo cuidado o preocupación. Pero tampoco deben mantenerte estancado o dando vueltas en círculos. ¿Tu estado actual te aporta lucidez, energía o motivación para avanzar hacia lo que realmente es importante para ti? Si no es así, busca formas de cambiar tu estado. Aprovecha tu autonomía y pregúntate: ¿qué pequeño cambio podría ayudarme a sentirme mejor y avanzar? ¿Quién o qué podría apoyar ese cambio?. A continuación, pasa a la acción.

Y aquí hay algo importante que debes recordar: No todos los sentimientos «desagradables» son malos, y no todos los sentimientos «agradables» son útiles. De hecho, sentirte demasiado bien puede llegar a estorbarte a la hora de pensar. [10] Las investigaciones demuestran que no somos más creativos cuando estamos eufóricos, sino cuando nos sentimos un poco incómodos.[11] Así que, en lugar de juzgar lo que sientes, ten curiosidad. Las emociones son información. Utilízalas.

Con esta rápida comprobación te asegurarás de que influyes de forma consciente en cómo te sientes y reaccionas en la vida.

Distanciarte de tus emociones

Ya hemos comentado que los directivos solían entrar en una sesión de *coaching* y anunciar: «estoy estresado». Pero aquí hay más que la punta del iceberg emocional. Hay otra trampa de la que no hablamos lo suficiente: no solo sentimos emociones, sino que nos convertimos en ellas.

Cuando las emociones están a flor de piel, es fácil decir «estoy ansioso» o «estoy angustiado». Parece algo natural, incluso inofensivo. Pero cuando dices «estoy [emoción]», no solo estás describiendo lo que sientes, sino que te estás definiendo a ti mismo en función de ello. Los psicólogos lo denominan «fusión cognitiva».

Es la diferencia entre decir «me siento estresado» y «estoy estresado». Uno es temporal. El otro se convierte en lo que eres. Y, con el tiempo, ese lenguaje programa tu cerebro para creer que las emociones te definen. Que estás a merced de cualquier sentimiento que aparezca.

Puedes dar un paso más para superar tu angustia e inseguridad. Una vez que has detectado y dado nombre a tus emociones, puedes utilizar el poder del lenguaje para crear un espacio entre tú y tu experiencia interior. En lugar de convertirte en la emoción, la observas, lo que los practicantes de la Terapia de Aceptación y Compromiso (ACT, por sus siglas en inglés) denominan «defusión cognitiva».

En lugar de decir «Estoy ansioso», podrías decir «Estoy teniendo sensaciones de ansiedad».

En lugar de «Estoy estresado», podrías decir «Siento tensión en el pecho».

Este sutil cambio de lenguaje te ayuda a ver la emoción como una experiencia temporal en lugar de algo que está fusionado con tu identidad.

Esta técnica también funciona con tus pensamientos. En lugar de decir «Soy un fracasado», podrías cambiarlo por «Me doy cuenta de que estoy pensando que soy un fracasado». Sí, al principio resulta un poco extraño o artificial, pero esa es la clave. Esta formulación deliberada crea la distancia suficiente entre tú y tus emociones (o pensamientos) para verlos tal y como son: experiencias pasajeras, no toda tu identidad.

Cada vez que lo haces, te recuerdas a ti mismo: «Esto es algo que siento. No es algo que soy». Una vez que has creado ese espacio, puedes ver el panorama general con más claridad y elegir tu próximo paso con toda la intención.

Escuchar (en lugar de reaccionar) a tus emociones

Existe un mito que dice que las emociones del lado «desagradable» de la matriz de estados emocionales son obstáculos para el éxito o la felicidad. Que debemos evitarlas, corregirlas o eliminarlas lo antes posible. Ya lo he mencionado antes. La verdad es que estas emociones suelen aportar, precisamente, la perspectiva que necesitamos para avanzar. Incluso la tristeza puede aumentar tu concentración y hacer más profunda tu forma de pensar. [12] Emociones como la culpa, la ira y la inquietud existen por una razón.

Cuando las bloqueamos o pasamos por alto, rebajamos la sensación de incomodidad, pero también silenciamos la señal que nos indica adónde debemos mirar y qué debemos cambiar. Peor aún, la evitación a menudo nos hace sentir más estancados, desconectados de lo que realmente está sucediendo e incapaces de cambiar de rumbo. [13]

La confianza profunda te da el valor de escuchar lo que tus emociones intentan decirte, incluso cuando te resulta incómodo. Es confiar en ti mismo para enfrentarte a la señal, no solo calmar los síntomas, porque esas señales suelen estar en la raíz de nuestra inseguridad. Nos alertan cuando nuestras acciones y valores fundamentales no están en sintonía. Una vez empiezas a escuchar la información que te proporcionan tus emociones, puedes tomar decisiones que se ajusten a tus verdaderas prioridades. Y el alineamiento es un poderoso amortiguador contra la inseguridad.

CUANDO LAS EMOCIONES TE SOBREPASAN...

PÁNICO
ANSIEDAD
VERGÜENZA
ANGUSTIA
CULPA
IMPOTENCIA
INSEGURIDAD

...DESENREDA LOS MENSAJES

✓ ¿DE QUÉ EMOCIÓN SE TRATA?
✓ ¿QUÉ ME ESTÁ DICIENDO?
✓ ¿QUÉ NECESIDAD NO ESTÁ CUBIERTA?
✓ ¿QUÉ PUEDO HACER AHORA MISMO?
✓ ¿CÓMO PUEDO ALINEAR MIS ACCIONES Y VALORES EN EL FUTURO?

Aquí encontrarás algunos ejemplos de cómo puedes pasar de reaccionar ante tus emociones… a escucharlas. Cuando prestas atención a las emociones más difíciles (las que se encuentran en el lado izquierdo de la matriz de estados emocionales), reduces el agobio y la inseguridad que sientes, y te pones en camino de encontrar respuestas más útiles:

- **Si te sientes culpable** por perderte el recital de tu hijo porque tienes un viaje de trabajo, es fácil que empieces a pensar «Soy un padre horrible» y dudes de tu valía personal (baja aceptación). Pero préstale atención a esa culpa que sientes.

Es una señal de que tus valores no están en sintonía y te recuerda que la familia es importante para ti, animándote a darle prioridad en tu agenda.

- **Si sientes ira** por una decisión injusta que se ha tomado en tu trabajo, esa emoción podría ocultar un sentimiento más profundo de impotencia (baja autonomía). En lugar de reprimir esa frustración, pasarla por alto o dudar de tu influencia en ciertas cosas, reconoce que es una señal de tu sentido de la justicia. [14] Te informa de que algo tiene que cambiar y que tú eres la persona indicada para sacarlo a relucir.

- **Si te sientes incómodo** en un grupo grande y ruidoso, es posible que te preguntes: «¿Por qué no puedo disfrutar de esto como los demás? ¿Por qué soy tan torpe con las relaciones sociales?». Esta incomodidad podría ser tu sistema nervioso indicándote que a ti te conviene más un entorno diferente. Escúchalo. No es necesariamente una señal de que seas malo a nivel social, sino de que debes poner tu energía en otro tipo de cosas.

Al fin y al cabo, lo más importante no es la emoción en sí misma, sino escucharla para crear el espacio y la conciencia necesarios para decidir qué debes hacer con ella.

PRÁCTICA. Descubre qué hay detrás de una emoción: ¿cuál es la verdadera historia?

Cuando te sientes sobrepasado por emociones de inseguridad, resulta muy útil que des un paso atrás para descubrir la razón profunda de esa emoción. A veces, lo que crees que te está haciendo reaccionar no es toda la historia. Comprender qué hay detrás de lo que sientes puede ser la clave para recuperar el control y la lucidez, ya que te permite hacer algo con esa información. Este ejercicio te guiará a través del proceso de descubrir esas razones y conectar tus emociones con tus valores fundamentales y sentido del yo.

Paso 1. Identifica la emoción.

Empieza por dar un nombre exacto a lo que estás sintiendo. Sé concreto. ¿Sientes ira, tristeza, ansiedad o algo más? Podrías decir: «Me doy cuenta de que me siento ansioso» o «Siento frustración».

Reconoce estas emociones sin juzgarlas. Puedes utilizar la anterior matriz de estados emocionales si te resulta útil.

Paso 2. Averigua el desencadenante.

Reflexiona sobre aquello a lo que estás respondiendo. ¿Cuál es el estímulo que desencadenó la emoción? ¿Fue un comentario sarcástico? ¿Una situación que se escapó de las manos? ¿Algo más arraigado?

- Si te sientes frustrado porque siempre te interrumpen en el trabajo, ¿se trata realmente de las interrupciones, o más bien de sentirte despreciado o inseguro con tu forma de comunicarte?
- Si la falta de compromiso de tu equipo te provoca ansiedad, ¿se trata realmente de ellos, o más bien del miedo a ser un mal líder o a que tu empresa fracase?

Paso 3. Conecta el atributo.

Las emociones no aparecen al azar. Están relacionadas con cosas que son importantes para ti. Averigua qué parte de tu esencia se siente atacada:

- **Aceptación:** ¿te sientes invisible o poco apreciado? ¿Te cuestionas tu valía?

- **Actuación:** ¿dudas de tus habilidades o competencia para lidiar con algo?
- **Autonomía:** ¿te sientes limitado, como si otra persona tomara las decisiones por ti en tu vida personal o en el trabajo?
- **Adaptabilidad:** ¿te cuesta gestionar el estrés o las emociones, provocando que todo te resulte más difícil de lo que debería?

Darle nombre al atributo que te está dando problemas te ayuda a identificar las razones que hay detrás de tu emoción, y tener eso claro es muy valioso.

Paso 4: Pregúntate: «¿Cuál es la historia que me estoy contando a mí mismo y cuál es la historia real?».

Si dudas de tu valía personal o de tus capacidades, haz una pausa y pregúntate si esa historia es realmente cierta. Por ejemplo, si piensas: «Siempre me interrumpen porque no me respetan y no sé cómo decírselo», invita a tu verificador de datos al consejo de administración de tu cerebro (esa es tu voz de la razón, la que está entrenada para confrontar las historias que te cuentas con la amarga realidad). Pregunta: «¿Dónde están las pruebas? ¿Qué más podría ser cierto? ¿Qué vería aquí un observador neutral? ¿Podría ser que tu lugar de trabajo sea un entorno con mucha presión y que tus compañeros, simplemente, no se den cuenta de que están interrumpiendo?».

Cuestiónate la primera impresión que tuviste de esa historia. Busca explicaciones alternativas. Te sorprenderá descubrir las veces que tu opinión inicial es completamente errónea.

Paso 5: Haz algo.

Decide seguir un plan de acción que reafirme tus valores fundamentales y fortalezca el atributo que te cuestionas. Pregúntate:

- ¿Cómo puedo responder de una manera que refuerce mi aceptación, actuación, autonomía o adaptabilidad?
- ¿Qué puedo hacer que esté en consonancia con mis valores y refuerce la confianza en mí mismo?
- ¿Qué apoyo o recursos necesito para poder avanzar?

A continuación, da un paso significativo.

Las emociones no son el enemigo, ni tampoco son angustiosas por naturaleza. Son mensajeros, señales que te indican algo más profundo: un valor que se ha descuidado, un límite que se ha traspasado o una necesidad que ha quedado insatisfecha. Cuando consigues hacer una pausa, analizar lo que sientes y preguntarte si te está sirviendo de algo, dejas de estar dominado por las emociones de la inseguridad y empiezas a aprender de ellas. Entonces descubres un significado más profundo y actúas en consecuencia. Así es como se crea el hábito de la adaptabilidad emocional: manteniéndote con los pies en la Tierra, escuchando lo que tus emociones intentan decirte y respondiendo de tal manera que regreses al equilibrio. También es una base fundamental para la confianza profunda, al saber que puedes afrontar la incomodidad con lucidez y tranquilidad.

20

¿Puedo cambiar lo que siento?

Utiliza tus emociones para crecer

Eran las dos de la tarde del 23 de octubre de 2018 en Randwick, Sídney. Estaba a punto de hacer una presentación en una reunión de directivos de la empresa de suministros más importante de Australia. Cuando el maestro de ceremonias me presentó, una oleada de energía me recorrió el cuerpo. Me temblaban las rodillas.

«Por favor, den la bienvenida al escenario a Shadé Zahrai».

Salí a una sala llena de altos directivos… y me quedé paralizada. Completamente. Ya había hablado en varios eventos cuando trabajaba en la banca corporativa, pero ¿esto? Esto era diferente. No formaba parte de mi trabajo diario. Era el primer paso hacia la carrera como conferenciante con la que había soñado; tres años antes de mi experiencia con los no tan jóvenes «jóvenes directores ejecutivos». Y allí mismo, en el escenario, me quedé paralizada por el tsunami de nervios que me invadió.

Durante lo que me pareció una eternidad (aunque solo debieron de ser diez segundos), me quedé allí parada. En silencio. En blanco. El mando a distancia pesaba en mis manos. El intenso calor de la adrenalina me inundó el rostro. Docenas de ojos me miraban fijamente, esperando a que hiciera algo.

Entonces sonreí.

No era una sonrisa de pánico, incómoda, del tipo «he metido la pata», sino una sonrisa genuina, de oreja a oreja. Y me oí decir: «¡Estoy muy emocionada de estar aquí con todos vosotros!».

Este era un truco que había aprendido de bailarines de fama internacional. Ya sea compitiendo, actuando o impartiendo talleres, cuando te invaden los nervios, sonríes. Un campeón mundial de baile me dijo una vez: «Sonríe a pesar de los nervios; tu cuerpo no distingue entre el miedo y la emoción».

Había utilizado ese consejo innumerables veces. Pero nunca en un momento tan importante como este.

Así que allí mismo lo puse a prueba. Y algo hizo clic.

Empecé a moverme, a mirar a los ojos, a interactuar con el público, a conectar. En lugar de luchar contra la adrenalina, la canalicé. Los nervios que me habían paralizado momentos antes se convirtieron en una fuerza que me dio energía.

Modo crecimiento para gestionar las emociones

Nunca he olvidado la experiencia de esa sonrisa. Me recuerda lo rápido que pueden cambiar nuestros estados emocionales, a veces con un cambio muy pequeño. En un momento dado, estás sumido en un caos emocional. Luego, después de dar un paseo, respirar hondo, charlar un rato con un amigo o dormir bien por la noche, todo se ve diferente.

La situación no ha cambiado. Tú lo has hecho.

Cuando te enfrentas a cualquier situación que conlleva un riesgo (rechazo, fracaso, crítica, elige tú mismo), la inseguridad se apodera de ti y tu cerebro tiende a verla como una amenaza inminente de la que debes defenderte. No eliges conscientemente esta respuesta. Es tu instinto de supervivencia en acción, tratando de protegerte.

Este es tu modo defensa totalmente activado. De repente, empiezas a darle vueltas a las cosas:

«¿Y si no soy suficiente?».

«¿Y si no puedo manejar esto?».

«¿Y si me humillan tanto que tengo que empezar de cero en una ciudad nueva donde nadie me conozca?».

Tu cerebro te está preparando para el apocalipsis cuando, en realidad, solo se trata de un nuevo proyecto en el trabajo.

En modo defensa, los vasos sanguíneos se contraen, las pupilas se dilatan y la atención se reduce, como el objetivo de una cámara que enfoca un pequeño detalle y desenfoca todo lo demás. Es un mecanismo de supervivencia, pero también significa que te estás perdiendo el panorama general y cualquier solución creativa que pueda estar justo delante de tus narices. ¿Recuerdas aquella vez que pusiste tu casa patas arriba buscando las llaves del coche, solo para darte cuenta de que las habías tenido en el bolsillo todo el tiempo? Sí, eso es el modo defensa: estar tan obsesionado con el problema que no puedes ver la obvia respuesta.

Cuando estás atrapado en este modo, tu único objetivo es sobrevivir. Tu cerebro está demasiado ocupado defendiéndote como para permitirte rendir al máximo.

Ahora imagina la misma situación estresante, pero esta vez, en lugar de verla como una amenaza, decides que es un reto, una oportunidad para aprender, para poner a prueba tus habilidades. En ese momento, el consejo de administración de tu cerebro (responsable de establecer tus prioridades) no pulsa el botón del pánico. Empieza a funcionar de forma diferente.

Ya no estás obsesionado con sobrevivir, sino con aprovechar el momento. Esta respuesta se basa en creer que estamos preparados para el reto, porque eso cambia la forma en la que interpretamos lo que estamos afrontando.

Este es el modo crecimiento. En este estado, el consejo de administración de tu cerebro está de tu parte. Los estudios demuestran que, cuando interpretas una situación potencialmente estresante como algo que puedes manejar o como una oportunidad para crecer como persona, tu cuerpo se adapta para ayudarte a rendir al máximo. Tu cuerpo se abre, tu circulación mejora[1] y, literalmente, ves más porque tus pupilas se dilatan para abarcar un mayor campo de visión. Tu cerebro libera neurotrofinas, que son las proteínas implicadas en la neuroplasticidad y que ayudan a las células de tu cerebro a crecer, adaptarse y crear nuevas vías de comunicación. Las dunas de arena de tu mente, donde sigues haciendo surcos o creando otros nuevos, empiezan a cambiar. En el modo crecimiento, las oportunidades que antes no podías ver se vuelven claras de repente.

Y aquí viene lo más sorprendente.

Las sensaciones físicas que hay en los modos defensa y crecimiento son casi idénticas. El corazón acelerado, las palmas sudorosas, los músculos en tensión… están ahí tanto si estás muerto de miedo como si estás superemocionado. El mismo corazón acelerado y las mismas mariposas en el estómago tanto pueden significar «no tengo lo que se espera de mí» justo antes de una entrevista de trabajo decisiva como «estoy extasiado» mientras esperas sentado en el borde de tu asiento a que tu grupo favorito suba al escenario.

La diferencia no está en lo que le ocurre a tu cuerpo, sino en cómo lo interpretas.

Encuentra tu propia sonrisa

Cuando yo sonreía, tanto en la pista de baile como delante de esos directivos, estaba aprovechando lo que los psicólogos denominan «bucle de retroalimentación facial». Un acto sencillo pero tan poderoso que puede cambiar todo el estado emocional.

Las investigaciones científicas lo confirman. Un metaanálisis de 138 estudios reveló que las expresiones faciales no solo reflejan las emociones, sino que las refuerzan. Si frunces el ceño, te sentirás más estresado. Si sonríes, tu cerebro comenzará a inclinarse hacia la calma y la confianza, incluso si tus nervios siguen vibrando por dentro.[2]

Pero yo no me limité a sonreír. Reinterpreté lo que estaba sucediendo. Sentí los nervios, la adrenalina, el corazón acelerado... y en lugar de decirme a mí misma «Me estoy volviendo loca», me dije (y al público): «Estoy muy emocionada de estar aquí».

Este cambio mental se denomina «reevaluación cognitiva», y consiste en reinterpretar un sentimiento en tiempo real. Y es una de las herramientas más poderosas que tenemos para regular las emociones. [3]

Alison Wood Brooks, investigadora de Harvard, puso esto a prueba. Quería saber lo siguiente: si interpretamos una emoción de forma diferente, ¿podemos cambiar nuestro rendimiento bajo presión? Así que sometió a los participantes a situaciones de mucho estrés: hablar en público, cantar delante de desconocidos, incluso hacer exámenes de matemáticas. Pero, antes de empezar, pidió a un grupo que reformulara su ansiedad diciendo en voz alta: «Estoy emocionado».

¿El resultado? Aquellos que hicieron ese pequeño cambio y reinterpretaron lo que sentían como «emoción» (en lugar de «ansiedad»), no solo se sintieron menos ansiosos, sino que también rindieron más. [4] Y no es algo puntual. Otros estudios demuestran que, cuando decides ver el estrés como algo que puede ayudarte, en lugar de perjudicarte, consigues una mayor concentración, una motivación más fuerte y un mejor finalización de las tareas. [5]

Lo que resulta más fascinante aquí es que Brooks no pidió a los participantes que dijeran «Estoy tranquilo». No intentaron alcanzar un estado «zen». Y hay una buena razón para ello. Cuando tu cuerpo está inundado de adrenalina y cortisol, intentar forzarte a alcanzar un estado de calma no funciona. Tu cuerpo sabe más que tú.

Una estrategia más eficaz es trabajar con esa energía. No te resistas a ella, aprovéchala. Deja que te impulse.

Ya sea que estés estudiando para un examen, cerrando un trato importante o subiéndote a un escenario frente a miles de personas, el estrés puede ser tu aliado si lo permites.

Así que en lugar de gastar energía tratando de reprimir lo que sientes, reformúlalo. Recuérdate a ti mismo: «Estoy preparado. Esto me importa. Mi cuerpo me ha preparado para llevarlo a cabo».

Deja que esa energía trabaje a tu favor, no en tu contra.

⚙ PRÁCTICA. Aprovecha tu energía emocional

La próxima vez que notes ese estrés o ansiedad que precede a la inseguridad, ponte a sonreír. En serio, pruébalo. Es una forma rápida de acceder al bucle de retroalimentación de tu cerebro, indicándote a ti mismo que estás listo y eres capaz. A continuación, haz una pausa y replantéate lo que sientes. Considera ese aumento de energía como la forma de prepararse que tiene tu cuerpo para ayudarte a sobresalir.

- Si tu corazón se acelera cuando piensas en una oportunidad que puede definir tu carrera (y que deseas), repítete a ti mismo: «Estoy emocionado por dar este paso. Esta es mi energía acumulada para triunfar».
- Si sientes mariposas en el estómago antes de una presentación importante, piensa: «Estoy concentrado y preparado. Mi cuerpo me está dando exactamente lo que necesito para hablar de una forma impactante».
- Si tus músculos se tensan ante una decisión difícil, recuérdate a ti mismo: «Mi cuerpo está aumentando mi concentración, preparándome para tomar la mejor decisión».

¿Y si todo lo demás falla? Muévete. Si te sientes angustiado, lleva esa energía a otro sitio: sal a caminar, a correr o incluso a bailar como si nadie te estuviera mirando (y, con suerte, no lo estarán haciendo). A veces, no es necesario plantearse cómo hay que superar el estrés. Solo hay que moverse con él.

El peso oculto de la sobrecarga

Sin embargo, debemos ser realistas. A veces, por mucho que intentemos replantearnos las cosas, sonreír y seguir adelante, no es suficiente. Estás tan sobrepasado y agotado que no puedes pensar con claridad, y mucho menos replantearte lo que estás sintiendo. Esto se debe a que, en esos momentos, hay mucho más que la emoción en sí misma; se trata del peso total de lo que estás soportando, tanto emocional como física, mental y ambientalmente.

En una abarrotada sala de conferencias, un profesor de psicología levantó un vaso de agua.

«¿Cuánto pesa este vaso?», preguntó.

Los estudiantes lanzaron sus conjeturas: 350 ml, 470 ml, quizás más.

El profesor asintió con la cabeza y continuó: «El peso real del vaso no es lo que importa. Lo que importa es cuánto tiempo lo sujeto. Si lo sujeto solo un minuto, me parece ligero y fácil de manejar. Si lo sujeto durante una hora, me empezará a doler el brazo. Y si lo sujeto todo el día, el brazo se me entumecerá y paralizará, y al final lo dejaré caer. El vaso no ha cambiado, sino que, cuanto más tiempo lo sujeto, más pesado me parece que es».

Esta pequeña historia se me quedó grabada. Porque no se trata del vaso de agua, sino de todo lo que llevamos encima, ya sea cognitivo, emocional, físico o sensorial. Puede que al principio sean cosas pequeñas. Manejables. Pero si las aguantas demasiado tiempo, empiezan a agotarte. A veces, lo que parece inseguridad no es eso realmente. Es sobrecarga. No es «no soy lo bastante bueno», sino «llevo demasiada carga encima y mi cerebro está tirando la toalla».

Hay cuatro «cargas» ocultas que llevamos con nosotros y que pueden amplificar nuestras debilidades respecto a la inseguridad.

Carga cognitiva. Se trata del desorden mental que proviene de tener que lidiar con demasiados pensamientos, decisiones y responsabilidades. Es la lista de tareas pendientes que nunca termina, los pensamientos recurrentes que no te dejan dormir, la sensación de tener 23 pestañas abiertas en el cerebro; todo ello exigiendo tu atención. A veces se debe a que piensas demasiado. Otras veces, simplemente, a que tienes demasiado entre manos. En cualquier caso, tu cerebro se sobrecarga y no puede desconectar.

Carga emocional. Es el peso de los sentimientos que llevamos dentro, como el estrés, la ansiedad o la frustración, y que nos dejan agotados. No se trata tanto de las emociones en sí mismas como del esfuerzo que supone gestionarlas. Mantener la compostura ante los demás, ocultar lo que realmente sientes, fingir que estás bien cuando no lo estás. Todo ello se va acumulando, aunque nadie lo vea.

Carga física. Es el precio que pagamos por trabajar demasiado, descansar muy poco o padecer estrés crónico. Te deja tenso, dolorido y agotado. Incluso las tareas más sencillas te parecen colosales porque estás tan cansado que no confías en tus propias capacidades y te sientes como si tuvieras el depósito vacío.

Carga sensorial. Es el bombardeo constante de estímulos sensoriales: mensajes de texto, notificaciones, pantallas brillantes y ruido incesante. Tu sistema nervioso se sobrecarga y tu concentración se va al traste. Y no se trata solo de la tecnología. Los espacios abarrotados, las conversaciones ruidosas o las reuniones consecutivas pueden dejarte agotado, sobre todo si eres sensible a los estímulos. Pueden hacerte sentir nervioso, inquieto y, de alguna manera, vacío.

Cuando una de estas cargas se vuelve demasiado pesada, todo se hace más difícil. No es de extrañar que empieces a dudar de ti mismo o a sentirte impotente. Pero tú no tienes ningún problema. Tan solo estás cansado. Estás agotado por llevar demasiado peso sobre los hombros. Tu sistema nervioso está al límite.

Esto es lo que muchos consejos sobre la inseguridad no tienen en cuenta. Te dicen que «sigas adelante», «te esfuerces más», «sientas el miedo y actúes de todos modos». Pero lo que no consideran es que no puedes superar la sobrecarga con la sola fuerza del ingenio. A veces, lo más valiente que puedes hacer no es avanzar, sino dar un paso atrás, reflexionar y reevaluar la situación.

Puedes elegir si vas a seguir aguantando (permitiendo que la carga se haga cada vez más pesada) o si vas a soltar la carga, librándote de parte del peso, aunque sea por un momento.

Pero ¿cómo podemos saber qué carga debemos dejar de cargar? ¿Cómo podemos dar un paso atrás para ver el panorama completo? Puedes subirte a un balcón (metafórico). Deja que te lo explique.

Haz una pausa en tu balcón

Cuando empecé a tomar clases de baile latino en 2009, mi grupo tenía una tradición: todos los lunes íbamos a la noche de salsa de un restaurante cercano para practicar. La pista de baile estaba llena de bailarines curtidos que se movían con facilidad al ritmo de la música. La primera vez que entré, me quedé paralizada. El jaleo de pasos, la caótica energía; era demasiado para mí.

Un amigo mío se dio cuenta, me agarró del brazo y me subió por unas escaleras hasta un balcón que daba a la pista. Desde allí arriba, todo parecía diferente. Más tranquilo. El caos se convirtió cn una serie de patrones y pude ver a los bailarines profesionales moverse con gracia por el espacio.

Ese balcón se convirtió en mi red de seguridad. Mi botón de reinicio. Incluso después de ganar confianza en la pista de baile, me retiraba allí cada vez que necesitaba recuperar el aliento y ver el panorama general. Me daba perspectiva.

Esta idea (dar un paso atrás para reevaluar la situación) no solo es útil para el baile. Es fundamental para la vida. Los expertos en liderazgo suelen hablar de la importancia de «trabajar en el negocio, no dentro del negocio», alejándose de la rutina diaria para ver las cosas con claridad.

Lo mismo se aplica cuando la inseguridad o la ansiedad se apoderan de nosotros. Es fácil perderse en el ruido, incapaces de saber si solo estamos angustiados o si hay algo más profundo que no encaja.

Dar un paso atrás hacia tu balcón metafórico te aporta lucidez. Te permite hacer una pausa, analizar qué hay detrás de tus emociones y decidir qué vas a tener que cambiar.

En las entrevistas que hacía a personas de alto rendimiento, esto era un denominador común. No es que estuvieran libres de ansiedad, sino que sabían subir a sus balcones metafóricos para observar sus miedos y dudas con cierta distancia. Desde esa perspectiva más objetiva, podían ver lo que les pesaba y elegir qué carga dejarían a un lado, aunque solo fuera por un tiempo.

Tu balcón puede adoptar muchas formas:

- Fijar una fecha para reconsiderar una decisión difícil en lugar de precipitarse.

- Dar un paseo para despejar la mente.
- Escribir en un diario tus caóticos pensamientos.
- Tomarse un momento para meditar o rezar.
- Hablar de las cosas con alguien en quien confías.

Estas sencillas acciones crean un momento de respiro para alejarse del caos, recuperar cierta perspectiva y ver el siguiente paso con nuevos ojos. Pero hay algo más que te aporta tu balcón, más allá de gestionar tu sobrecarga. Puede revelar verdades más profundas. No toda la ansiedad es simple estrés. Podría ser tu intuición intentando decirte que algo no está bien.

Por eso es importante que salgas a tu balcón. Te da el espacio mental que necesitas para preguntarte: «¿Es solo una incomodidad que puedo superar o se trata de un desajuste más profundo?». Te ayuda a separar el miedo de la intuición, la duda de la autoconciencia, y te da valor para actuar en función de lo que descubras.

PRÁCTICA. Sal al balcón

Tomarte un tiempo para salir a tu balcón metafórico te ayudará a crear un espacio que te permitirá ver el panorama general, comprender tu pulso emocional y decidir adónde vas a dirigir tu energía. A continuación tienes los pasos para practicarlo:

Paso 1. Programa una «pausa en el balcón».

Anótala en tu calendario. Una vez a la semana, o incluso a diario, reserva un poco de tiempo para desconectar. En primer lugar, dedica diez minutos de tu «pausa en el balcón» a no hacer nada. Así es: absolutamente nada. Siéntate o túmbate, cierra los ojos o incluso mira por la ventana. Simplemente sé. Los italianos lo denominan la *dolce far niente* («la dulzura de no hacer nada») y los neerlandeses, *niksen* («no hacer nada»). Esta práctica ayuda a restablecer tus redes mentales, permitiendo que tu cerebro pase de estar «haciendo» constantemente a solo «ser».

Una vez que le hayas dado a tu mente la oportunidad de descansar, es hora de hacer balance de todo lo que tienes entre manos. Pregúntate:

- ¿Qué siento ahora mismo respecto a mi vida, mi trabajo, mis relaciones y mis compromisos?
- ¿Me siento motivado o completamente agotado?

Paso 2. Comprueba si hay una carga excesiva.

La inseguridad suele verse amplificada por cargas ocultas. Tómate un momento para reflexionar sobre las cargas subyacentes:

- **Carga cognitiva:** ¿estoy angustiado por tener tareas pendientes, tomar demasiadas decisiones o mi autocrítica?
- **Carga emocional:** ¿estoy cargando con el peso del estrés, el miedo o la frustración que está acabando con mi confianza?
- **Carga física:** ¿estoy agotado, tenso o con falta de sueño?
- **Carga sensorial:** ¿estoy demasiado estimulado por una avalancha de notificaciones, ruido o interacciones?

Si has respondido afirmativamente a alguna de estas preguntas, es posible que tu inseguridad no tenga tanto que ver contigo como con el peso de lo que estás cargando.

Paso 3. Aligera la carga.

No es necesario que lo lleves todo contigo. Aligerar la carga no eliminará por completo la inseguridad, pero creará el espacio mental y físico que necesitas para superarlas.

- **Carga cognitiva:** despeja tu mente. Escribe todo lo que te ronda por la cabeza para liberar espacio cognitivo, incluso ayuda una descarga mental de dos minutos. Si otra persona puede encargarse de algo, déjale que lo haga. No tienes por qué hacerlo tú todo. A continuación, aléjate, da un paseo por el barrio. Te ayudará a regular tu sistema nervioso, despejará tu mente e, incluso, potenciará tu creatividad. [6]
- **Carga emocional:** establece límites. ¿Hay algo que te agota, te distrae o te aleja de tus valores? Entonces, di «no». Decir «no» a lo que no te conviene es decir «sí» a lo que realmente es importante para ti (además, honra el atributo «aceptación»).
- **Carga física:** recarga tu energía. Aliméntate con comida nutritiva, bebe agua, estira o mueve el cuerpo, y no subestimes el poder del sueño. Si no puedes dormir más por la noche, intenta hacer una o dos siestas a lo largo del día. Los científicos del sueño han descubierto que las siestas cortas pueden recargar tus baterías mentales y mejorar la concentración. [7]
- **Carga sensorial:** silencia el ruido. Tu sistema nervioso no está diseñado para recibir estímulos constantemente. Desconéctate a propósito: cierra sesión, silencia las notificaciones y cierra las pestañas del navegador. Aunque solo sea por diez minutos. Tu mente necesita espacio para sus procesos, y tu sistema nervioso te lo agradecerá.

Paso 4. Diferencia entre crecimiento y desalineamiento.

La inseguridad suele manifestarse como una capa de miedo o ansiedad, y dar un paso atrás te ayuda a separar las oportunidades de crecimiento de un desalineamiento más profundo. Utiliza esta guía para reflexionar:

«Si el estrés o la ansiedad que siento desaparecieran mañana, ¿seguiría queriendo seguir este camino?».

A partir de ahí, evalúa la raíz de tus sentimientos:

- **Incomodidad ante el crecimiento:** ¿te sientes como si esto te sacara de tu zona de confort? ¿Ves potenciales beneficios o crecimiento si sigues adelante?
- **Desalineación:** ¿crees que este camino es agotador o no encaja con tus valores, objetivos o sentido de la identidad? ¿Estás aquí porque lo deseas o porque crees que deberías desearlo?

Paso 5. Actúa de forma intencionada.

Una vez que hayas aligerado tu carga y evaluado el mensaje subyacente de tu inseguridad, toma medidas para realinearte:

- **Cuando sea una señal de crecimiento:** canaliza tu energía en la preparación y la práctica. Replantéate esos sentimientos como señales de que estás entrando en un territorio nuevo y emocionante. Apóyate en tus otros atributos para ayudarte.
- **Cuando se trate de una desalineación:** confía en tus instintos. Date permiso para dar un paso atrás o cambiar hacia algo que sea más fiel a ti mismo.

Deshacerte de lo que te pesa crea espacio para lo que realmente es importante para ti y para la versión de ti mismo que está lista para salir al mundo. Cuando sales a tu balcón, aligeras tu carga y das pasos conscientes hacia delante, estás eligiendo que vuelves a confiar en ti mismo.

La energía que hay dentro de ti, ya sea ansiedad, miedo, estrés o incertidumbre, no tiene por qué frenarte. Puedes entrenarte para verla de otra manera, para convertir la ansiedad en emoción, la vacilación en acción y la duda en preparación. Tu cuerpo no está trabajando en tu contra, sino preparándote. Cuando te replanteas lo que sientes y aligeras las cargas ocultas que te abruman, recuperas el control del momento. Y, al hacerlo, desarrollas el hábito de mantenerte centrado. Y eso es tanto el núcleo de la adaptabilidad como una parte fundamental para generar la confianza profunda.

21

El don del asombro

La adaptabilidad aquí y ahora

La adaptabilidad comienza por sintonizarte con aquello que sientes. Se vuelve más manejable en cuanto empiezas a separar tus sentimientos de tu identidad y practicas formas de mantenerte equilibrado a nivel emocional. Pero también hay un tipo de fuerza más profunda que aparece cuando te permites superar la inseguridad. Ocurre cuando te permites emocionarte: por la belleza, la naturaleza, los actos valientes o los momentos de conexión. En otras palabras, por el asombro. Esta sensación de expansión le da a tu mente, cuerpo y sistema nervioso la oportunidad de descansar y reiniciarse.

Jules parecía tenerlo todo: una próspera marca de trajes de baño, una familia feliz y una vida que parecía sacada de Instagram. En tan solo ocho años, había convertido una pequeña tienda *pop-up* en una historia de éxito internacional. Desde fuera, parecía un sueño. Pero Jules no lo veía así.

Nunca dormía lo suficiente, estaba estresada todo el tiempo y le preocupaba que el negocio se viniera abajo. Darle tantas vueltas a las cosas y su indecisión la tenían atormentada.

Así que, un día, durante una de nuestras sesiones grupales, cambié de tema y le hice una pregunta: «¿Cuándo fue la última vez que sentiste alegría?».

Ella pensó durante un momento y luego dijo: «Ni siquiera puedo decírtelo... Puede que fuera antes de empezar el negocio. Solía dedicarme a la fotografía y a observar aves».

«¿Qué es lo que te gustaba de eso?», le pregunté.

La expresión de su rostro se relajó. «Me encantaba capturar la belleza de la naturaleza; los pequeños detalles que suelen pasar desapercibidos. Observar a las aves en su entorno natural me hacía sentir conectada con algo más grande que yo misma».

Jules había estado funcionando con el depósito vacío durante tanto tiempo que había olvidado lo que era sentirse viva. La animé a que volviera a crear un espacio para esos momentos. A la semana siguiente, se le iluminó la cara mientras le contaba al grupo cómo había pasado el fin de semana. Era la primera vez que no se centraba en su negocio desde que habíamos hecho las actividades para romper el hielo de nuestra primera reunión. El tiempo había sido perfecto y había pasado varias horas en una reserva natural cercana con sus prismáticos, observando martines pescadores junto al agua. Nos contó cómo había perdido la noción del tiempo y se había sentido presente plenamente, sin pensar en la siguiente tarea, el siguiente correo electrónico o el siguiente problema que había que resolver. Su tono era más alegre y sus ojos más brillantes. Por primera vez en mucho tiempo, se sentía emocionada de verdad.

Había redescubierto el poder del asombro.

Saborear los momentos de asombro

Esta es la esencia de saborear los momentos de asombro: prestar atención de forma intencionada y detenerse en las experiencias dignas de asombro para neutralizar los factores estresantes de la vida, restablecer el equilibrio emocional y reconectarse con algo más grande que uno mismo.

Cuando tienes problemas con la adaptabilidad, recordar momentos de asombro puede ser tu salvavidas. El asombro tiene una forma única de sacarte de tu propia cabeza y recordarte que la vida es mucho más que plazos, dudas y listas de tareas pendientes.

Yo viajo bastante, pero una cosa para la que siempre saco tiempo es pasar un rato en la terminal de llegadas internacionales. No puedo evitarlo, me encantan los reencuentros emotivos.

Recuerdo una vez que estaba esperando justo fuera de la puerta de llegada cuando vi a una pareja de ancianos caminando uno hacia el otro. Era obvio que no se habían visto en varios meses. Sin decir una sola palabra, se abrazaron. Podía sentir su alegría y alivio desde el otro lado de la sala. En ese momento, sentí una oleada de cariño y emoción. Aunque no los conocía, se me llenaron los ojos de lágrimas. Lo curioso es que, a veces, soy la única que llora.

En este caso, el asombro no fue dramático ni grandioso. Se manifestó en la hermosa simplicidad de la conexión humana, recordándome lo que realmente es importante.

El «efecto deshacer»

No es necesario que escales el Everest ni recorras el Amazonas con una mochila a cuestas para sentir el asombro. Por supuesto, estas increíbles aventuras son impresionantes, pero el asombro también se encuentra en lo cotidiano. Está en los pequeños momentos que no requieren un pasaje de avión ni un elaborado plan; están a tu alrededor, esperando a que los percibas. Y como dice la monja budista Pema Chödrön: «Disfrutar de las cosas corrientes no es sentimental ni trivial. En realidad se necesita valor para hacerlo». [1]

El asombro se produce cuando nos encontramos con algo tan poderoso que no podemos comprenderlo. [2] Los psicólogos lo describen como «una emoción que trasciende el yo o que lo hace más pequeño»; es decir, que te saca de tu propia cabeza. Los estudios demuestran que, cuando experimentas el asombro, la actividad neuronal que está relacionada con pensar demasiado y hacer autocrítica pasa a un segundo plano. [3] Ya no eres el centro de tu universo, y ¿adivina qué? Tampoco lo son tus problemas ni tus tensiones. De esta manera, el asombro tiene un efecto similar al don de olvidarse de uno mismo (que te ayuda a conectar con tu sentido de la aceptación).

Los efectos «agradables» del asombro tampoco se limitan al momento. Ayuda a restablecer todo tu sistema nervioso. Los investigadores lo denominan «efecto liberador». [4] Afloja el control de emociones difíciles como el estrés, [5] dando a tu sistema nervioso la oportunidad de recalibrarse. Te sientes más ligero. Más centrado. Más en paz. Y eso es lo bonito del asombro. Tiene el poder de echar a un lado tu negatividad cuando te sientes angustiado e inyectar una sensación duradera de paz y felicidad a tu vida. Estos momentos nos recuerdan con sutileza que el asombro está en los momentos más insignificantes, esperando a ser descubierto, y que es capaz de aliviar nuestras cargas y remodelar nuestro mundo interior.

Empieza por observar las cosas buenas que hay a tu alrededor. [6] Da un paseo y busca los detalles que normalmente pasarías por alto, ya sean grandes o pequeños: la calidez de la luz del sol que se filtra a través de las hojas de los árboles, el sonido de los pájaros en la distancia, la simetría perfecta de una flor. [7] Reflexiona sobre el bien que has hecho por los demás o las pequeñas cosas que has conseguido hace poco. [8] Sin embargo, hay una trampa. No basta con observarlo. También hay que saborear el momento. [9]

¿Qué significa esto exactamente? «Saborear» significa ralentizar, asimilar y apreciar plenamente lo que está sucediendo. Es darte permiso para sentir la alegría, el éxito, el asombro, sin restarle importancia. Porque, cuando te saltas este paso, te privas de la oportunidad de desarrollar la creencia de que haces cosas buenas, sientes cosas buenas y mereces cosas buenas.

Así es como podrías saborear los momentos de asombro:

- Quizás sea salir al aire libre al atardecer, cuando el cielo se funde del color melocotón al lavanda, y dejas de mirar la pantalla del teléfono móvil. Tu mente se calma. Sientes la brisa acariciando tu piel. Eres consciente de la belleza, te invade una especie de reverencia silenciosa y no apartas la mirada.

- Quizás sea ver cómo un amigo apoya a otra persona en un momento difícil, y hay algo en su generosidad que te conmueve. Te dejas envolver por esa sensación. Te sientes orgulloso de conocerlo. Eso también es una forma de admiración.

- Quizás sea sentarse en el coche después de dejar a tus hijos en el colegio, verlos alejarse con sus enormes mochilas y sentir una oleada de gratitud porque están a salvo. Te permites quedarte en ese momento, en lugar de apresurarte a hacer la siguiente tarea.

¿Y lo mejor de todo? Pues que el asombro te hace más compasivo con los demás. [10] No solo te ayuda a sentirte mejor, sino que te convierte en una mejor persona para quienes te rodean.

Jules se lo tomó muy en serio. Volvió a practicar la observación de aves, incluso cuando le resultaba difícil justificarse ese tiempo a sí misma. «Al principio, me costaba mucho dedicar tiempo a disfrutar de estos momentos porque creía que no me lo merecía», admitió. «Pero, después de hacerlo varias veces, me resultó más fácil. Me di cuenta de que cuanto más disfrutaba de estos momentos, más los buscaba. Lo más curioso fue que empecé a preocuparme menos. Me volví más consciente, más agradecida, más paciente con mi familia e incluso más amable conmigo misma. Estaba menos en mi cabeza y más en el mundo».

El asombro es como una reserva emocional: te satisface, te da fuerza y te ayuda a afrontar los retos. Con el tiempo, probablemente descubrirás que controlas mejor tus inseguridades y los atributos que las amplifican, lo que te permitirá tener una visión más tolerante y agradecida de ti mismo y de tu vida.

Así que tómate un momento. Sal al exterior. Mira hacia arriba. Presta atención a las pequeñas cosas que hacen que la vida sea extraordinaria. Porque, cuando acumulas momentos de asombro, no solo saboreas lo bueno, sino que también cultivas un hábito que cambia la forma en que te muestras al mundo.

TÓMATE UN MINUTO

Imagina lo que podrías lograr si aceptaras sin reservas la adaptabilidad y saborearas los momentos de asombro hoy, esta semana y en adelante.

EL CAMINO HACIA LA CONFIANZA PROFUNDA

22

Convierte la confianza en ti mismo en tu historia

Cualquiera que sea el momento vital en el que te encuentres ahora, tu futuro sigue estando en tus manos. Gracias a este libro, has descubierto por qué persiste la inseguridad y qué debes hacer al respecto. Has aprendido cómo puedes zafarte de su control y desarrollar una confianza en ti mismo que siempre ha estado en tu interior.

A medida que fortalezcas la esencia de tu persona, empezarás a ver los patrones que existen con mayor claridad. Te sentirás más tranquilo, más fuerte, más centrado, más tú mismo. Te apoyarás en los atributos que ya son tus puntos fuertes y desarrollarás aquellos que te parecen más inestables.

Pero recuerda esto: no es necesario que lo cambies todo de golpe. No es necesario que te conviertas en otra persona. Como has visto en muchas de las anécdotas que has leído, solo hace falta un cambio, un nuevo hábito, para empezar a verte de otra manera.

De hecho, cuanto más específico seas sobre las inseguridades que pueden estar obstaculizando tu camino, más poder tendrás para cambiar tus creencias y empezar a verte de una nueva manera.

Siete pasos para conseguir la confianza profunda

Aquí tienes siete pasos que puedes seguir para empezar a desarrollar la confianza profunda fortaleciendo tus atributos fundamentales: «aceptación», «actuación», «autonomía» y «adaptabilidad».

1. **Sabe dónde te encuentras.** Empieza por completar tu perfil de inseguridad. Si aún no lo has hecho, dedica unos minutos a responder las doce preguntas. Identifica cuáles de tus atributos podrían necesitar más refuerzo y en qué aspectos la inseguridad podría estar frenándote sin que te des cuenta. No des por sentado el resultado. Reflexiona al respecto. ¿Coincide con lo que te hace sentir estancado? ¿Destaca algo que has estado pasando por alto o infravalorando? Este paso tiene que ver con la conciencia. No puedes cambiar lo que no ves.

2. **Imagina quién quieres ser, sin el estorbo de la inseguridad.** Imagina cómo serías si funcionaras en tu mejor estado, confiando más en ti mismo y dudando menos. ¿Cómo es esa versión de ti mismo? ¿Cómo habla, decide, lidera, vive? ¿Cómo se siente? Incorpóralo.

3. **Elige un atributo que quieras fortalecer.** Fíjate en el atributo que más te está frenando, el que te hace tropezar o te impide convertirte en la versión de ti mismo que acabas de imaginar. Ese es tu punto de partida. Céntrate en él.[1]

4. **Elige un problema en el que centrarte.** Piensa en un reto concreto que esté relacionado con el atributo que has decidido fortalecer.
   A. *Duda diaria:* ¿Este problema es algo que se presenta a diario, como no decir lo que piensas o darle demasiadas vueltas a lo que has escrito en tus correos electrónicos?
   B. *Gran duda:* ¿Este problema es algo más grande, un asunto más importante que afecta a múltiples áreas de

tu vida o bloquea tus objetivos a largo plazo, como cambiar de carrera profesional?

5. **Practica el don de cada atributo para darte impulso.**

   - La **aceptación** te invita a aceptar tu autoestima y centrarte en la contribución más que en la validación, practicando el don de olvidarse de uno mismo.

   - La **actuación** te ayuda a confiar en tus habilidades y a evitar las comparaciones, canalizando el don de tu autoridad interior.

   - La **autonomía** te recuerda que debes tomar las riendas de tu propia vida y sacarle el máximo partido a lo que tienes con el don de la esperanza.

   - La **adaptabilidad** te guía para mantener los pies en la Tierra durante la tormenta de emociones con el don del asombro.

6. **Prueba una práctica (y luego otra).** Selecciona una práctica del atributo en el que te estés enfocando (encontrarás todas las herramientas de la confianza profunda en la página 337). Pruébala durante una o dos semanas. Observa qué cambia: ¿hay cambios en cómo respondes a esa voz interior? ¿Te comportas de manera diferente? La conciencia de uno mismo es poderosa, incluso si la transformación no se produce de golpe.

7. **Encuentra a tu gente.** La confianza en uno mismo aumenta más rápido en buena compañía. Rodéate de personas que crean en ti, incluso cuando tú no lo hagas. Son las personas que te hacen responsable, te animan y te recuerdan quién eres cuando la inseguridad se hace fuerte. Si aún no las tienes, empieza a buscarlas. Una sola persona que te apoye puede marcar una gran diferencia.

Recuerda que desarrollar la confianza profunda y mantener fuertes tus atributos es una práctica que dura toda la vida y que consiste en reforzar los hábitos que dan forma a la imagen que tienes de ti mismo.

A medida que cambia la vida, también lo hace la forma en que estas ideas resuenan en tu interior. Regresa una y otra vez; cada vez descubrirás algo nuevo.

Comprométete con tu viaje personal

Ten en cuenta también que vivimos en una sociedad en la que queremos resultados inmediatos. Por eso, cuando el desarrollo personal parece lento, resulta tentador tirar la toalla. Pero es precisamente en esos momentos que la perseverancia es más importante. El objetivo de este libro es ayudarte a desarrollar la confianza profunda. Se trata de cambiar los hábitos que determinan cómo te ves a ti mismo y cómo reaccionas cuando aparece la duda. El objetivo es fortalecer tus atributos fundamentales para que tomar medidas audaces, realizar cambios significativos y mostrarte tal y como eres se convierta en algo natural en ti. Para algunas personas, ese cambio se produce rápidamente. Para otras, se desarrolla de una forma más gradual. Ambas cosas son válidas. Ambas son suficientes.

La paradoja es que, aunque cambiar cómo te ves a ti mismo y trabajar en tus debilidades requiere un esfuerzo inicial, a la larga te aporta más energía. Es la mejor inversión a largo plazo que existe. Fayçal y yo lo hemos visto una y otra vez: la vida es más fácil cuando las inseguridades no se interponen en tu camino. ¿Hacer un pequeño esfuerzo ahora para una vida que sea radicalmente diferente? Es una compensación que aceptaríamos sin dudarlo.

Comprométete con el proceso. Puedes empezar haciendo un pequeño cambio: una práctica, un hábito, un pensamiento que decides cuestionar en lugar de creer. Luego, algo más. O puede que te encuentres recurriendo a los dones de cada atributo en los momentos más inesperados.

Recuerda: ya has hecho cosas difíciles antes. Piensa en las prácticas, los hábitos y las habilidades que antes te parecían inalcanzables y que ahora son algo natural para ti. Este viaje no es diferente. Lo que ahora te resulta desconocido pronto se convertirá en algo habitual en ti.

Tu vida es un regalo

Pero aquí está la parte final y más importante: no lo hagas solo por ti.

Deja que tu desarrollo personal se difunda hacia fuera. Deja que sirva a un propósito mayor. Comparte tu talento. Sé el líder que alienta a los demás. El padre que inspira. El amigo que ilumina. El ser humano que hace del mundo un lugar mejor simplemente siendo él mismo.

Eso es lo que desbloquea a la confianza profunda; no solo la confianza interior, sino también la impresión que causa en el exterior.

Haz que la confianza profunda forme parte de ti. Tú lo vales. Y el mundo también.

Sigue avanzando. Sigue escogiéndote a ti mismo.

Porque la confianza en uno mismo no se crea en un gran momento. Se crea en cada pequeño momento en el que decides:

«No voy a acobardarme».

«No voy a esconderme».

«No voy a dudar».

«Esta vez no».

Ahora vuelve a escribir tu historia.

LA CONFIANZA PROFUNDA EN LAS RELACIONES Y EL LIDERAZGO

Aunque este libro se centra en tu viaje personal, la inseguridad no existe en el vacío, y tú tampoco. Los hábitos que desarrollas influyen no solo en cómo te muestras ante ti mismo, sino también en cómo te muestras en las relaciones personales, en el trabajo y como líder.

Tu perfil de inseguridad en las relaciones personales

La inseguridad se manifiesta de forma sutil en las relaciones que tienes con tus seres queridos. Una pareja que se vuelve distante. Un amigo que deja de hablarte. Un hijo que es reacio a confiar en ti. Un padre que malinterpreta tu tono de voz. La inseguridad puede crear tensión, distancia y fricciones cuando nuestras debilidades internas salen a la superficie, y cuando aún no contamos con las herramientas que nos ayudarían a superarlas juntos.

Por eso, cultivar los cuatro atributos en tus relaciones más cercanas es tan importante como desarrollarlos en ti mismo. Te ayudan a crear más seguridad emocional, confianza y espacio para que seas visto, escuchado y apoyado, por ambas partes. Aquí tienes algunas formas pequeñas pero poderosas de empezar.

Desarrollar juntos la aceptación

- **Escucha:** demuéstrales que son importantes para ti prestándoles toda tu atención. («He oído que te sientes inseguro con el trabajo/la escuela. Cuéntame qué sucede»).
- **Celebra el carácter:** elogia el tipo de persona que son; no solo lo que hacen. («Tu amabilidad me ha impresionado hoy, pero siempre lo hace»).
- **Interrumpe la autocrítica:** rechaza con delicadeza sus ideas negativas. («Mira, no creo que eso sea cierto en absoluto. Has demostrado tu capacidad una y otra vez»).

Impulsar juntos la actuación

- **Reconoce el esfuerzo:** destaca el proceso, no solo el resultado. («Veo el esfuerzo que estás poniendo en esto. Es impresionante y está dando sus frutos»).
- **Normalizar el hecho de intentar cosas nuevas:** apoya la experimentación sin presión. («Probemos esto, aunque no estemos preparados al cien por cien. Siempre podemos ir ajustando sobre la marcha»).
- **Señala sus puntos fuertes:** ayúdalos a ver aquello que aportan. («Tienes muy buen ojo para el diseño y la iluminación. La redecoración del salón ha sido increíble»).

Fomentar juntos la Autonomía

- **Respeta su espacio:** afirma su necesidad de recargar baterías. («Sé que prefieres estar solo. Tómate todo el tiempo que necesites. Estaré aquí cuando estés listo»).
- **Apoya sus decisiones:** demuestra que confías en su criterio. («Decidas lo que decidas, estoy contigo»).
- **Pregunta qué necesitan:** en lugar de lanzarte a dar consejos o intentar arreglar las cosas, prueba a hacer la pregunta

ERI: «¿Necesitas alguien que te escuche (E), alguien que te ayude a resolver un problema (R) o alguien con quien Intercambiar ideas (I)?». Deja que te digan lo que necesitan.

Desarrollar juntos la adaptabilidad

- **Liderar con empatía:** valida su experiencia. («Veo que esto te resulta muy difícil ahora mismo y que te sientes frustrado»).
- **Haz una pausa:** cuando la situación se vuelva tensa, da ejemplo de regulación emocional. («Me importa tu punto de vista y quiero reaccionar de una forma reflexiva. ¿Puedo tomarme cinco minutos para analizarlo?»).
- **Superad juntos el estrés:** sugerid estrategias de recuperación que podáis compartir. («Salgamos a dar un paseo. El aire fresco nos ayudará a recargar baterías»).

Si quieres investigar cómo se manifiesta tu perfil de inseguridad en tus relaciones personales y cómo puedes fomentar la confianza profunda en ellas, descárgate la guía complementaria en bigtrustbook.com.

Tu perfil de inseguridad en el liderazgo

A lo largo de los años, he tenido el privilegio de trabajar con algunas de las empresas más reconocidas y exitosas del mundo: Deloitte, J.P. Morgan, Nestlé, Microsoft, Electrolux, Coca-Cola, Procter & Gamble, LVMH y muchas más. Con independencia del sector o el nivel, siempre surge la misma pregunta:

«¿Cómo puedo sacar lo mejor de mi equipo?».

Las investigaciones son claras al respecto. Ya sea que dirijas un equipo ejecutivo sénior, organices reuniones diarias con un equipo de desarrollo, gestiones el personal de un restaurante durante la hora punta de la cena o entrenes al equipo de debate de la escuela de tus hijos, todo empieza por ti. Tu presencia, energía y mentalidad se transmiten a todos los demás.

Pero hay algo que suele pasarse por alto: cómo gestiona tu equipo sus propias inseguridades.

Porque cuando las personas dudan de sí mismas, se retraen. Titubean. No se atreven a hablar ni a dar un paso al frente, ni siquiera en entornos inclusivos y que les brindan el apoyo que necesitan. Y esa vacilación limita su desarrollo personal, rendimiento y potencial.

Y ahí entra en juego la confianza profunda. Cuando los líderes empresariales cultivan de forma intencionada los cuatro atributos fundamentales, ayudan a sus empleados a desarrollar una confianza en sí mismos que es auténtica y duradera; del tipo que se manifiesta bajo presión y promueve una acción llena de seguridad.

Y así es como se crean equipos audaces y resilientes que tienen un alto rendimiento; equipos basados en la confianza profunda. A continuación verás cómo puedes crear este tipo de cultura de forma práctica.

Cultivar la aceptación en tu equipo

- **Destaca las fortalezas:** refuerza el hábito del reconocimiento. («Tienes un don especial para hacer fácil lo difícil. Tu aportación ha sido muy valiosa en la reunión de hoy»).
- **Promueve la sinceridad:** haz que ser una persona sincera sea la norma. («Hablemos abiertamente de lo que funciona y lo que no. Aquí no se juzga a nadie»).
- **Sé un modelo de autocompasión:** comparte tus propios fracasos y haz hincapié en el progreso por encima de la perfección. («Me equivoqué, y esto es lo que aprendí. Celebremos el esfuerzo y el aprendizaje, no solo los resultados»).

Fomenta la actuación en tu equipo

- **Aclara las cosas con un análisis previo:** establece objetivos claros y haz un análisis previo para prever los contratiempos. («Pensemos con antelación en los obstáculos a los que podríamos enfrentarnos en este proyecto y cómo los abordaremos»).
- **Recompensa la iniciativa:** crea el hábito de recompensar la acción, con independencia del resultado. («Aprecio que hayas tomado la iniciativa en esto. Tanto si funciona como si no, ese es el tipo de actitud que nos hace avanzar»).
- **Abandona la cultura de la comparación:** destaca los puntos fuertes de cada individuo y evita que los miembros del equipo se comparen entre sí. («Cada uno de vosotros aporta algo único. Eso es lo que hace que este equipo sea tan increíble»).

Fomenta la autonomía en tu equipo

- **Promueve una mentalidad orientada a las soluciones:** en lugar de darles respuestas, anímales a que propongan tres soluciones. Esto les ayudará a centrarse en lo que tienen bajo control. («¿De qué tres maneras podríamos abordar esto? ¿Qué opción crees que sería la mejor?»).
- **Ofrece opciones:** proporciona opciones en lugar de directivas. («Podemos abordar esto de dos maneras: ¿prefieres el plan A o el plan B?»).
- **Fomenta la autorreflexión:** anímales a evaluar su propio rendimiento y sus elecciones. («¿Qué te ha ido bien este trimestre? ¿Qué harías de forma diferente la próxima vez?»).

Desarrolla la adaptabilidad en tu equipo

- **Modela la calma bajo presión:** muéstrales cómo se mantiene la serenidad. («La semana pasada fue como una montaña rusa. Lo que me ayudó fue dar un paso atrás hasta que pude pensar con más sensatez»).

- **Establece el clima emocional:** las emociones son contagiosas, sobre todo las tuyas como líder. Marca la pauta manteniendo una energía optimista y alentadora. («Ha sido difícil, pero he visto lo capaz que es este equipo. Respiramos hondo, miramos lo que está funcionando y decidimos juntos cuál es el siguiente paso que daremos»).

- **Comprueba el pulso del equipo:** durante una reunión diaria o semanal, pídeles que hagan una rápida autoevaluación levantando los dedos de una mano para mostrar cómo se sienten ese día. Esto te permitirá detectar de forma discreta quién podría necesitar más apoyo. («Hagamos una rápida revisión del uno al cinco. Levantad el número de dedos que represente mejor cómo os sentís; cinco significa que estáis prosperando y uno significa que estáis teniendo dificultades»).

Si deseas explorar las formas de apoyar a tu equipo y crear una cultura de confianza profunda, puedes descargar una guía complementaria en bigtrustbook.com.

LAS HERRAMIENTAS DE LA CONFIANZA PROFUNDA

Este libro ofrece métodos prácticos que te guiarán en tu camino hacia la confianza profunda. La guía que encontrarás a continuación contiene ejercicios y herramientas fundamentales a las que puedes recurrir siempre que quieras.

La mente insegura

1. **Sincroniza tu consejo de administración.** Si notas que el consejo de administración de tu cerebro está disperso o estancado, vuelve a calibrarlo. ¿Tu director ejecutivo está angustiado? Prioriza sus diferentes tareas. ¿Tu jefe de estrategia está pensando demasiado? Divide un plan en tres pasos y comienza por el primero. ¿Tu responsable de automatizaciones está agotado? Simplifica la rutina con una lista de verificación. ¿Tu analista de riesgos está dándole vueltas a todo sin parar? Escribe el peor de los escenarios y cómo lo manejarías. Los pequeños reinicios ayudan a aclarar las ideas.

2. **Programa un «tiempo para preocuparte».** Dedica un tiempo cada día a abordar tus preocupaciones, anotándolas a medida que surgen y revisándolas más tarde. Esta práctica te ayuda a gestionar tus pensamientos, liberando tu energía mental para el resto del día.

3. **Invita a tus aliados internos.** Cuando te asalte la inseguridad: (a) habla con tu verificador de datos y pregúntale: «¿Qué pruebas tengo de que esto es cierto? ¿Qué pruebas tengo de que esto NO es cierto? ¿Cuál es la forma más equilibrada de verlo?», (b) a continuación, dirígete a tu asesor de confianza y pregúntale: «¿Qué dirían sobre mi capacidad para manejar esto?».

4. **Recupera tus etiquetas.** Cuando observes que te pones etiquetas negativas y limitantes, reemplázalas por una afirmación que esté orientada al desarrollo personal. Por ejemplo, sustituye «Soy intenso» por «Soy una persona apasionada y motivada» o «No soy lo bastante bueno» por «Soy una persona capaz y mejoro cada día».

5. **Crea nuevas vías neuronales.** Realiza la acción opuesta. Cuando la inseguridad te incite a reprimirte, haz lo contrario de lo que sientes. Si sientes que te encoges, ocupa más espacio. Esto te ayudará a reconfigurar tus respuestas condicionadas y a alinear tus acciones con cómo quieres sentirte, en lugar de reforzar tu estado.

Aceptación

1. **Enfréntate a tus mentiras internas. «Gracias, pero no».** Cuando te veas atrapado por un embustero interno (el típico juez, el protector equivocado, el maestro de ceremonias o el negligente), muéstrale tu rechazo diciendo: «Gracias, pero no». De este modo te desvinculas del pensamiento y creas un espacio emocional.

2. **Responde a tus embusteros internos.** Cuando la voz de un embustero interno te nuble el juicio, sigue estos pasos para despejar tu camino: (a) reconocer: identifica al embustero (el típico juez, el protector equivocado, el maestro de ceremonias o el negligente). (b) recordar: recuerda los

éxitos que tuviste en el pasado. (c) replantear: imagina qué consejo le darías a un ser querido si tuviera este miedo. (d) responder: reconoce y tranquiliza a los embusteros internos: «[nombre del embustero interno], gracias por preocuparte y por intentarme ayudar, pero yo me encargo».

3. **Deja de decirte a ti mismo lo que debes hacer.** Quítate la máscara por un día. La palabra «deber» a menudo proviene de la obligación o del deseo de complacer a los demás. Quítate la «máscara» por un día, ya sea compartiendo tus auténticas opiniones, pidiendo ayuda o vistiendo algo que refleje tu personalidad. «Si creo que debo, entonces es hora de _____ en su lugar».

4. **Alinéate con la persona que hay bajo la máscara.** Para empezar a liberarte de la búsqueda de aprobación, llega a la raíz de tus miedos y reconéctate con tu verdadero yo: (a) identifica por qué buscas aprobación y qué miedo te impulsa a ello; (b) pregúntate qué te está costando hacer; (c) actúa como si ya tuvieras la aprobación; (d) ¿qué lamentarás no haber hecho si sigues haciéndote pequeño? Cuando eliges una y otra vez el alineamiento en lugar de la aprobación externa, dejas de actuar y empiezas a vivir con todo tu yo.

5. **El proceso por encima de la perfección.** Tener algo hecho suele ser suficiente. Deja de tener la «perfección» como objetivo y, en su lugar, aspira a «cumplir con las especificaciones»; es decir, empieza con lo mínimo indispensable para ponerte en marcha. La acción más sencilla se convierte en el objetivo.

6. **Honra tus fracasos.** Cuando te invada el perfeccionismo, evita quedarte estancado en la autocrítica con estos tres pasos: (a) identifica tus pensamientos críticos: evalúa objetivamente lo que ha sucedido; (b) haz una evaluación realista: analiza qué comportamientos te han funcionado;

(c) crea una declaración de excelencia: utiliza lo que salió mal como punto de partida para mejorar y céntrate en aprender. Los fracasos pueden ser nuestros mejores maestros, pero tenemos que reflexionar al respecto para aprender de ellos.

7. **Aprovecha el don de olvidarse de uno mismo.** Cuando la inseguridad haga que te centres en ti mismo y te vuelva hiperconsciente de cómo te perciben los demás, redirige tu atención hacia algo más grande. Abandona la necesidad de supervisión constante o de impresionar a los demás. En su lugar, concéntrate en las personas que tienes delante o en la impresión que quieres causar en ellas. Esto te ayudará a reconectarte con tu valor intrínseco.

Actuación

1. **Reinterpreta la voz de tu impostor interno.** Reemplaza tus viejas historias por otras más constructivas: (a) detecta el pensamiento: toma conciencia de lo que te cuenta tu impostor interno; (b) formúlalo de otro modo: «no pertenezco a este lugar» se convierte en «esta es una oportunidad para crecer en un espacio que me he ganado»; (c) dilo en voz alta (o escríbelo). Consejo adicional: añade la palabra «todavía» al final de cualquier afirmación limitante para abrir la puerta a las posibilidades.

2. **Utiliza las «cualidades esenciales» para desarrollar destrezas.** Si te estás enfrentando a la voz de tu impostor interno y obsesionándote con lo que «te falta», aumenta tu sentido de la actuación aprovechando tus cualidades esenciales: (a) reflexiona sobre tus logros e identifica tus cualidades esenciales: recuerda las cualidades esenciales que te ayudaron a triunfar en el pasado; (b) detecta tus carencias: identifica las habilidades o competencias que sabes que te faltan;

(c) salva las carencias aplicando las cualidades esenciales: empareja las cualidades identificadas en (a) con las carencias de (b).

3. **Reenfoca tu gratitud.** En lugar de compararte con los demás, agradece lo que tienes. Esto te ayudará a mantener los pies en la Tierra y evitar las comparaciones. Completa esta frase: «Estoy agradecido por _____».

4. **Mantente en tu camino.** Prepárate, no te compares. Para ayudarte a mantenerte centrado en tu propia trayectoria, imagina el resultado ideal, así como los posibles obstáculos y cómo afrontarlos: (a) anticípate a los obstáculos y los «escenarios desafortunados»: piensa en todos los posibles problemas a los que te podrías enfrentar; (b) elabora tu plan de recuperación: desarrolla tu estrategia para afrontar cada contratiempo; (c) visualiza: ensaya mentalmente tanto los obstáculos como tu reacción.

5. **Una actividad diaria.** Dedica diez minutos al día a realizar una actividad creativa de carácter lúdico en la que el resultado no tenga ninguna importancia. Haz simples garabatos. Juega con arcilla. Toca la guitarra. Escribe el peor poema escrito jamás. Acepta ser un principiante y el desorden que conlleva aprender algo nuevo.

6. **Crea una «práctica lúdica» con misiones secundarias.** Desconecta de la presión de los resultados participando en actividades por pura diversión: (a) elige tu aventura: establece tu misión secundaria; (b) juega: sumérgete de lleno y experimenta; (c) reflexiona sobre la experiencia: ¿cómo te sentiste antes y después?; (d) ajusta y perfecciona: modifica tu proceso para la siguiente misión y vuelve a hacerlo todo otra vez.

7. **Aprovecha el don de la autoridad interior.** Cuando sientas que tu actuación es irregular, ánclate en aquello que sabes que es verdad. Confía en tus propias habilidades y en tu capacidad para aprender. Tu valor no proviene de ser el mejor. Proviene de ser tú mismo.

Autonomía

1. **El replanteamiento de los costes.** Escoge el desarrollo personal a largo plazo en lugar de la comodidad a corto plazo. Cuando te asaltan las dudas, tu cerebro intenta escapar de la incomodidad del momento, pasando por alto las consecuencias futuras. Dale la vuelta al guion haciéndote tres preguntas: ¿qué ganaré si hago esto ahora? ¿Cuánto me costará si ahora lo evito? ¿Cuánto me costará en seis meses o en doce meses? A continuación, da un pequeño paso adelante. Así es como consigues darte el impulso necesario.

2. **Sé un bisonte. Microdosifica** las dificultades. La mejor manera de mejorar en las cosas difíciles… es seguir haciendo cosas difíciles. Aumenta tu nivel de tolerancia a la incomodidad y gestiona mejor los riesgos microdosificando las tareas que te parezcan desafiantes: (a) identifica tus dificultades: concéntrate en aquello que evitas porque te parece demasiado difícil; (b) desglósalo: divide la tarea en pasos más pequeños; (c) programa la dosis: decide cómo la implementarás; (d) haz un seguimiento: fíjate en cómo te sentías antes, durante y después; (e) aumenta la dificultad cuando estés listo: incrementa la dificultad de forma gradual. Esto amplía tu zona de confort y tu superficie de suerte.

3. **Haz listas de «podría» y «lo haré».** Cuando empieces a sentirte agraviado o tratado injustamente, cambia de marcha: (a) empieza con una lista de «podría»: escribe todos los pasos posibles que podrías dar; (b) a continuación, crea tu lista de «lo haré»: comprométete con lo que vas a hacer.

4. **Reescribe tu historia.** Externaliza el peso de tus dificultades y reescribe tu historia personal para centrarte en cómo te han influido: (a) comparte tu historia actual: escribe sobre un momento decisivo que hayas tenido que superar; (b) externaliza tu historia: pregúntate ¿qué historia

preferiría contar? ¿cómo preferiría verme a mí mismo manejando esa situación?, para separar tu historia de tu identidad y reconsiderar el significado de tus retos; (c) reescribe tu historia: reflexiona sobre quién eras antes y después, y cómo te ha influido.

5. **Aprovecha el don de la esperanza.** Cuando sientes que las cosas están fuera de tu control, la esperanza te ayuda a volver a centrarte en lo que está en tus manos. Dirige tu atención a lo que puedes controlar y da pasos intencionados hacia adelante, impulsado por la fuerte creencia en tu capacidad para forjarte un futuro mejor.

Adaptabilidad

1. **Autoevaluación.** Aumenta tu adaptabilidad emocional evaluándote a ti mismo: (a) nómbralo y anótalo: pregúntate ¿quéestoy sintiendo ahora mismo?, y luego anótalo en la matriz; (b) pregúntate ¿me está ayudando esta emoción?. Si la respuesta es «no», pregúntate ¿qué pequeño cambio podría ayudarme a sentirme mejor y seguir adelante?. ¿Quién o qué podría apoyar ese cambio? Comprométete y actúa.

2. **Descubre la razón de la emoción.** ¿Cuál es la verdadera historia? Cuando nos invade el estrés y la ansiedad, a menudo se debe a valores que han sido transgredidos o expectativas que nos hemos impuesto: (a) identifica la emoción: identifica y da nombre a lo que estás sintiendo; (b) explora el desencadenante: identifica qué ha provocado la emoción; (c) conecta el atributo: identifica qué parte de ti mismo se siente atacada; (d) pregúntate: ¿cuál es la historia que te estás contando a ti mismo y cuál es la verdadera historia?; (e) haz algo: decide qué acciones reafirmarán tus valores. Este proceso te ayuda a comprender y abordar la raíz de tus emociones.

3. **Aprovecha tu energía emocional.** La próxima vez que sientas inseguridad o ansiedad antes de actuar, intenta replanteártelo como una emoción, concentración o preparación. Dite a ti mismo: «Estoy emocionado por esto» o «Mi cuerpo me está dando la energía necesaria para destacar», para convertir el estrés en un impulso que mejore tu rendimiento.

4. **Sal a tu balcón.** Haz «pausas en el balcón» con regularidad para descansar y reflexionar sobre tu carga emocional y mental: (a) programa una pausa en el balcón: pregúntate ¿cómo me siento actualmente respecto a mi carga de trabajo y mis compromisos? ¿Me siento motivado o completamente agotado?; (b) comprueba si la carga es excesiva: ¿estás cargando con más de lo que puedes soportar?; (c) aligera la carga: crea espacio; (d) diferencia entre crecimiento y desalineación: identifica lo que te dice tu inseguridad; (e) actúa de forma intencionada: vuelve a alinearte con lo que realmente es importante para ti.

5. **Aprovecha el don del asombro.** Cuando te sientes angustiado o atrapado por el estrés, el asombro puede reiniciar tu sistema. Busca esos momentos que te conmueven y saboréalos. El asombro restaura el equilibrio emocional y te reconecta con algo más grande que tú mismo.

MI GRAN AGRADECIMIENTO

Este libro no habría sido posible sin la generosidad, la sabiduría y el apoyo de muchas personas.

Gracias de todo corazón:

A Fayçal, mi compañero de vida, por confiar en mí a la hora de escribir este libro, por hacerte cargo de la fortificación (y los aperitivos) y por recordarme que nunca estoy sola. La vida es una alegría teniéndote a mi lado.

A nuestros respectivos padres, Maryam y Hooman, Mike y Sya, por vuestro amor, vuestros valores y el profundo pozo de fuerza del que venimos. Gran parte de lo que somos os lo debemos a vosotros.

Janet Goldstein, por ser mi brillante compañera en la redacción y finalización de este libro. Hiciste las preguntas más importantes y nos guiaste cuando nos perdíamos. No podría haberlo hecho sin ti.

A Wendy Sherman, por ver el potencial de este libro y defenderlo con tanto entusiasmo. Y a Callie Deitrick, Jenny Meyer y Heidi Gall por su apoyo y atención durante todo el proceso.

A mi increíble círculo de lectores beta (Ayman, Julia, Barry, Stephen, Ream, Aakriti, Mo, Anita, Ana Daniela, Asad y Akie) por leer el manuscrito, darme ánimos y enviarme las palabras perfectas en los momentos perfectos. Me recordasteis por qué esto es importante para mí. Y a mi maravillosa y talentosa amiga Vanessa van Edwards, muchas gracias por ser un gran apoyo y guía durante todo el proceso.

A Biz Mitchell, por ayudarme a hacer que este libro sea más contundente y tenga un mayor impacto. A nuestros editores, por acoger este libro con tanto cariño y cuidado. A Anna Paustenbach y Olivia Morris, por ver su potencial y decir «sí» a esta idea cuando era más necesario. A nuestro increíble equipo de *marketing* y asistencia: Anna Calame, Isabel Yates, Lucy Wingate, Jaini Haria, Aisling O'Toole, Ashley Yepsen, Aly Mostel, Melinda Mullen, Sarah Schoof, Laina Adler, Kaelee Aboud, Madison Du y Lily Crozier. A Blake Attwood, por intervenir en el momento justo y ayudarnos a pulir el libro. A Maya P. Lim, por convertir mis primeros bocetos en imágenes conmovedoras y poderosas. A Billy Oppenheimer, cuyo valioso boletín informativo sacó a la luz muchas de las historias que se han incluido en estas páginas. A Mark Fortier, Anne Day y mi atento equipo de relaciones públicas, por dar a conocer esta historia al mundo. Y a todos los que ayudaron a compartir el libro y a difundir su mensaje.

Gracias a mi profesores Mariano (Pitòsh) Heyden y Kohyar Kiazad, por plantearme retos y apoyarme de la manera adecuada durante los cinco años que duró mi doctorado. A los numerosos clientes, estudiantes y profesionales con los que he tenido el privilegio de trabajar a lo largo de los años, por sus historias, sus preguntas, su valentía y su honestidad, que me han ayudado a dar forma a las ideas de este libro. Y a todos los que participaron en nuestras investigaciones, por su tiempo, su confianza y su sinceridad: sus experiencias están entretejidas en cada capítulo.

Y, por último, gracias a ti, querido lector. Mi más sincero agradecimiento por elegir este libro. Gracias por permitirme sentarme a tu lado mientras cuestionas, reflexionas y creces como persona. Si te hace sentir un poco más valiente, un poco más amable contigo mismo o un poco más dispuesto a confiar en ti y dar el siguiente paso, habrás conseguido que todo esto haya valido la pena.

¿LISTO PARA AVANZAR?

Si te ha gustado este libro y estás listo para seguir adelante, tenemos herramientas, ideas y recursos adicionales que pueden aumentar el impacto de la confianza profunda en tu vida personal y en tu trabajo. Visita bigtrustbook.com, donde encontrarás:

- Recursos que puedes descargarte, guías y planes paso a paso para aplicar los atributos en la vida real.
- Contenido adicional para ayudarte a poner en práctica las ideas del libro.
- Un kit de herramientas para *coaches*, mentores, directivos y profesionales que quieran utilizar el perfil de inseguridad con sus clientes. Incluye guías de conversación, consejos prácticos y plantillas de reflexión para ayudar a otras personas a desarrollar la confianza profunda.

Lleva la confianza profunda a tu equipo o evento de trabajo

Si te ha gustado este libro y quieres saber cómo podría ayudarte la Dra. Shadé con tu empresa o evento de trabajo, visita shadezahrai.com/speaking. Descubrirás cómo puede conseguir cambios importantes y duraderos en individuos y equipos.

NOTAS

Epígrafe
1. 'Abdu'l-Bahá, *Tablets of 'Abdu'l-Bahá*, vol. 2. Wilmette, IL: Bahá'í Publishing Committee, 1915-1916, p. 404.

Introducción: Todos somos más que nuestras inseguridades
1. Mis abuelos (y tanto Fayçal como yo) son seguidores de la fe bahá'í, una bella religión que celebra la unidad de todas las creencias y de la humanidad. Mis abuelos huyeron de Irán para escapar de la persecución religiosa.

Autoevaluación: Tu perfil de inseguridad
1. Estas cifras han sido obtenidas de las 2.210 personas que realizaron la evaluación del perfil de inseguridad hasta el 4 de abril de 2025.

Capítulo 1: ¿Quién lleva las riendas?
1. Esto se basa en el trabajo del profesor Julius Kuhl, toda una autoridad en motivación humana. Julius Kuhl, Markus Quirin y Sander L. Koole (2021), «The Functional Architecture of Human Motivation: Personality Systems Interactions Theory», en *Advances in Motivation Science*, vol. 8, Elsevier, pp. 1-62.

2. Mark R. Leary y Catherine A. Cottrell (1999), «Evolution of the Self, the Need to Belong, and Life in a Delayed-Return Environment», en *Psychological Inquiry* 10, n.o 3, pp. 229-232; Mark Leary (2012), *Understanding the Mysteries of Human Behavior*. Great Courses.

3. Ian Weinstein (2002), «Don't Believe Everything You Think: Cognitive Bias in Legal Decision Making», en *Clinical Law Review* 8, p. 783.

4. Ralf Schwarzer (2014), «Thought Control of Action: Interfering Self-Doubts», en *Cognitive Interference*, Routledge, pp. 99-116.

5. Matthew A. Killingsworth y Daniel T. Gilbert (2010), «Wandering Mind Is an Unhappy Mind», en *Science*, 330, n.º 6.006, p. 932.

6. Esto se denomina «control del estímulo» para la preocupación; Sarah K. McGowan y Evelyn Behar (2013), «A Pre-liminary Investigation of Stimulus Control Training for Worry: Effects on Anxiety and Insomnia», en *Behavior Modification* 37, n.1, pp. 90-112.

7. Se denomina «sistema de activación reticular ascendente», el cual contiene el núcleo reticular talámico; Nicholas Sheridan y Prasanna Tadi (2025), «Neuroanatomy, Thalamic Nuclei». StatPearls [Internet]; Mauro Maldonato (2014), «The Ascending Reticular Activating System: The Common Root of Consciousness and Attention», en *Recent Advances of Neural Network Models and Applications: Proceedings of the 23rd Workshop of the Italian Neural Networks Society (SIREN), May 23–25, Vietri sul Mare, Salerno, Italy,* Springer International Publishing, pp. 333–344.

8. Roger Bohn y James E. Short (2012), «Measuring Consumer Information», en *International Journal of Communications* 6, pp. 980-1000.

Capítulo 2: ¿Debo creer todo lo que pienso?

1. Robert E. Kleck y Angelo Strenta (1980), «Perceptions of the Impact of Negatively Valued Physical Characteristics on Social Interaction», en *Journal of Personality and Social Psychology* 39, n.º 5, pp. 861–873.

2. Hester De Boer, Roel J. Bosker, and Margaretha PC van der Werf (2010), «Sustainability of Teacher Expectation Bias Effects on

Long-Term Student Performance», en *Journal of Educational Psychology* 102, n.º 1, pp. 168–179.

3. Las investigaciones científicas han demostrado que las creencias pueden influir en los resultados: el efecto placebo demuestra que si esperas menos dolor, tu cerebro reduce la actividad relacionada con el procesamiento del dolor; Tor D. Wager y Lauren Y. Atlas (2015), «The Neuroscience of Placebo Effects: Connecting Context, Learning and Health», en *Nature Reviews Neuroscience* 16, n.º 7, pp. 403-418. Los pacientes que creen en la eficacia de un tratamiento se recuperan más rápido, con independencia de su eficacia real; Janet B. Williams, D. Popp, Ken A. Kobak y Michael Detke (2012): «P-640: the Power of Expectation Bias», en *European Psychiatry*. 27, supp. 1, p 1. Esta conexión entre la mente y el cuerpo afecta incluso al metabolismo, como se muestra en un estudio de Stanford en el que los participantes que creían haber consumido un batido alto en calorías experimentaron una reducción del hambre, a pesar de haber bebido la misma bebida baja en calorías; Alia J. Crum, William R. Corbin, Kelly D. Brownell y Peter Salovey (2011), «Mind over Milkshakes: Mindsets, Not Just Nutrients, Determine Ghrelin Response», en *Health Psychology* 30, n.º 4, pp. 424-429.

4. Maxwell Maltz (2015), *The New Psycho-Cybernetics: Updated and Expanded*. Tarcher.

5. Carol Dweck, psicóloga, investigadora y autora de Stanford, define la mentalidad fija como la creencia de que las habilidades y la inteligencia son rasgos estáticos que no se pueden cambiar ni desarrollar. Por el contrario, la mentalidad de crecimiento es la comprensión de que las habilidades y la inteligencia se pueden desarrollar mediante la dedicación, el trabajo duro y el aprendizaje; Carol S. Dweck (2013), *Mindset: The New Psychology of Success*. Ballantine Books.

6. Michael Gervais, presentador, *Finding Mastery with Dr. Michael Gervais*, pódcast, «How Creativity Can Help Us Unlock Our

Potential | Writer of Pixar's Inside Out, Meg LeFauve», 22 de enero de 2024, «https://findingmastery.com/podcasts/meg-lefauve/».

7. Esto se conoce como el proceso de neuroplasticidad; Eberhard Fuchs y Gabriele Flügge (2014), «Adult Neuroplasticity: More Than 40 Years of Research», en *Neural plasticity* 2014, n.º 1, 541870.

8. Lawrence Shapiro (2019), *Embodied Cognition*. Routledge

Capítulo 3: ¿Qué me dice mi perfil de inseguridad?

1. Se realizaron dos encuestas cuantitativas con un total de 4.078 participantes, junto con 820 respuestas a encuestas cualitativas, 65 entrevistas en profundidad y 12 estudios de casos.

2. El perfil de la inseguridad se basa en investigaciones que identifican las autoevaluaciones fundamentales como una medida de la autoimagen, compuesta por cuatro palancas clave: autoestima, autoeficacia, locus de control y neuroticismo. Estas palancas determinan cómo perciben las personas su valor, sus capacidades y su sentido del control. Los cuatro atributos del perfil de inseguridad («aceptación», «actuación», «autonomía» y «adaptabilidad») convierten estos rasgos psicológicos en áreas de acción para reforzar la confianza en uno mismo y reducir el poder de la inseguridad. Timothy A. Judge, Edwin A. Locke, Cathy C. Durham y Avraham N. Kluger (1998), «Dispositional Effects on Job and Life Satisfaction: The Role of Core Evaluations», en *Journal of Applied Psychology* 83, n.º 1, pp. 17-34.

3. A fecha de 20 de enero de 2025, el sistema del perfil de inseguridad se ha probado con 8.882 personas de todo el mundo.

4. En uno de nuestros programas en línea, los alumnos dedicaron solo veinte minutos al día durante once días (3,5 horas en total) a la autorreflexión y a la aplicación de herramientas prácticas.

Informaron de cambios tangibles en la forma en que se ven a sí mismos y en su fuerza interior ante la inseguridad. En uno de los estudios que hice para mi doctorado con 311 participantes, observamos un aumento significativo en su capacidad para tomar medidas valiosas a pesar de sus inseguridades tras solo seis semanas utilizando unas herramientas concretas.

Capítulo 4: ¿Soy suficiente?

1. Basado en datos obtenidos de 2.210 personas que realizaron la evaluación del perfil de inseguridad hasta el 4 de abril de 2025.

2. Se trata de una forma de pensamiento extremista relacionado con el trabajo y que suele estar relacionado con necesidades insatisfechas y una baja autoestima. Robert J. Vallerand y Virginie Paquette (2021), «On Extreme Behavior and Outcomes: The Role of Harmonious and Obsessive Passion», en *The Psychology of Extremism*, Routledge, pp. 66-95.

3. Gay Hendricks (2009), *The Big Leap: Conquer Your Hidden Fear and Take Life to the Next Level.* HarperCollins

4. Richard H. Smith, Caitlin AJ Powell, David JY Combs y David Ryan Schurtz (2009), «Exploring the When and Why of *Schadenfreude*», en *Social and Personality Psychology Compass* 3, n.º 4, pp. 530-546.

5. Sue Gerhardt (2014), *Why Love Matters: How Affection Shapes a Baby's Brain.* Routledge.

6. Chris R. Fraley, Nathan W. Hudson, Marie E. Heffernan y Noam Segal (2015), «Are Adult Attachment Styles Categorical or Dimensional? A Taxometric Analysis of General and Relationship-Specific Attachment Orientations», en *Journal of Personality and Social Psychology* 109, n.º 2, pp. 354-368.

7. Dario Cvencek, Ruzica Brečić, Elizabeth A. Sanders, Dora Gaćeìa, David Skala y Andrew N. Meltzoff (2024), «Am I a Good Person? Academic Correlates of Explicit and Implicit Self-Esteem

During Early Childhood», en *Child Development* 95, n.º 4, pp. 1047-1062.

8. Robert E. L. Roberts y Vern L. Bengtson (1993), «Relaciones con los padres, autoestima y bienestar psicológico en la edad adulta temprana», en *Social Psychology Quarterly* 56, n.º 4, pp. 263-277.

9. Sue Gerhardt (2014), *Why Love Matters: How Affection Shapes a Baby's Brain*. Routledge.

10. Kristin J. Homan (2018), «Secure Attachment and Eudaimonic Well-Being in Late Adulthood: The Mediating Role of Self-Compassion», en *Aging & Mental Health* 22, n.º 3, pp. 363-370.

11. Catherine Cozzarelli, Joseph A. Karafa, Nancy L. Collins y Michael J. Tagler (2003), «Stability and Change in Adult Attachment Styles: Associations with Personal Vulnerabilities, Life Events, and Global Construals of Self and Others», en *Journal of Social and Clinical Psychology* 22, n.º 3, pp. 315-346; Amir Levine y Rachel Heller (2010), Attached: *The New Science of Adult Attachment and How It Can Help You Find —and Keep— Love*. Tarcher.

12. Martin Pinquart, Christina Feußner y Lieselotte Ahnert (2013), «Meta-Analytic Evidence for Stability in Attachments from Infancy to Early Adulthood», en *Attachment & Human Development* 15, n.º 2, pp. 189-218.

13. Hala Taha, presentadora, *Young and Profiting Podcast*, pódcast, «YAPClassic: Dr. Maya Shankar on Influence and the Science of Decision-Making,», 26 de mayo de 2023, «https://www.youngandprofiting.com/yapclassic-dr-maya-shankar-on-influence-and-the-science-of-decision-making/».

14. Maya Shankar, «Why Change Is So Scary —and How to Unlock Its Potential», vídeo, publicado el 25 de julio de 2023 por TED Conferences, YouTube, «https://www.youtube.com/watch?v=Tt0arZN6EBM».

15. Hei Wan Mak, Taiji Noguchi, Jessica K. Bone, Jacques Wels, Qian Gao, Katsunori Kondo, Tami Saito y Daisy Fancourt (2023), «Hobby Engagement and Mental Wellbeing Among People Aged 65 Years and Older in 16 Countries», en *Nature Medicine* 29, n.º 9, pp. 2233-2240.

16. Ciara M. Kelly, Karoline Strauss, John Arnold y Chris Stride (2020), «The Relationship between Leisure Activities and Psychological Resources That Support a Sustainable Career: The Role of Leisure Seriousness and Work-Leisure Similarity», en *Journal of Vocational Behavior* 117, p. 103340.

17. Aytug Cagirtekin y Ozgur Tanriverdi (2022), «Social Hobbies Can Increase Self-Esteem and Quality of Life in Female Breast Cancer Patients with Type A Personality Trait: KRATOS Study», en *Medical Oncology* 40, n.º 1, p. 50.

18. Nicole Farmer, Katherine Touchton-Leonard y Alyson Ross (2018), «Psychosocial Benefits of Cooking Interventions: A Systematic Review», en *Health Education & Behavior* 45, n.º 2, pp. 167-180.

19. Wya Feenstra, Jorik Nonnekes, Tahmina Rahimi, Heleen A. Reinders-Messelink, Pieter U. Dijkstra y Bas R. Bloem (2022), «Dance Classes Improve Self-Esteem and Quality of Life in Persons with Parkinson's Disease», en *Journal of Neurology* 269, n.º 11, pp. 5.843-5.847.

20. Juliana Breines y Serena Chen (2012), «La autocompasión aumenta la motivación para la superación personal», en *Personality and Social Psychology Bulletin* 38, n.º 9, pp. 1.133-1.143.

Capítulo 5: ¿Debo creer a las voces de mi cabeza?

1. Tim Ferriss, presentador, *The Tim Ferriss Show*, pódcast, episodio 490, «Dr. Jim Loehr on Mental Toughness, Energy Management, and the Power of Journaling, and Olympic Gold Medals», 30 de diciembre de 2020, «https://tim.blog/2020/12/30/jim-loehr-2-transcript/».

2. Arnaud D'Argembeau, Helena Cassol, Christophe Phillips, Evelyne Balteau, Eric Salmon y Martial Van der Linden (2014), «Brains Creating Stories of Selves: The Neural Basis of Autobiographical Reasoning», en *Social Cognitive and Affective Neuroscience 9*, n.º 5, pp. 646-652.

3. Mi investigación parecía coincidir vagamente con la «perspectiva de las partes» de Internal Family Systems (IFS), un modelo terapéutico desarrollado por Richard C. Schwartz.

4. Shadé Zahrai, «Master Your Mindset, Overcome Self-Deception, Change Your Life», vídeo publicado el 30 de marzo de 2022 por TEDx Talks, YouTube, «https://www.youtube.com/watch?v=4AzpmZ7AjaQ».

5. Nele Stinckens, Germain Lietaer y Mia Leijssen (2013), «Working with the Inner Critic: Process Features and Pathways to Change», en *Person-Centered & Experiential Psychotherapies 12*, n.º 1, pp. 59-78.

6. Andrew J. Martin y Herbert W. Marsh (2003), «Fear of Failure: Friend or Foe?», en *Australian Psychologist 38*, n.º 1, pp. 31-38.

7. Emma Seppälä (2016), *The Happiness Track: How to Apply the Science of Happiness to Accelerate Your Success*. Hachette UK.

8. Tal Ben-Shahar (2007), *Happier: Learn the Secrets to Daily Joy and Lasting Fulfillment*. McGraw Hill.

9. «Pasión obsesiva» es un término acuñado por Robert J. Vallerand y sus colegas en su artículo de 2003, y se ha descubierto que está relacionado con el deseo de aceptación social o con una baja autoestima: Robert J. Vallerand, Céline Blanchard, Genevieve A. Mageau, Richard Koestner, Catherine Ratelle, Maude Léonard, Marylene Gagné y Josée Marsolais (2003), «Les Passions de L'ame: On Obsessive and Harmonious Passion», en *Journal of Personality and Social Psychology 85*, n.º 4, pp. 756-767; Jeffrey M. Pollack, Violet T. Ho, Ernest H. O'Boyle y Bradley L. Kirkman (2020), «Passion at Work: A

Meta-Analysis of Individual Work Outcomes», en *Journal of Organizational Behavior* 41, n.º 4, pp. 311-331.

10. Duncan Cramer (2003), «Acceptance and Need for Approval as Moderators of Self-Esteem and Satisfaction with a Romantic Relationship or Closest Friendship», en *The Journal of Psychology* 137, n.º 5, pp. 495-505.

Capítulo 6: ¿Por qué me escondo?

1. Andre Agassi (2010), *Open: An Autobiography*. Vintage

2. William G. Graziano y Nancy Eisenberg (1997), «Agreeableness: A Dimension of Personality», en *Handbook of Personality Psychology*, Academic Press, pp. 795-824.

3. Toru Sato (2003), «Sociotropy and Autonomy: The Nature of Vulnerability», en *The Journal of Psychology* 137, n.º 5, pp. 447-466.

4. Ralph L. Piedmont (2014), «Social desirability bias», en *Encyclopedia of Quality of Life and Well-Being Research*, Springer International Publishing, pp. 6.036-6.037.

5. Mo Gawdat (2017), *Solve for Happy: Engineer Your Path to Joy*. Simon & Schuster.

6. Phil Stutz, «Talking About the Tools: John Cusack Interviews Phil Stutz», entrevista realizada por John Cusack, «https://www.thetoolsbook.com/blog/talking-about-the-tools-john-cusack-interviews-phil-stutz-part-3».

7. Dar Meshi, Carmel Morawetz y Hauke R. Heekeren (2013), «Nucleus Accumbens Response to Gains in Reputation for the Self Relative to Gains for Others Predicts Social Media Use», en *Frontiers in Human Neuroscience 7*, pp. 439.

8. Ronda Rousey (2015), *My Fight Your Fight: The First Memoir by the UFC Star*. Simon & Schuster

9. El término se atribuye ampliamente al psicólogo Clayton Barbeau, quien lo utilizó para describir la distorsión cognitiva asociada

con la palabra «debería». Sin embargo, no se ha confirmado la fuente original.

10. Tobias Teichert, Vincent P. Ferrera y Jack Grinband (2014), «Humans Optimize Decision-Making by Delaying Decision Onset», en PloS One 9, n.º 3, e89638.

11. Bronnie Ware (2012), *The Top Five Regrets of the Dying: A Life Transformed by the Dearly Departing*. Hay House.

12. Esta práctica se basa en los principios de la terapia cognitivo-conductual.

Capítulo 7: ¿Tengo que ser perfecto?

1. Brené Brown (2022), *The Gifts of Imperfection: Let Go of Who You Think You're Supposed to Be and Embrace Who You Are.* Hazelden Publishing

2. Brené Brown (2021), *Atlas of the Heart: Mapping Meaningful Connection and the Language of Human Experience.* Random House.

3. Joachim Stoeber (2018), ed., *The Psychology of Perfectionism: Theory, Research, Applications.* Routledge.

4. Paul L. Hewitt, Gordon L. Flett, Samuel F. Mikail, David Kealy y Lisa C. Zhang (2017), «Perfectionism in the Therapeutic Context: The Perfectionism Social Disconnection Model», en *The Psychology of Perfectionism*, Routledge, pp. 306-330; Simon B. Sherry, Anna L. MacKinnon, Kristin-Lee Fossum, Martin M . Antony, Sherry H . Stewart, Dayna L. Sherry, Logan J. Nealis y Aislin R. Mushquash (2013), «Perfectionism, Discrepancies, and Depression: Testing the Perfectionism Social Disconnection Model in a Short-Term, Four-Wave Longitudinal Study", en *Personality and Individual Differences* 54, n.º 6, pp. 692-697.

5. Alice Moon, Muping Gan y Clayton R. Critcher (2020), «The Overblown Implications Effect», en *Journal of Personality and Social Psychology* 118, n.º 4, pp. 720-742.

6. Kenneth Savitsky, Nicholas Epley y Thomas Gilovich (2001), «Do Others Judge Us as Harshly as We Think? Overestimating the Impact of Our Failures, Shortcomings, and Mishaps», en *Journal of Personality and Social Psychology* 81, n.º 1, pp. 44-56.

7. Las personas que tienen un mayor nivel de perfeccionismo tienden a definir la excelencia según los criterios de los demás, dando prioridad a lo que otros piensan de ellos por encima de lo que ellos piensan de sí mismos. Andrew P. Hill, Howard K. Hall y Paul R Appleton (2011), «The Relationship Between Multidimensional Perfectionism and Contingencies of Self-Worth», en *Personality and Individual Differences* 50, n.º 2, pp. 238-242.

8. Naomi Eisenberger, Matthew D. Lieberman y Kipling D. Williams (2003), «Does Rejection Hurt? An fMRI Study of Social Exclusion», en *Science* 302, n.º 5643, pp. 290-292.

9. James Dyson, «James Dyson: In Praise of Failure», WIRED, 11 de abril de 2011,«https://www.wired.co.uk/article/james-dyson-failure».

10. El excelentismo es una forma positiva de perfeccionismo que está impulsada por el deseo de crecer como persona, por encima de la autocrítica y la preocupación por lo que piensen los demás. Patrick Gaudreau, Benjamin JI Schellenberg, Alexandre Gareau, Kristina Kljajic y Stéphanie Manoni-Millar (2022), «Because Excellencism Is More Than Good Enough: On the Need to Distinguish the Pursuit of Excellence from the Pursuit of Perfection», en *Journal of Personality and Social Psychology* 122, n.º 6, pp. 1.117-1.145.

11. Kevin Stoltz y Jeffrey S. Ashby (2007), «Perfectionism and Lifestyle: Personality Differences among Adaptive Perfectionists, Maladaptive Perfectionists, and Non perfectionists», en *Journal of Individual Psychology* 63, n.º 4, pp. 414-423.

12. Joachim Stoeber y Julian H. Childs (2010), «The Assessment of Self-Oriented and Socially Prescribed Perfectionism: Subscales Make a Difference», en *Journal of Personality Assessment* 92, n.º 6, pp. 577-585.

13. Elizabeth Gilbert, «Thoughts on Writing», ElizabethGilbert.com, consultado el 24 de mayo de 2025, «https://www.elizabethgilbert.com/thoughts-on-writing/».

14. Seth Godin, «Meeting Spec (Doing the Minimum)», Blog de Seth, 31 de mayo de 2020, «https://seths.blog/2020/05/meeting-spec-doing-the-minimum/».

15. Jennifer Cole Wright, Thomas Nadelhoffer, Tyler Perini, Amy Langville, Matthew Echols y Kelly Venezia (2017), «The Psychological Significance of Humility», en *The Journal of Positive Psychology* 12 n° 1, pp. 3-12.

Capítulo 8: El don de olvidarse de uno mismo

1. 'Abdu'l-Bahá (1988), Star of the West, Vol. XVII, p. 348. Citado en *Lights of Guidance: A Bahá'í Reference File*, n.º 390. Bahá'í Publishing Trust.

2. Viktor E. Frankl (2014), *Man's Search for Meaning*. Beacon Press.

3. Larry Dossey (2018), «The Helper's High», en *Explore* 14, n.º 6, pp. 393-399.

4. Joseph Campbell y Bill D. Moyers (1988), *The Power of Myth*. Harmony.

Capítulo 9: ¿Puedo manejar esto?

1. Albert Bandura lo denominó «autoeficacia»; Albert Bandura (1977), «Self-Efficacy: Toward a Unifying Theory of Behavioral Change», en *Psychological Review* 84, n.º 2, pp. 191-215.

2. Bowen Li (2024), «Schema Theory in Personal Growth, Culture, and Social Media: A Literature Review», en *Proceedings of the*

2024 10th International Conference on Humanities and Social Science Research (ICHSSR 2024), Srpinger Nature, p 208.

3. Clarence Ng (2021), «Mathematics Self-Schema, Motivation, and Subject Choice Intention: A Multiphase Investigation», en *Journal of Educational Psychology* 113, n.º 6, pp. 1.143-1.163.

4. Este último está impulsado por el embustero interno llamado «protector equivocado», que también refleja las luchas que se tienen con la aceptación y el miedo al fracaso.

5. David Dunning (2022), «El efecto Dunning-Kruger y sus descontentos», en *Psychologist* 35, pp. 2-4.

6. David Dunning compartió esto en una entrevista con Adam Grant, presentador de *ReThinking with Adam Grant*, TED Audio Collective, pódcast, «Explaining the Dunning-Kruger Effect and Over- coming Overconfidence with David Dunning», 16 de julio de 2024, «https://open.spotify.com/episode/5KG3qHPt3rTdaOxp taKnh7?si=c_4teVpiQDe71NA5WKVxZQ».

7. Estos principios se basan en la teoría social cognitiva de Albert Bandura e incluyen la persuasión verbal (el estímulo de otras personas que refuerza la confianza en las propias capacidades) y las experiencias de dominio: éxitos pasados que sirven como prueba de la capacidad para superar nuevos retos. Julie Waddington (2023), «Self-Efficacy», en *ELT Journal* 77, n.º 2, pp. 237-240.

8. Stanislav Dobrev y Jennifer Merluzzi (2018), «Stayers Versus Movers: Social Capital and Early Career Imprinting Among Young Professionals», en *Journal of Organizational Behavior* 39, n.º 1, pp. 67-81.

9. Brian D. McNatt (2000), «Ancient Pygmalion Joins Contemporary Management: A Meta-Analysis of the Result», en *Journal of Applied Psychology* 85, n.º 2, pp. 314-322.

10. Robert Rosenthal (1994), «Efectos de las expectativas interpersonales: una perspectiva de 30 años», en *Current Directions in Psychological Science* 3, n.º 6, pp. 176-179.

11. Recomiendo utilizar lo que se denomina «ejercicio del mejor yo reflejado», que ha ayudado a más de 26.000 personas de las universidades más prestigiosas del mundo y empresas de la lista Fortune 500 a descubrir cuándo están en su mejor momento. Accesible en línea en «https://reflectedbestselfexercise.com/about», el ejercicio es muy eficaz para aumentar la autoeficacia. Noelle Baird, Jennifer L. Robertson y Matthew J. W. McLarnon (2023), «Looking in the Mirror: Including the Reflected Best Self Exercise in Management Curricula to Increase Students' Interview Self-Efficacy», en *Academy of Management Learning & Education* 22, n.º 4, pp. 662-680.

12. Los estudios han demostrado que una mayor eficacia está relacionada con el rendimiento en todos los ámbitos, incluyendo el rendimiento académico, los objetivos profesionales (incluido el salario) y el rendimiento laboral; Kate Talsma, Benjamin Schüz, Ralf Schwarzer y Kimberley Norris (2018), «I Believe, Therefore I Achieve (and Vice Versa): A Meta-Analytic Cross-Lagged Panel Analysis of Self-Efficacy and Academic Performance», en *Learning and Individual Differences* 61, pp- 136-150; Fred C. Lunenburg (2011), «Self-Efficacy in the Workplace: Implications for Motivation and Performance», en *International Journal of Management, Business, and Administration* 14, n.º 1, pp. 1-6.

Capítulo 10: ¿Soy un impostor?

1. Leslie Jamison, «Why Everyone Feels Like They're Faking It», *The New Yorker*, 6 de febrero de 2023, «https://www.newyorker.com/magazine/2023/02/13/the-dubious-rise-of-impostor-syndrome».

2. Pauline Rose Clance y Suzanne Ament Imes (1978), «The Imposter Phenomenon in High Achieving Women: Dynamics and Therapeutic Intervention», en *Psychotherapy: Theory, Research & Practice* 15, n.º 3, pp. 241-247.

3. Joon-Ho Chae, Ralph L. Piedmont, Barry K. Estadt y Robert J. Wicks (1995), «Personological Evaluation of Clance's Imposter

Phenomenon Scale in a Korean Sample», en *Journal of Personality Assessment* 65, n.º 3, pp. 468-485; Pauline Rose Clance, Debbara Dingman, Susan L. Reviere y Dianne R. Stober (1995), «Impostor Phenomenon in an Interpersonal/Social Context: Origins and Treatment», en *Women & Therapy* 16, n.º 4, pp. 79-96.

4. Suzanne Pollack, «Was Albert Einstein an Imposter?», Henley Business School, 30 de marzo de 2021, «https://www.henley.ac.uk/news/2021/was-albert-einstein-an-imposter».

5. Anna Parkman (2016), «The Imposter Phenomenon in Higher Education: Incidence and Impact», en *Journal of Higher Education Theory & Practice* 16, n.º 1, pp. 51-60; Loretta Neal McGregor, Damon
    E. Gee y K. Elizabeth Posey (2008), «Feel Like a Fraud and It Depresses Me: The Relation Between the Imposter Phenomenon and Depression», en *Social Behavior and Personality: An International Journal* 36, n.o 1, pp. 43-48.

6. Adam Grant (@AdamMGrant), «Impostor syndrome is a paradox…», X [antes Twitter], 14 de noviembre de 2021, «https://twitter.com/AdamMGrant/status/1459894544884015113».

7. Este es un ejemplo de un sesgo cognitivo llamado «amplificación y minimización», en el que se exageran los defectos y se quita importancia a las cosas que se hacen bien, distorsionando la forma en que uno se ve a sí mismo. Este sesgo fue definido por primera vez por Aaron Beck, psiquiatra estadounidense y padre de la terapia cognitivo-conductual. Aaron Beck (1967), *Depression: Causes and Treatment*. Universidad de Pensilvania.

8. Holly M. Hutchins, Lisa M. Penney y Lisa W. Sublett (2018), «What Imposters Risk at Work: Exploring Imposter Phenomenon, Stress Coping, and Job Outcomes», en *Human Resource Development Quarterly* 29, n.º 1, pp. 31-48.

9. Matthew D. Braslow, Jean Guerrettaz, Robert M. Arkin y Kathryn C. Oleson (2012), «Self-Doubt», en *Social and Personality Psychology Compass* 6, n.º 6, pp. 470-482; Edward E. Jones y Steven Berglas (1978), «Control of Attributions About the Self Through Self-Handicapping Strategies: The Appeal of Alcohol and the Role of Underachievement», en *Personality and Social Psychology Bulletin* 4, n.º 2, pp. 200-206.

10. Malissa A. Clark, Jesse S. Michel, Ludmila Zhdanova, Shuang Y. Pui y Boris B. Baltes (2016), «All Work and No Play? A Meta-Analytic Examination of the Correlates and Outcomes of Workaholism», en *Journal of Management* 42, n.º 7, pp. 1.836-1.873.

11. Dax Shepard, presentador, *Armchair Expert with Dax Shepard*, pódcast, episodio 291, «Jason Segel», 8 de febrero de 2021, «https://armchairexpertpod.com/pods/jason-segel».

12. Holly M. Hutchins y Jennifer Flores (2021), «Don't Believe Everything You Think: Applying a Cognitive Processing Therapy Intervention to Disrupting Imposter Phenomenon», en *New Horizons in Adult Education and Human Resource Development* 33, n.º 4, pp. 33- 47.

13. Carol S. Dweck, «The Power of Yet | TEDxNorrköping», publicado el 3 de septiembre de 2014 por TEDx Talks, YouTube, «https://www.youtube.com/watch?v=J-swZaKN2Ic».

14. Baslima A. Tewfik (2022), «The Impostor Phenomenon Revisited: Examining the Relationship Between Workplace Impostor Thoughts and Interpersonal Effectiveness at Work», en *Academy of Management Journal* 65, n.º 3, pp. 988-1.018.

15. «ARTIST SERIES: Paula Scher», 2005, publicado el 16 de enero de 2011 por Hillman Curtis, Vimeo.

16. «The Paris Story: Tinker Hatfield sobre las Air Max 1», publicado el 18 de agosto de 2018 por la tienda de zapatillas

43einhalb, YouTube, «https://www.youtube.com/watch?v=Dr5g132qXAM.

17. Adam Grant se refiere a estas «cualidades esenciales» como «habilidades de carácter», en *Hidden Potential: The Science of Achieving Greater Things*. Viking, 2023. Estas también se codificaron formalmente en el sistema Values in Action a *principios de la década del 2000: Christopher Peterson y Martin E. Seligman, «The Values in Action (VIA) Classification of Strengths».* En *A Life Worth Living: Contributions to Positive Psychology*. Oxford University Press.

Capítulo 11: ¿Por qué todo el mundo es mejor que yo?

1. E. Thomas Dowd (1994), «Popular Cognitive Therapy», en *Journal of Cognitive Psychotherapy* 8, n.º 3, p. 258.

2. Yongzhan Li (2019), «Upward Social Comparison and Depression in Social Network Settings: The Roles of Envy and Self-Efficacy», en *Internet Research* 29, n.º 1, pp. 46-59.

3. Victoria Medvec, Scott F. Madey y Thomas Gilovich (1995), «When Less Is More: Counterfactual Thinking and Satisfaction Among Olympic Medalists», en *Journal of Personality and Social Psychology* 69, n.º 4, pp. 603-610.

4. William M. Hedgcock, Andrea W. Luangrath y Raelyn Webster (2021), «Counterfactual Thinking and Facial Expressions Among Olympic Medalists: A Conceptual Replication of Medvec, Madey, and Gilovich's (1995) Findings», en *Journal of Experimental Psychology: General* 150, n.º 6, e13-e21.

5. Jerry Seinfeld, «Jerry Seinfeld About Silver Medal», de su espectáculo cómico *I'm Telling You for the Last Time*, publicado el 8 de enero de 2009 por burunduk11, YouTube, «https://www.youtube.com/watch?v=wAzzCeSXeuY».

6. Nora Rebecca Krott y Gabriele Oettingen (2018), «Mental Contrasting of Counterfactual Fantasies Attenuates

Disappointment, Regret, and Resentment», en *Motivation and Emotion* 42, pp. 17-36; Anne Gene Broomhall, Wendy J. Phillips, Donald W. Hine y Natasha M. Loi (2017), «Upward Counterfactual Thinking and Depression: A Meta-Analysis», en *Clinical Psychology Review* 55, pp. 56-73.

7. Bob Bowman, «Olympics 2012: Michael Phelps Has Mastered the Psychology of Speed», publicado el 15 de junio de 2012 por *The Washington Post*, YouTube, «https://www.youtube.com/watch?v=Htw780vHH0o».

8. Sensen Zhang, Yulun Tang y Shaohong Yong (2022), «The Influence of Gratitude on Pre-Service Teachers' Career Goal Self-Efficacy: Chained Intermediary Analysis of Meaning in Life and Career Calling», en *Frontiers in Psychology* 13, pp. 843.276.

9. Thekla Morgenroth, Michelle K. Ryan y Kim Peters (2015), «The Motivational Theory of Role Modeling: How Role Models Influence Role Aspirants' Goals», en *Review of General Psychology* 19, n.º 4, pp. 465-483.

10. Brian Koppelman, presentador, *The Moment with Brian Koppelman*, pódcast, «Aaron Sorkin», 22 de febrero de 2023, «https://podcasts.apple.com/us/podcast/aaron-sorkin-02-22-23/id814550071?i=1000647135780. Véase David Marchese, «Aaron Sorkin on How He Would Write the Democratic Primary for "The West Wing"», *The New York Times Magazine*, 2 de marzo de 2020, https://www.nytimes.com/interactive/2020/03/02/magazine/aaron-sorkin-interview.html».

11. Peter M. Gollwitzer y Paschal Sheeran (2006), «Implementation Intentions and Goal Achievement: A Meta-Analysis of Effects and Processes», en *Advances in Experimental Social Psychology* 38, pp. 69-119.

12. Michael Phelps relató el incidente en una cumbre de «Forbes 30 Under 30», según informó Noah Kirsch, «Michael Phelps Talks Growing His Business, Being a Dad and Ryan Lochte y Ryan

Lochte», en *Forbes*, 18 de octubre de 2016, «https://www.forbes.com/sites/noahkirsch/2016/10/18/michael-phelps-talks-business-family-and-ryan-lochte/».

Capítulo 12: ¿Solo necesito tener más confianza en mí mismo?

1. Payam Zamani (2024), Crossing the Desert: *The Power of Embracing Life's Difficult Journeys*. Ben-Bella Books.

2. Wojciech Zajkowski, Maksymilian Bielecki y Magdalena Marszał-Wiśniewska (2022), «Are You Confident Enough to Act? Individual Differences in Action Control Are Associated with Post-Decisional Metacognitive Bias», en *PLoS One* 17, n.º 6, e0268501.

3. Betty Edwards (2012), *Drawing on the Right Side of the Brain Deluxe: The Definitive*. Penguin.

4. Ed Catmull y Amy Wallace (2014), *Creativity, Inc.: Overcoming the Unseen Forces That Stand in the Way of True Inspiration*. Random House

5. Este experimento fue desarrollado inicialmente por el diseñador e ingeniero de Stanford Peter Silkman, y posteriormente compartido por Tom Wujec en su charla TED de 2010, «Build a Tower, Build a Team», TED Talk, febrero de 2010, «https://www.ted.com/talks/tom_wujec_build_a_tower_build_a_team».

6. Productivity: Christopher Clifford, Ellis Paulk, Qiyang Lin, Jeanne Cadwallader, Kathy Lubbers y Leslie D. Frazier (2022), «Relationships Among Adult Playfulness, Stress, and Coping During the COVID-19 Pandemic», en *Current Psychology* 43, n.o 9, pp. 8.403-8.412; flujo: Mihaly Csikszentmihalyi (1992), *Flow: The Psychology of Happiness*. Random House; Joshua Gold y Joseph Ciorciari (2020), «A Review on the Role of the Neuroscience of Flow States in the Modern World», en *Behavioral Sciences* 10, n.º 9, p. 137.

7. Robert Root-Bernstein, Lindsay Allen, Leighanna Beach, Ragini Bhadula, Justin Fast, Chelsea Hosey, Benjamin Kremkow et al.

(2008), «Arts Foster Scientific Success: Avocations of Nobel, National Academy, Royal Society, and Sigma Xi Members», en *Journal of Psychology of Science and Technology* 1, n.º 2, pp. 51-63.

8. Erin C. Westgate y Timothy D. Wilson (2018), «Boring Thoughts and Bored Minds: The MAC Model of Boredom and Cognitive Engagement», en *Psychological Review* 125, n.o 5, pp. 689-713; A. Mohammed Abubakar, Hamed Rezapouraghdam, Elaheh Behravesh y Huda A. Megeirhi (2022), «Burnout or Boreout: A Meta-Analytic Review and Synthesis of Burn-out and Boreout Literature in Hospitality and Tourism», en *Journal of Hospitality Marketing & Management* 31, n.º 8, pp. 458-503.

Capítulo 13: El don de la autoridad interior

1. Donald J. Albers y Constance Reid (1986), «An Interview with George B. Dantzig: The Father of Linear Programming», en *The College Mathematics Journal* 17, n.o 4, pp. 292-314; David Mikkelson, «La leyenda del «problema matemático sin solución», en *Snopes,* 3 de diciembre de 1996, C.

2. Ruth Umoh, «Billionaire Richard Branson Reveals Why He's Such a Huge Fan of Always Saying "Yes"», CNBC Make It, 18 de diciembre de 2017, «https://www.cnbc.com/2017/12/18/billionaire-richard-branson-reveals-why-he-always-says-yes.html».

Capítulo 14: ¿Importan mis decisiones?

1. Algunos investigadores se refieren a esto como «autonomía», otros como «locus de control» y otros lo explican a través de la teoría de la autodeterminación. Todos ellos abordan el mismo fenómeno subyacente: que la creencia que tenemos en nuestra capacidad para ejercer el control es esencial para nuestro bienestar y éxito. Lauren A. Leotti, Sheena S. Iyengar y Kevin N. Ochsner (2010), «Born to Choose: The Origins and Value of the

Need for Control», en *Trends in Cognitive Sciences* 14, n.º 10, pp. 457-463.

2. Roy F. Baumeister y Mark R. Leary (2007), «The Need to Belong: Desire for Interpersonal Attachments as a Fundamental Human Motivation», en *Interpersonal Development*, 1.a ed., Routledge, p. 33.; Christelle Duprez, Véronique Christophe, Bernard Rimé, Anne Congard y Pascal Antoine (2014), «Motives for the Social Sharing of an Emotional Experience», en *Journal of Social and Personal Relationships* 32, n.º 6, pp. 757-787.

3. Brad J. Bushman (2002), «Does Venting Anger Feed or Extinguish the Flame? Catharsis, Rumination, Distraction, Anger, and Aggressive Responding», en *Personality and Social Psychology Bulletin* 28, n.º 6, pp. 724-731.

4. Travis Bradberry, «How Complaining Rewires Your Brain for Negativity», en *Entrepreneur*, 9 de septiembre de 2016, «https://www.entrepreneur.com/growing-a-business/how-complaining-rewires-your- brain-for-negativity/281734».

5. Stephanie N. L. Schmidt, Joachim Hass, Peter Kirsch y Daniela Mier (2021), «The Human Mirror Neuron System —A Common Neural Basis for Social Cognition?», en *Psychophysiology* 58, n.º 5, c13.781.

6. Susan Nolen-Hoeksema y Christopher G. Davis (1999), "Thanks for Sharing That": Ruminators and Their Social Support Networks», en *Journal of Personality and Social Psychology* 77, n.º 4, pp. 801-814.

7. James A. Shepperd y Robert M. Arkin (1991), «Behavioral Other-Enhancement: Strategically Obscuring the Link Between Performance and Evaluation», en *Journal of Personality and Social Psychology* 60, n.º 1, pp. 79-88.

8. Qiang Wang, Nathan A. Bowling y Kevin J. Eschleman (2010), «A Meta-Analytic Examination of Work and General Locus of

Control», en *Journal of Applied Psychology* 95, n.° 4, pp. 761-768; Matthew D. Braslow, Jean Guerrettaz, Robert M. Arkin y Kathryn C. Oleson (2012), «Self-Doubt», en *Social and Personality Psychology Compass* 6, n.° 6, pp. 470-482.

9. El locus de control fue introducido por el padre de la teoría del aprendizaje social, el psicólogo estadounidense Julian Rotter, en 1966. Véase también Thomas W. H. Ng, Kelly L. Sorensen y Lillian T. Eby (2006), «Locus of Control at Work: A Meta-Analysis». *Journal of Organizational Behavior* 27, n.° 8, pp. 1.057-1.087.

10. Tugba Türk-Kurtça y Metin Kocatürk (2020), «The Role of Childhood Traumas, Emotional Self-Efficacy and Internal-External Locus of Control in Predicting Psychological Resilience», en *International Journal of Education and Literacy Studies* 8, n.° 3, pp. 105-115.

11. Tom Brady, «Tom Brady Opens Up —7th Ring Motivation MJ or Belichick | Enemies | Style of Leadership», publicado el 20 de septiembre de 2023 por PBD Podcast, YouTube, «https://www.youtube.com/watch?v=liz8rZx1NJ8&t=1729s».

12. En el momento de escribir este libro, y al menos el más exitoso en la era de la Super Bowl: Bryan DeArdo, «Ranking Super Bowl's 20 Best QBs», CBS Sports, 12 de febrero de 2024, consultado el 27 de julio de 2024, «https://www.cbssports.com/nfl/news/ranking-super-bowls-20-best-qbs-patrick-mahomes-near-top-aher-third-mvp-win-following-super-bowl-58-victory/.

13. En una comparación entre la motivación por objetivos «queridos» y «obligatorios», los objetivos «queridos» condujeron a una mayor motivación, una mayor resistencia a las tentaciones y un mayor éxito en la consecución de dichos objetivos; Marina Milyavskaya, Michael Inzlicht, Nora Hope y Richard Koestner (2015), «Saying "No" to Temptation: Want-To Motivation

Improves Self-Regulation by Reducing Temptation Rather Than by Increasing Self-Control», en *Journal of Personality and Social Psychology* 109, n.° 4, pp. 677-693.

14. Viktor E. Frankl (2014), *Man's Search for Meaning*. Beacon Press

15. Thomas W. H. Ng, Kelly L. Sorensen y Lillian T. Eby (2006), «Locus of Control at Work: A Meta-Analysis», en *Journal of Organizational Behavior* 27, n.° 8, pp. 1.057-1.087.

Capítulo 15: ¿Por qué la vida no puede ser más fácil?

1. Dick Prouty, Jane Panicucci y Rufus Collinson (2007), *Adventure Education: Theory and Applications*. Human Kinetics.

2. Adam Grant, «There's a Name for the Blah You're Feeling: It's Called Languishing». New York *Times*, 19 de abril de 2021, «https://www.nytimes.com/2021/04/19/well/mind/covid-mental-health-languishing.html».

3. Teresa Amabile y Steven Kramer (2011),*The Progress Principle: Using Small Wins to Ignite Joy, Engagement, and Creativity at Work*. Harvard Business Review Press.

4. Jeff M. Martin (2022), «Facing into the Blizzard: Resiliency and Mortality of Native and Domestic North American Ungulates to Extreme Weather Events», en *Diversity* 15, n.°1, pp. 1-11.

5. Esta es la versión abreviada de la cita. Derek Moneyberg (@ derekmoneyberg), «Marriage is hard. Divorce is hard», Reddit, enero de 2021, «https://www.reddit.com/r/GetMotivated/comments/kzznvv/choose_your_hard_image/». No estoy seguro de si Moneyberg es el autor original de esta cita. Cabe destacar que la empresaria e inversora Codie Sánchez también ha utilizado la frase «Elige tu dificultad» en su contenido para enfatizar que el desarrollo personal suele implicar una incomodidad.

6. James Clear (2018), *Atomic Habits: An Easy & Proven Way to Build Good Habits & Break Bad Ones*. Avery.

7. Javier A. Granados Samayoa y Russell H. Fazio (2024), «Do I Want to Do This Now? Task Delay as a Function of Valence Weighting Bias», en *Personality and Individual Differences* 2019, p. 112.504.

8. Jannica Heinström (2010), *From Fear to Flow*. Chandos Publishing.

9. Celine Legrand, Christine Naschberger, Yehuda Baruch y Nikos Bozionelos (2023), «Chance Events in Managers' Careers: Positive and Negative Events, Their Expected and Unexpected Outcomes», en *European Management Review* 20, n.° 3, pp. 461- 476.

10. El término «superficie de suerte» fue acuñado por el empresario tecnológico Jason Roberts, «How to Increase Your Luck Surface Area», Codus Operandi, 2010, «https://www.codusoperandi.com/posts/increasing-your-luck-surface-area».

11. *Desert Island Discs,* pódcast, «Christopher Nolan», presentado por la BBC, febrero de 2018, «https://open.spotify.com/episode/1b GYQH9N1I1qe352i7KXcv?si=Y7UnR2S4T CCTr49SjXTIW w».

12. Lindsey Bahr, «In *Oppenheimer*, Christopher Nolan Builds a Thrilling, Serious Blockbuster for Adults», *AP News*, 13 de julio de 2023,«https://apnews.com/article/oppenheimer-christopher-nolan-469cc81e0989f414a20db5508c7630a0».

13. Cristiane Furini, Jociane Myskiw e Iván Izquierdo (2014), «e-Learning of Fear Extinction», en *Neuroscience & Biobehavioral Reviews* 47, pp. 670-683.

14. Esto se denomina «desensibilización sistemática» o «extinción del miedo», y es una de las principales formas de tratar las fobias por parte de los terapeutas. S. A. Rauch, Afsoon Ehekhari y Josef I. Ruzek (2012), «Review of exposure therapy: a gold standard for PTSD treatment», en *Journal of Rehabilitation Research and Development* 49, n.° 5, pp. 679-687.

Capítulo 16: ¿Por qué me está pasando esto?

1. El concepto de «crecimiento postraumático» fue investigado y desarrollado inicialmente por los psicólogos Richard Tedeschi y Lawrence Calhoun. Para un buen análisis, véase Bibiána Jozefiaková, Natalia Kaščakova, Matuš Adamkovič, Jozef Hašto y Peter Tavel (2022), «Posttraumatic Growth and Its Measurement: A Closer Look at the PTGI's Psychometric Properties and Structure», en *Frontiers in Psychology* 13, pp. 801-812.

2. Robert McKee (1997), *Story: Style, Structure, Substance, and the Principles of Screenwriting*. HarperCollins.

3. Oguz A. Acar, Murat Tarakci y Daan Van Knippenberg (2019), «Creativity and Innovation Under Constraints: A Cross-Disciplinary Integrative Review», en *Journal of Management* 45, n.° 1, pp. 96-121.

4. Christopher Peterson y Tracy A. Steen (2002), «Optimistic Explanatory Style», en *Handbook of Positive Psychology*, Oxford University Press, pp. 244-256.

5. El concepto de «estilo explicativo» fue investigado y desarrollado por primera vez por parte de Martin Seligman, destacado investigador y padre de la psicología positiva moderna; Martin E. P. Seligman (2013), «Explanatory Style: Predicting Depression, Achievement, and Health», en *Brief Therapy Approaches to Treating Anxiety and Depression*, Routledge, pp. 5-32.

6. Daniel Monehin y Audra Diers-Lawson (2024), «A Model of Pragmatic Optimism for More Effective Crisis Leadership», en *Leadership During a Crisis*, Routledge, pp. 46-68.

7. Zachary Stockill, «No complaints': An Interview with Pete Best, the Original Drummer of the Beatles», *Pop Matters*, 25 de agosto de 2014, «https://www.popmatters.com/184898-no-complaints-an-interview-with-pete-best-the-original-drummer-of-th-2495626053.html».

8. Augusto Mellado, María Teresa Del Río, Paola Andreucci-Annunziata y María Elisa Molina (2024), «Psychotherapy Focusing on Dialogical and Narrative Perspectives: A Systematic Review from Qualitative and Mixed-Methods Studies», en *Frontiers in Psychology* 15, p. 1.308.131.

9. 'Abdu'l-Bahá, *Star of the West*, 14, n.º 1 (abril de 1923).

10. NOTA: Si te enfrentas continuamente a barreras y obstáculos (por ejemplo, el racismo sistémico), puedes desarrollar lo que se denomina «indefensión aprendida». Se trata de una situación en la que los repetidos fracasos o reveses (experimentados por ti o por alguien como tú) te llevan a creer que eres incapaz de cambiar tu situación, por lo que dejas de intentarlo del todo. Aquí no me refiero a eso. Requiere mucho más trabajo para cambiar el sistema y lograr una mayor equidad.

11. La terapia narrativa es una forma de terapia experiencial que anima a los supervivientes de traumas a separar su identidad de sus experiencias y reescribir sus historias para centrarse en el desarrollo personal y la resiliencia.

12. Esto se denomina «protocolo de escritura de Pennebaker». James W. Pennebaker (2018), «Expressive Writing in Psychological Science», en *Perspectives on Psychological Science* 13, n.º 2, pp. 226-229.

Capítulo 17: El don de la esperanza

1. Charles Richard Snyder (2002), «Hope Theory: Rainbows in the Mind», en *Psychological Inquiry* 13, n.º 4, pp. 249-275.

2. Anthony Ray Hinton y Lara Love Hardin (2018), *The Sun Does Shine*. St. Martin's Press.

3. Nicholas D. Kristof y Sheryl Wudunn, «The Women's Crusade». *The New York Times Magazine*, 17 de agosto de 2009, «https://www.nytimes.com/2009/08/23/magazine/23Women-t.html».

4. Citado por The Female Lead en una publicación de Twitter el 19 de mayo de 2021; véase The Female Lead (@ the_female_lead), «"One day you will tell your story of how you've overcome…"». Twitter, 19 de mayo de 2021, «https://x.com/the_female_lead/status/1392392731708862465».

Capítulo 18: ¿Puedo controlar mis emociones?

1. Basado en datos obtenidos de 2.210 personas que realizaron la evaluación del perfil de inseguridad hasta el 4 de abril de 2025.

2. Daniel Goleman (1998), *Working with Emotional Intelligence.* Bantam Books.

3. Basado en datos de una población global de 2.210 personas que han realizado la evaluación del perfil de inseguridad hasta el 4 de abril de 2025.

4. Sylvia Chu Lin, Christiane Kehoe, Elena Pozzi, Daniel Liontos y Sarah Whittle (2024), «Research Review: Child Emotion Regulation Mediates the Association Between Family Factors and Internalizing Symptoms in Children and Adolescents —A Meta-Analysis», en *Journal of Child Psychology and Psychiatry 65,* n.° 3, pp. 260-274.

5. Gedolph A. Kohnstamm, Charles F. Halverson Jr., Ivan Mervielde, Valerie L. Havill y Charles F. Halverson (1998), eds., *Parental Descriptions of Child Personality: Developmental Antecedents of the Big Five?* Psychology Press

6. Jonathan Mitchell (2020), «Understanding Meta-Emotions: Prospects for a Perceptualist Account», en *Canadian Journal of Philosophy 50,* n.° 4, pp. 505-523.

7. Elaine N. Aron (1996), *The Highly Sensitive Person.* Harmony Books.

8. Bianca P. Acevedo, Elaine N. Aron, Arthur Aron, Matthew-Donald Sangster, Nancy Collins y Lucy L. Brown (2014), «The Highly Sensitive Brain: An fMRI Study of Sensory Processing Sensitivity

and Response to Others' Emotions», en *Brain and Behavior* 4, n.° 4, pp. 580-594.

9. Chiara Van Reyn, Peter Koval y Brock Bastian (2023), «Sensory Processing Sensitivity and Reactivity to Daily Events», en Social *Psychological and Personality Science* 14, n.° 6, pp. 772-783.

10. Elaine N. Aron (1996), *The Highly Sensitive Person.* Harmony Books.

11. Chunhui Chen, Chuansheng Chen, Robert Moyzis, Hal Stern, Qinghua He, He Li, Jin Li, Bi Zhu y Qi Dong (2011), «Contributions of Dopamine-Related Genes and Environmental Factors to Highly Sensitive Personality: A Multi-Step Neuronal System-Level Approach», en *PloS One* 6, n.° 7, e21.636.

12. Deming Wang, Martin S. Hagger y Nikos L. D. Chatzisarantis (2020), «Ironic Effects of Thought Suppression: A Meta-Analysis», en *Perspectives on Psychological Science* 15, n.° 3, pp. 778-793.

13. Ernest H. O'Boyle Jr., Ronald H. Humphrey, Jeffrey M. Pollack, Thomas H. Hawver y Paul A. Story (2011), «The Relation Between Emotional Intelligence and Job Performance: A Meta-Analysis», en *Journal of Organizational Behavior* 32, n.° 5, pp. 788-818.

14. Dana L. Joseph, Jing Jin, Daniel A. Newman y Ernest H. O'Boyle (2015), «Why Does Self-Reported Emotional Intelligence Predict Job Performance? A Meta-Analytic Investigation of Mixed EI», en *Journal of Applied Psychology* 100, n.° 2, pp. 298-342.

15. Peter Hills y Michael Argyle (2001), «Emotional Stability as a Major Dimension of Happiness», en *Personalidad y diferencias individuales 31,* n.° 8, pp. 1.357-1.364.

Capítulo 19: ¿Puedo creer en lo que siento?

1. Joe Rogan, presentador, *The Joe Rogan Experience,* pódcast, «1724—Jewel», Spotify, 25 de octubre de 2021, «https://open.

spotify.com/episode/2TRBNGScfO2K3RWRIYJedJ?si=5ac9820e 236948dc».

2. Gianpiero Petriglieri, «Emotions Are Data, Too», en *Harvard Business Review*, 9 de mayo de 2014, «https://hbr.org/2014/05/emotions-are-data-too».

3. Susan David, «Emotional Granularity Checklists», en Susandavid. com, 24 de mayo de 2021, «https://www.susandavid.com/resource/emotional-checklist-general/».

4. Mallory J. Feldman, Eliza Bliss-Moreau y Kristen A. Lindquist (2024), «The Neurobiology of Interoception and Affect», en *Trends in Cognitive Sciences* 28, n.° 7, pp. 643-661.

5. Christine D. Wilson-Mendenhall y John D. Dunne (2021), «Cultivating Emotional Granularity», en *Frontiers in Psychology* 12, p. 703.658.

6. Daniel J. Siegel y Tina Payne Bryson (2011), *The Whole-Brain Child: 12 Revolutionary Strategies to Nurture Your Child's Developing Mind*. Delacorte Press, 2011.

7. Matthew D. Lieberman, Naomi I. Eisenberger, Molly J. Crockett, Sabrina M. Tom, Jennifer H. Pfeifer y Baldwin M. Way (2007), «Putting Feelings into Words», en *Psychological Science* 18, n.° 5, pp. 421-428.

8. Universidad de California (Los Ángeles), «Putting Feelings into Words Produces Therapeutic Effects in the Brain», en *ScienceDaily*, 22 de junio de 2007, «www.sciencedaily.com/releases/2007/06/070622090727.htm».

9. Lisa Feldman Barrett (2017), *How Emotions Are Made: The Secret Life of the Brain*. Mariner Books

10. June Gruber, Iris B. Mauss y Maya Tamir (2011), «A Dark Side of Happiness? How, When, and Why Happiness Is Not Always Good», en *Perspectives on Psychological Science* 6, n.° 3, pp. 222-233.

11. Mark A. Davis (2009), «Understanding the Relationship Between Mood and Creativity: A Meta-Analysis», en *Comportamiento organizacional y procesos de decisión humana* 108, n.° 1, pp. 25-38; Norbert Schwarz (2002), «Situated Cognition and the Wisdom of Feelings: Cognitive Tuning», en *The Wisdom in Feelings* 1, pp. 144-166; Eugénio Oliveira y Luís Sarmento (2003), «Emotional Advantage for Adaptability and Autonomy», en *Proceedings of the Second International Joint Conference on Autonomous Agents and Multiagent Systems*, pp. 305-312.

12. Norbert Schwarz (2002), «Situated Cognition and the Wisdom of Feelings: Cognitive Tuning», en *The Wisdom in Feelings* 1, pp. 144- 166; Eugénio Oliveira y Luís Sarmento (2003), «Emotional Advantage for Adaptability and Autonomy», en *Proceedings of the Second International Joint Conference on Autonomous Agents and Multiagent Systems*, pp. 305-312.

13. Iris B. Mauss, Nicole S. Savino, Craig L. Anderson, Max Weisbuch, Maya Tamir y Mark L. Laudenslager (2012), «The Pursuit of Happiness Can Be Lonely», en *Emotion* 12, n.° 5, pp. 908-912.

14. Brett Q. Ford y Maya Tamir (2012), «When Getting Angry Is Smart: Emotional Preferences and Emotional Intelligence», en *Emotion* 12, n.° 4, pp. 685-689.

Capítulo 20: ¿Puedo cambiar lo que siento?

1. Mark D. Seery (2011), «Challenge or Threat? Cardiovascular Indexes of Resilience and Vulnerability to Potential Stress in Humans», en *Neuroscience & Biobehavioral Reviews* 35, n.° 7, pp. 1.603-1.610.

2. Nicholas A. Coles, Jeff T. Larsen y Heather C. Lench (2019), «A Meta-Analysis of the Facial Feedback Literature: Effects of Facial Feedback on Emotional Experience Are Small and Variable», en *Psychological Bulletin* 145, n.° 6, pp. 610-651.

3. Jason T. Buhle, Jennifer A. Silvers, Tor D. Wager, Richard López, Chukwudi Onyemekwu, Hedy Kober, Jochen Weber y Kevin N. Ochsner (2014), «Cognitive Reappraisal of Emotion: A Meta-Analysis of Human Neuroimaging Studies», en *Cerebral Cortex* 24, n.° 11, pp. 2.981-2.990.

4. Alison Wood Brooks (2014), «Get Excited: Reappraising Pre-Performance Anxiety as Excitement», en *Journal of Experimental Psychology: General* 143, n.° 3, pp. 1.144-1.158.

5. Alia J. Crum, Modupe Akinola, Ashley Martin y Sean Fath (2017), «The Role of Stress Mindset in Shaping Cognitive, Emotional, and Physiological Responses to Challenging and Threatening Stress», en *Anxiety, Stress, & Coping* 30, n.° 4, pp. 379-395; Jeremy P. Jamieson, Alexandra E . Black, Libbey E . Pelaia, Hannah Gravelding, Jonathan Gordils y Harry T. Reis (2022), «Reappraising Stress Arousal Improves Affective, Neuroendocrine, and Academic Performance Outcomes in Community College Classrooms», en *Journal of Experimental Psychology: General* 151, n.° 1, pp. 197-212.

6. Marily Oppezzo y Daniel L. Schwartz (2014), «Give Your Ideas Some Legs: The Positive Effect of Walking on Creative Thinking», en *Journal of Experimental Psychology: Learning, Memory, and Cognition* 40, n.° 4, pp. 1.142-1.152.

7. Sanae Oriyama, Yukiko Miyakoshi y Toshio Kobayashi (2014), «Effects of Two 15-min Naps on the Subjective Sleepiness, Fatigue and Heart Rate Variability of Night Shift Nurses», en *Industrial Health* 52, n.° 1, pp. 25-35.

Capítulo 21: El don del asombro

1. Pema Chödrön (2001), *The Places That Scare You: A Guide to Fearlessness in Difficult Times*. Shambhala Publications.

2. Dacher Keltner(2023), *Awe: The New Science of Everyday Wonder and How It Can Transform Your Life*. Penguin Press.

3. Jennier E. Stellar, Amie M. Gordon, Paul K. Piff, Daniel Cordaro, Craig L. Anderson, Yang Bai, Laura A. Maruskin y Dacher Keltner (2017), «Self-Transcendent Emotions and Their Social Functions: Compassion, Gratitude, and Awe Bind Us to Others Through Prosociality», en *Emotion Review* 9, n.° 3, pp. 200-207.

4. Barbara L. Fredrickson, Roberta A. Mancuso, Christine Branigan y Michele M. Tugade (2000), «The Undoing Effect of Positive Emotions», en *Motivation and Emotion* 24, n.° 4, pp. 237-258.

5. Maria Monroy, Özge Uğurlu, Felicia Zerwas, Rebecca Corona, Dacher Keltner, Jake Ea-gle y Michael Amster (2023), «The Influences of Daily Experiences of Awe on Stress, Somatic Health, and Well-Being: A Longitudinal Study During COVID-19"», en *Scientific Reports* 13, n.° 1, pp. 9.336.

6. En un experimento publicado en 2007, los investigadores pidieron a los participantes que dieran un paseo diario de veinte minutos e «intentaran fijarse en tantas cosas positivas a su alrededor como pudieran e identificaran qué era lo que les hacía disfrutar». Al cabo de una semana, estos participantes se sentían más felices que los que habían dado un paseo normal: Fred B. Bryant y Joseph Veroff (2007), *Savoring: A New Model of Positive Experience. Psychology Press*

7. Dacher Keltner (2023), *Awe: The New Science of Everyday Wonder and How It Can Transform Your Life.* Penguin Press.

8. En el experimento «Contar la bondad», las personas que llevaron un registro de sus actos bondadosos durante una semana fueron más felices esa semana en comparación con las que no lo hicieron: Keiko Otake, Satoshi Shimai, Junko Tanaka-Matsumi, Kanako Otsui y Barbara L. Fredrickson (2006), «Happy People Become Happier Through Kindness: A Counting Kindnesses Intervention», en *Journal of Happiness Studies* 7, n.° 3, pp. 361-375.

9. Joanne V. Wood, Sara A. Heimpel y John L. Michela (2003), «Savoring Versus Dampening: Self-Esteem Differences in

Regulating Positive Affect», en *Journal of Personality and Social Psychology* 85, n.° 3, pp. 566-580.

10. Elias C. Acevedo y Jeremy Tost (2023), «Self-Transcendent Experience and Prosociality: Connecting Dispositional Awe, Compassion, and the Moral Foundations», en *Personality and Individual Differences* 214, pp. 112.347.

Capítulo 22: Convierte la confianza en ti mismo en tu historia

1. Este proceso de oscilación entre un estado positivo (visualizar un futuro deseado) y un estado negativo (tomar conciencia de los obstáculos y del estado actual) se denomina «cambio afectivo» y aumenta tu concentración y capacidad para alcanzar tus objetivos: Katja M. Friederichs, Nils B. Jostmann, Julius Kuhl y Nicola Baumann (2023), «The Art of Getting Things Done: Training Affective Shifting Improves Intention Enactment», en *Emotion* 23, n.° 3, pp. 651-663.